JN071620

贈与税の 重要テーマ 解説

申告及び 調査対応の ポイント

税理士 **武田 秀和** 著

税務研究会出版局

財産に加算し、相続時精算課税には各年の贈与に対して110万円の基礎控除を創設して使い勝手を良くしています。

　相続税対策をする人にとってはなかなか難しい時代ではあります。しかし、贈与税は相続税対策の基本であり、かつ重要であることは変わりません。そのため、贈与税の本来の姿をしっかり押さえる必要があります。相続税対策の失敗は贈与の失敗が大半です。

　本書は、贈与税の基本から特例まで、勘違いや適用誤りの多い部分を取り上げたものです。税理士はもちろん一般の方でも重要な取扱いが理解できるよう、できるだけかみ砕いて解説しています。

　なお、本書は旧著『「相続税・贈与税の重要テーマ」ポイント解説』から、贈与税をスピンアウトし、内容を充実させたものです。同時に「相続税の重要テーマ解説」も改訂しています。

2023年秋

税理士　武田秀和

はしがき

　相続税は所得税の補完税といわれ、贈与税は相続税の補完税といわれます。贈与税は相続税対策に欠かすことはできません。最終課税を日途としている相続税を逃れるために、生前に財産を税負担なく分散することができれば相続税そのものの存在価値がなくなります。相続税を納めたくないが、贈与税も納めたくないといういいところ取りの相続税対策は必ず失敗します。そのためもあって、贈与税に対する関心は高くなっています。特に相続税の課税対象者が年々増加し、令和3年の死亡者数約144万人に対して、相続税が課税された人の数は134千人となっており、課税割合は9.3％もあります。亡くなった人の1割近くが相続税の対象となることは、いやでも一般の人たちの相続税に対する関心を引きます。そこで税負担の緩和のために、贈与の出番となりますが、生半な知識で財産を移転し、結局相続税対策にならない事例が数多くありま税の専門家であっても、贈与税の本来の姿を捉えておらず、誤ったバイスをすることもあります。名義預金や名義株の創出などは典例です。

　近年、高齢者の資産を早期に次世代に活用してもらうとい様々な特例が創設されています。長寿社会となり、次世代も入りするため、贈与のターゲットは次々世代でしょう。直系贈与に対する緩和税率の特例、相続時精算課税の孫への適の一括贈与、結婚・子育て資金の一括贈与等の特例が目

　贈与税はこのように財産の早期の活用を目的として分すが、相続税では「遺産移転の時期の選択に中立的な分散した財産を、相続税に取り込もうという税制も同2024年以降の贈与は「相続開始前7年以内の贈与

目　次

第1章　贈与税の基本

1-1	贈与	*3*
1-2	贈与税	*8*
1-3	近年の贈与税の傾向	*18*
1-4	贈与税の非課税財産	*21*
1-5	財産の取得の時	*29*
1-6	公正証書による贈与契約	*34*
1-7	贈与税の連帯納付義務	*37*
1-8	贈与税調査と贈与情報の収集	*45*
1-9	相続税調査で把握された期限後申告書に対する加算税	*50*

第2章　贈与行為と贈与税

2-1	定期金の贈与	*55*
2-2	確実な贈与	*60*
2-3	親族からの借入金	*65*
2-4	共稼ぎ夫婦の住宅借入金	*69*
2-5	土地建物等の名義変更があった場合	*73*
2-6	名義変更された財産の名義戻しの可否	*77*
2-7	贈与契約の取消しがあった場合	*87*
2-8	合意解除等における贈与税課税の回避	*92*
2-9	負担付贈与等で取得した財産の価額	*95*

第3章　みなし贈与

3-1　みなし贈与とは …………………………………………………… 105

3-2　生命保険金等の受取りの課税関係 ……………………………… 111

3-3　生命保険金の実質受取人及び保険料の贈与 ………………… 115

3-4　親族間の低額売買 ………………………………………………… 119

3-5　債務免除益に対する課税 ……………………………………… 124

3-6　株式等の価額が増加した場合 ………………………………… 130

3-7　同族会社の募集株式引受権 …………………………………… 135

3-8　信託に関する権利 ……………………………………………… 142

第4章　相続時精算課税

4-1　相続時精算課税の適用要件 …………………………………… 157

4-2　相続時精算課税の本質 ………………………………………… 165

4-3　「相続時精算課税選択届出書」の提出の失念と撤回 ………… 173

4-4　期限後申告における特別控除の適用と繰越し ……………… 177

4-5　申告後に評価誤り又は申告漏れが判明した場合 …………… 180

4-6　納付義務の承継 ………………………………………………… 184

4-7　孫への贈与と相続時精算課税 ………………………………… 195

4-8　養子縁組と相続時精算課税 …………………………………… 198

4-9　贈与者が死亡した場合の申告 ………………………………… 204

4-10　相続税と相続時精算課税 ……………………………………… 207

4-11　相続時精算課税の適用を受けた土地等に対する小規模宅地
　　　等の特例 ………………………………………………………… 215

第5章　配偶者控除

5-1　配偶者控除の適用要件 ······························ 221

5-2　居住の用に供していない部分がある場合 ·············· 234

5-3　居住用宅地の底地を取得した場合 ···················· 242

5-4　配偶者控除の適用を受ける場合の贈与財産の判断 ········ 244

5-5　居住用財産贈与の持戻し免除 ························ 246

第6章　借地権の設定と贈与税

6-1　贈与税における借地権 ···························· 255

6-2　土地の使用貸借 ·································· 260

6-3　借地権を転貸した場合 ···························· 264

6-4　底地を取得し借地権者に貸し付けた場合 ·············· 269

第7章　事業承継・財産承継に係る特例

7-1　事業承継等に使える特例 ·························· 277

7-2　遺留分に関する民法特例 ·························· 283

7-3　納税猶予制度の概要 ······························ 295

7-4　農地等の贈与税の納税猶予及び免除 ················ 298

7-5　非上場株式等の納税猶予 ·························· 307

7-6　個人事業用資産の納税猶予 ························ 322

第1章

贈与税の基本

1-1 贈与

ポイント

　贈与とは、ある物を「あげます」「いただきます」という契約のことをいいます。そして契約の効果として、その物の引渡しが行われます。

【 解　説 】

1　民法における贈与

⑴　民法における贈与契約

　民法第3編第2章第2節第549条において、贈与は、当事者の一方が、ある財産を無償で相手方に与える意思を表示し、相手方が受諾をすることによって、その効力を生ずる契約であるとしています。この規定が非常に重要で、この規定を無視して贈与税は考えられません。財産を交付する人（贈与者）と受け取る人（受贈者）がお互いに了解の上で財産の移転が行われます。しかも、受贈者に対して対価を請求せず、無償であることが前提です。対価の授受がある場合は売買となります（民法555）。また、「ある財産」というのは必ずしも贈与者に帰属する財産とは限らず、他人の財産であっても贈与の対象となります（最判、昭和44年1月31日）。

　贈与とは、相手方に対して自己の財産を与える意思表示を行う、諾成片務契約行為をいいます。つまりお互いに「この○○をあなたにあげましょう。」「はい、もらいましょう。」という了解があって初めて贈与契約が成立します。

　基本的に「諾成」「片務」契約ですが、次の各契約が混在しています。

> 「諾成」　…契約当事者双方が合意に達すること。
> 「片務」　…当事者の一方だけが相手方に対して何らかの債務を負っ
> 　　　　　ている契約のこと。
> 「無償」　…契約当事者の一方の負担に対する対価を求めないもの。
> 「不要式」…要式を必要としないこと。

　贈与者は、贈与の目的物を贈与した時の状態で引き渡す義務があります（民法551①）。贈与は契約行為であることから当然の義務ですが、2017年の民法改正時にあえて追加されました。

　また、書面によらない贈与は、贈与者、受贈者の各当事者が解除することができるので（民法550）、互いが書面契約により明白な意思表示をすることが確実です。

　贈与税を納めなければならない者は、相続税法第1条の4に「贈与により財産を取得した次に掲げる者」とあり、受贈者のことをいいます。贈与とは、何を指すのかは、相続税法に規定はありません。相続税法に規定のない概念は、民法によることから、贈与契約が成立していることが大前提となります。

(2)　定期贈与

　定期贈与とは「毎年200万円ずつ10年間贈与します。」のような、定期の給付を目的とした贈与のことをいいます（民法552）。200万円を10年間で贈与しますので合計贈与金額は2,000万円になります。

　税務上、このような契約は毎年の課税ではなく、契約の効力の発生した年に一括課税となります。相続税法第24条「定期金に関する権利の評価」により権利の価額を評価します。定期金に関する権利については第2章2-1を参照してください。

⑶　負担付贈与

　負担付贈与とは、「この土地を贈与するが、この土地に付いている借金の返済を頼む」「これを贈与するから、Ａさんに○○を渡すこと」というような、相手方に対して贈与の対価として負担を求める贈与契約です（民法553）。単純な贈与と異なり、受贈者に負担を求める契約であることから、売主と同等の担保責任があり（民法551②）、双務契約の規定が適用されます（民法553）。

　税務上、負担付贈与財産の価額は、負担がないものとした場合における贈与財産の価額から、負担額を控除した価額によって評価します（相基通21の2-4）。負担付贈与については、第２章2-9を参照してください。

⑷　死因贈与

　「自分が死んだら、この土地を贈与します」というような、人の死亡を原因として贈与契約の効力が生ずる双務契約で、一種の停止条件付贈与契約です。単純な贈与と同じですが、贈与者の死を待つため、贈与の時期が不確定であることが異なります。

　死因贈与は、財産の移転効果が遺贈と同じであることから、相続税の課税対象となります。相続税法第１条の３「相続又は遺贈（贈与をした者の死亡により効力を生ずる贈与を含む。）」のかっこ書きが該当します。相続税法の観点から、相続時精算課税による贈与は、死因贈与と同等の効果が生じます。

２　相続税法における贈与

⑴　贈与契約の成立による贈与

　相続税法においても、贈与税の納税義務が生じる場合とは、基本的には民法による贈与契約行為が完遂することです。贈与契約が成立すること、贈与財産の課税価格の合計額が基礎控除の110万円を超えたことにより、贈与税の申告と納税の義務が生じます。贈与契約が完遂していな

い場合は、申告と納税の義務は生じません。贈与契約の一方の当事者である受贈者が知らない贈与は、原則としてあり得ません。贈与者が、受贈者の知らないうちに財産の名義を受贈者に変更していたとしても、それは、贈与者が自己の財産を、受贈者名義で運用しているものととらえられます。

⑵　みなし贈与

　必ずしも贈与契約が行われていない場合であっても、実質的経済効果が贈与とみなされる場合には、贈与税の対象となることがあります。相続税法第5条から第9条の5までに規定されている、みなし贈与が該当します。みなし贈与については第3章以降で解説します。

〔 申告及び調査の対応のポイント 〕

　　贈与契約が成立することにより、贈与税の課税対象となり、納税義務が成立します。贈与税の申告は、贈与事実に基づくのは言うまでもありません。贈与事実がない申告は、まったく理由のない申告です。単に財産の名義を変更したことは贈与があったことになりません（ただし、相続税法基本通達9-9（財産の名義変更があった場合）が適用される場合があります。）。贈与事実を確認しないまま申告を行うことは、贈与者が死亡した場合等において、贈与事実を説明できなくなることが予想されます。預貯金等の名義が家族名義に変更されたとしても、贈与があったとは限らず、名義預金と認定される可能性があります。

『**参考法令通達等**』

【相続税法第1条の4（贈与税の納税義務者）】

　次の各号のいずれかに掲げる者は、この法律により、贈与税を納める義務がある。

一　贈与により財産を取得した次に掲げる者であって、当該財産を取得した時

においてこの法律の施行地に住所を有するもの

【民法第549条（贈与）】

　贈与は、当事者の一方がある財産を無償で相手方に与える意思を表示し、相手方が受諾をすることによって、その効力を生ずる。

【民法551①（贈与者の引渡義務等）】

　贈与者は、贈与の目的である物又は権利を、贈与の目的として特定した時の状態で引き渡し、又は移転することを約したものと推定する。

『**参考判決裁決事例**』

　（他人の財産の贈与であっても、贈与契約は有効であるとした事例）

　他人の財産権をもって贈与の目的とすることも可能であって、かような場合には、贈与義務者はみずからその財産権を取得して受贈者にこれを移転する義務を負担するもので、かかる贈与契約もまた有効に成立するものと解すべき。

　　　　　　　　　　　　　　　　　　（1969年（昭和44年）1月31日　最判）

　（贈与税の申告は、贈与事実の存否を明らかにするものではないとした事例）

　請求人は、相続税の申告において相続財産であるとした同族会社の株式（以下「本件株式」といい、本件株式の発行会社を「本件会社」という。）は、平成6年に請求人が被相続人から贈与を受けたものであるから、相続財産には含まれず、そのことは贈与税の期限内申告及び納税を済ませているとの事実により証明されるとして、本件株式の価額を相続税の課税価格から減額することを求めて行った更正の請求に対して原処分庁が行った更正をすべき理由がない旨の通知処分は違法である旨主張する。

　しかしながら、贈与税の申告は贈与税額を具体的に確定させる効力は有するものの、それをもって必ずしも申告の前提となる課税要件の充足（贈与事実の存否）までも明らかにするものではなく、贈与事実の存否の判断に当たって、贈与税の申告及び納税の事実は贈与事実を認定する上での一つの証拠とは認められるものの、贈与事実の存否は飽くまでも具体的な事実関係を総合勘案して判断すべきと解するのが相当である。

　　　　　　　　　　　　　　　　　　（2007年（平成19年）6月26日　裁決）

1-2 贈与税

▶ポイント

　贈与税の申告方式は「暦年課税」及び「相続時精算課税」があります。この項では、贈与税の基本を解説します。

【 解 説 】

1 贈与税の規定

　贈与税は相続税法第21条から第21条の18に規定されています。条文改正のいきさつは不明ですが、第21条に全てあることから、第21条が元番で各種特例は追加されていることが分かります。1つの税法に2つの税法が規定されている珍しいつくりのようです。

　第21条で「贈与税は、この節及び次節に定めるところにより、贈与により財産を取得した者に係る贈与税額として計算した金額により、課する。」と基本が規定されています。「この節」は第2節「贈与税」で暦年課税のことをいいます。「次節」は第3節で相続時精算課税の規定です。

2 贈与税の課税財産

(1) 財産

　相続税法は、贈与により取得した財産に対して贈与税を課税する旨が規定されていますが、その財産の定義については、贈与により取得したとみなされる財産について規定しているだけで、課税される財産についての規定はありません。

(2) 財産の意義

　相続税法基本通達では、課税される財産を「金銭に見積ることができる経済的価値のあるすべてのものをいう」（相基通11の2-1）とし、次の①〜③に留意するとしています。具体的には、独立して財産を構成し

ない、いわゆる取引されることのないものはここでいう財産には該当しませんが、法律上の根拠がなくても経済的価値があるものとして取引される営業権やノウハウ等については財産に該当します。個別の財産を列挙するのではなく、予測できない資産の出現にも対応しているといえます。この規定は相続財産に関するものですが、贈与財産と区別して課税する必要はないと考えます。

① 財産には、物権、債権及び無体財産権に限らず、信託受益権、電話加入権等が含まれる。

② 財産には、法律上の根拠を有しないものであっても経済的価値が認められているもの、例えば、営業権のようなものが含まれる。

③ 質権、抵当権又は地役権（区分地上権に準ずる地役権を除く。）のように従たる権利は、主たる権利の価値を担保し、又は増加させるものであって、独立して財産を構成しない。

3　贈与税の課税方式

(1)　課税方式の相違

　贈与税の課税方式は、暦年課税と相続時精算課税に区分されます。贈与税の本則は暦年課税ですが、相続時精算課税を選択して申告することができるという規定となっています（相法21の9①）。つまり、納税者が積極的に相続時精算課税を選択しない限り、相続時精算課税が適用されることはありません。ただし、いったん相続時精算課税を適用した場合、つまり「相続時精算課税選択届出書」を提出した場合、撤回することはできないと明示の規定があり、厳しい取扱いとなっています（相法21の9⑥）。

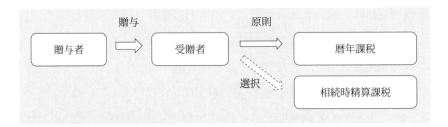

(2)　課税財産及び課税価格

　贈与税の課税財産及び課税価格は次の通りです（相法2の2、21の2①②）。

財産の取得者	課税財産	課税価格
相法1の4第1項1号又は2号に該当する者	贈与により取得した財産の全部	1年間に贈与を受けた財産の価額の合計額
相法1の4第1項3号又は4号に該当する者	贈与により取得した財産で、国内にあるもの	1年間に贈与を受けた財産で国内にあるものの価額の合計額

(3)　基礎控除

　贈与税には基礎控除があります。基礎控除は、少額不追及の観点から設けられているものです。暦年課税の基礎控除は、特に疑問がなく110万円と周知されています。しかし、相続税法では60万円と規定されています。また、2023年（令和5年）度税制改正において相続時精算課税においても基礎控除が適用されることになりました。この制度においても、相続税法では基礎控除が60万円です。ただし、両取扱いとも、措置法で110万円と規定しています。措置法における110万円の基礎控除は、相続税法の上では基本的な60万円と同様の取扱いとなっています。要は贈与税の基礎控除は問題なく110万円です。

課税方式	基礎控除			
	金額	相続税法	金額	措置法
暦年課税	60万円	21の5	110万円	70の2の4
相続時精算課税	60万円	21の11の2	110万円	70の3の2

(4) 税率

　贈与税の税率は、暦年課税又は相続時精算課税の別により区分されています。また、暦年課税の税率は、「一般税率」及び「特例税率」に区分されます。税率が適用されるのは、基礎控除又は特別控除後の課税価格に対してです。

課税方式	税率区分	税率	条文
暦年課税	一般税率	超過累進税率による。原則的な税率	相法21の7
	特例税率	直系尊属からの特例贈与財産(注)に対する緩和された超過累進税率	措法70の2の5
相続時精算課税	比例税率	特定贈与者ごとに20%	相法21の13

(注)　特例贈与財産とは、18歳以上の受贈者が父母又は祖父母等直系尊属から受けた財産をいいます。親等にはかかわらず、直系であれば適用できます。

◇贈与税の速算表【一般贈与財産用】

基礎控除後の課税価格	200万円以下	300万円以下	400万円以下	600万円以下	1,000万円以下	1,500万円以下	3,000万円以下	3,000万円超
一般税率	10%	15%	20%	30%	40%	45%	50%	55%
控除額	－	10万円	25万円	65万円	125万円	175万円	250万円	400万円

◇贈与税の速算表【特例贈与財産用】

基礎控除後の課税価格	200万円以下	400万円以下	600万円以下	1,000万円以下	1,500万円以下	3,000万円以下	4,500万円以下	4,500万円超
特例税率	10%	15%	20%	30%	40%	45%	50%	55%
控除額	－	10万円	30万円	90万円	190万円	265万円	415万円	640万円

4 贈与税の納税義務者

(1) 個人

　相続税法第1条の4は贈与税を納める義務がある者（納税義務者）を規定しています。ここでは第1項第1号及び第2号で「贈与により財産を取得した次に掲げる者」、また、第3号及び第4号で「贈与によりこの法律の施行地にある財産を取得した個人」として贈与を受けた者が納税義務者であるとしています。贈与者が申告と納税をするのではないことを、しっかりと認識します。

　また、納税義務者の範囲は、近年の人及び財産が世界的に流動的になっていることから、数次にわたって拡大されています。

受贈者／贈与者	国内に住所あり	国内に住所なし		
		日本国籍あり		日本国籍なし
	①一時居住者	10年以内に国内に住所あり	10年以内に国内に住所なし	
国内に住所あり　②短期滞在外国人	居住制限納税義務者		非居住制限納税義務者	
国内に住所なし　10年以内に国内に住所あり　③一定の外国人	居住無制限納税義務者（国内・国外財産ともに課税）	居住制限納税義務者（国内財産のみに課税）	非居住無制限納税義務者（国内・国外財産ともに課税）	非居住制限納税義務者（国内財産のみに課税）
国内に住所なし　10年以内に国内に住所なし				

○網掛部分は国内・国外財産に対して課税される

① 出入国管理及び難民認定法別表第1の在留資格を有する者で、贈与前15年以内に国内に住所を有していた期間の合計が10年以下の者をいいます。

② 在留資格を有する者で、日本国内に住所を有していた者をいいます。

③ 日本国内に住所を有していなかった贈与者で、贈与前10年以内のいずれかの時において日本国内に住所を有していたことがある者のうちいずれの時においても日本国籍を有していなかった者をいいます。

（2017年（平成29年）4月1日以後の贈与に適用）

(2) 人格のない社団又は財団

　代表者又は管理者の定めのある人格のない社団又は財団に対し財産の贈与又は遺贈があった場合、その社団又は財団を個人とみなして、贈与税が課税されます（相法66①）。この場合、贈与をした者の異なるごとに、贈与をした者の各一人のみから財産を取得したものとみなして算出した場合の贈与税額の合計額を納付すべき贈与税額とします。

　人格のない社団又は財団とは、多数の者が一定の目的を達成するために結合した団体のうち法人格を有しないもので、単なる個人の集合体でなく、団体として組織を有して統一された意思の下にその構成員の個性を超越して活動を行うものをいいます（法基通1-1-1）。法人でない社団又は財団で代表者又は管理人の定めがあるものをいいます。具体的には、自治会、学校のサークル、マンションの管理組合等があります。

(3) 持分の定めのない法人

　持分の定めのない法人に対し、財産の贈与があった場合、その贈与により贈与者の親族その他これらの者と特別の関係がある者の贈与税の負担が不当に減少すると認められるときには、その法人を個人とみなして贈与税が課税されます（相法66④）。この場合、上記(1)と同様に、その法人の所得の金額の計算上、益金の額に算入されるときでも贈与税は課税され、その受贈益に法人税等が課税されるときは、その法人税等が贈与税から控除されることになります（相法66⑤）。

　持分の定めのない法人とは、次の法人をいいます（個別通達「持分の定めのない法人に対して財産の贈与税等があった場合の取扱い」13）。

　①　定款、寄附行為若しくは規則（以下「定款等」といいます。）又は法令の定めにより、法人の社員、構成員（その法人へ出資している者に限ります。以下「社員等」といいます。）がその法人の出資に係る残余財産の分配請求権又は払戻請求権を行使することができ

ない法人

② 定款等に、社員等が法人の出資に係る残余財産の分配請求権又は
払戻請求権を行使することができる旨の定めはあるが、そのような
社員等が存在しない法人

(注) 持分の定めがある法人（持分を有する者がないものを除く。）
に対する財産の贈与等があったときは、その法人の出資者等につ
いて相続税法第9条の規定を適用すべき場合があることに留意し
ます。

具体的には、一般社団法人、一般財団法人、学校法人、社会福
祉法人、宗教法人、持分の定めのない医療法人などがあります。

5 贈与税の更正、決定等の期間制限の特則

相続税法では贈与行為そのものの規定はなく、民法の贈与の概念を受
けています。贈与者及び受贈者が贈与事実を認識し、実行行為があれば
贈与行為は完了します。

国税の更正又は決定は、除斥期間があり、法定申告期限から5年を経
過した日以後はできません（通則法25、70）。

贈与税については、国税通則法第70条の規定にかかわらず、法定申
告期限から6年を経過する日まで更正、決定をすることができます（相
法37）。この特則は、相続時精算課税制度の創設と同時に改正されたも
ので、長期にわたって課税関係を管理しなければならない特殊な税制に
対応したものです。他の税法の時効とは異なることをしっかりと認識し
ます。

6 贈与税制の変遷

年分	基礎控除額	最高税率	配偶者控除	その他
1905年 (明治38年)	（相続税創設）			○相続開始前１年以内の贈与財産を相続税の課税価格に算入 ○みなし遺産相続制度の採用（500万円以上を推定相続人に贈与した場合）
1940年 (昭和15年)				○みなし遺産相続制度に３年累積制度を導入（相続開始前３年以内の贈与を加算）
1947年 (昭和22年)				○取得者の一生を通ずる一生累積課税方式の贈与税の創設
1950年 (昭和25年)				○シャウプ勧告による措置 ○贈与税を廃止し相続税と一本化 ○取得者の一生を通ずる累積課税方式
1953年 (昭和28年)	10万円	3,000万円超…70%		○贈与税の復活 ○暦年課税方式に変更
1958年 (昭和33年)	20万円			○相続開始前３年以内に同一人物から贈与があった場合の贈与税の累積課税制度の創設
1964年 (昭和39年)				○農地等の生前贈与があった場合の課税特例制度の創設
1966年 (昭和41年)	40万円		配偶者控除の創設 婚姻期間25年以上、控除額160万円	
1971年 (昭和46年)			婚姻期間20年以上、控除額360万円	
1973年 (昭和48年)			控除額560万円	

年	基礎控除	税率	配偶者控除	主な改正内容
1975年 (昭和50年)	60万円	7,000万円 超…75%	控除額1,000 万円	○3年累積課税制度の廃止 ○農地等の生前贈与の場合の課税特例 制度を納税猶予制度に切り替え
1984年 (昭和59年)				○住宅取得等資金の贈与の場合の特例 制度の創設
1988年 (昭和63年)		7,000万円 超…70%		
1992年 (平成4年)		1億円超 …70%		
1994年 (平成6年)				○　相続開始年に配偶者控除の適用が 受けられる贈与があった場合、相続財 産に加算せず、贈与税の課税価格に算 入されることとなった
2000年 (平成12年)				○納税義務者の範囲を措置法で改正
2001年 (平成13年)	110万円	1,000万円 超…50%	控除額2,000 万円	
2003年 (平成15年)				○税率の緩和 ○相続時精算課税制度の創設（控除額 2,500万円、住宅取得等資金の場合3,500 万円) ○特定事業用資産の特例を相続時精算 課税制度を適用した贈与財産について も認める ○納税義務者の範囲を相続税法で改正
2007年 (平成19年)				○特定贈与者から特定同族株式の贈与 を受けた場合の相続時精算課税制度の 創設 ○特定同族株式を受贈した場合の相続 時精算課税の非課税枠500万円の創設
2009年 (平成21年)				○遺留分に関する民法特例の創設 (4/1以降の贈与より適用) ○非上場株式等の納税猶予制度の創設 (4/1以降の贈与より適用) ○住宅取得等資金贈与500万円の特別 控除の創設（平成21.22年のみの時限 立法)
2013年 (平成25年)				○教育資金を一括贈与した場合の1,500 万円の非課税制度を創設

2015年 （平成27年）		3,000万円 超…55％	○結婚・子育て資金を一括贈与した場合の1,000万円の非課税制度を創設
2024年 （令和6年）			○相続開始前3年以内加算を7年とする。前4年から前7年までの贈与価額の合計額から100万円を控除する ○相続時精算課税に110万円の基礎控除を創設 ○相続財産の加算は、控除後の金額とする ○相続時精算課税適用財産が被災した場合の被災金額の控除制度を創設

（申告及び調査の対応のポイント）

　贈与行為は、契約です。贈与契約の効力が発生したときが、贈与税の申告と納税義務が発生したときです。贈与行為があったかどうかの判断は、非常に困難です。とりわけ財産の移転が親族間で行われることがほとんどであるため、その実態を解明、判断することを難しくしています。一方的な財産の名義変更が主なものです。しかし、明らかな贈与行為まで、贈与者の一方的な財産の移転であり贈与事実がなかった、ということはできません。特に贈与者が死亡している場合は、受贈者の認識、贈与行為、受贈財産の管理や運用状況等、事実関係を十分確認して贈与事実の有無を判断します。

　贈与税の申告がなかったことは贈与事実がなかった、ということにはなりません。

1-3 近年の贈与税の傾向

ポイント

贈与税は緩和策が多く打ち出されています。これは、長寿社会になりつつあるため、高齢者の保有する金融資産の活用が目的です。また、相続税課税強化策の一還として令和 5 年度税制改正において「資産移転時期の選択により中立的な税制」が構築されています。

【 解 説 】

1 贈与税の本来の姿

贈与は、民法では贈与者と受贈者間での契約行為であり、純粋に取引の一形態です、本来、贈与は無償による財産の提供であり、贈与契約が成立するためには、当事者間での合意が必要となります。受贈者の意に反した取引ではありません。

ところが、実際的な話として、寄附文化が根付いていない我が国では他人に財産を贈与、とりわけ第三者に対して無償で財産を贈与することはほとんどありません。贈与は大多数が親族間で、親族間でもとりわけ親子夫婦間が圧倒的に多く、贈与者の財産の保全と相続税対策のために行われているのが実態です。

相続税法は、生前の所得の蓄積、被相続人が先代から取得した相続財産及びその他の取得による財産の合計額に対する最終的な課税を目的としています。これらの財産を、生前に推定相続人に贈与することは、相続税の課税ができなくなることです。そのため、あえて財産を抜き出す行為に対して、監視の意味でも、贈与税が存在します。贈与税は相続税法の中に規定されており、相続税と贈与税は一体不可分の関係にありま

す。贈与税なかりせば、相続税の課税が心もとなくなるどころか、課税不能となることが目に見えています。

2　近年の傾向

　国内の個人の金融資産は2,000兆円を超えています（2022年12月日銀資金循環統計）。このうち約60％以上を60歳以上の人が保有しているとのデータがあります。また、財産の5割以上を占める土地等不動産の中でも重要な財産である宅地は、60歳以上の人が60％を所有しているとのデータもあります（国土交通省「土地基本調査」）。つまり、全国民の財産のうち60歳以上の人が60％以上を所有しているということです。財産を誰がいくら所有していても問題ではありません。近年は長寿少子社会となり、男性の平均寿命が80歳を超えています。今60歳の人でも20年は元気で活躍するでしょう。しかし、60歳を超えた方々は、事業意欲は当然減退していくでしょうし、財産を市場に放出して運用する意欲も減退するでしょう。つまり、高齢者の所有する相当な財産が、塩漬けになっていきます。そのため、近年は高齢者の財産を世代間移転させて活用しようとする方向にあります。

3　近年の贈与税の特例

　高齢者が、次の世代に財産を移転しようとしても、次の世代も高齢者の仲間入りするのが間近となっていますから、これも単に財産の名義が変更されただけに終わるということになります。そのため、近年の贈与税の改正や特例の創設は、次々世代（孫やひ孫）に対して財産の移転を促し、活用を狙ったものが多くなりました。

　子や孫に対する贈与を促進するために、次のような特例があります。特別控除枠を最大限活用すれば受贈者一人当たり6,000万円の贈与ができるという大変大盤振る舞いの税法となっています。

特例	受贈者の要件		非課税金額又は特別控除額	適用年分
	子又は孫	直系卑属		
相続時精算課税	○	—	特別控除額 2,500万円	平成15年1月1日以後の贈与から適用。特定贈与者の年齢60歳以上、受贈者18歳以上
			基礎控除額 110万円	令和6年1月1日後の贈与から適用。
直系尊属からの贈与の場合の特例税率	—	○	基礎控除額 110万円	平成27年1月1日以後の贈与から適用。
教育資金一括贈与の特例	—	○	非課税額 1,500万円	平成25年4月1日以後の贈与から適用。
結婚・子育て資金の一括贈与の特例	—	○	非課税額 1,000万円	平成27年1月1日以後の贈与から適用
直系尊属から住宅取得等資金の贈与を受けた場合の非課税の特例	—	○	非課税額 1,000万円	控除額は贈与時期により異なる。

申告及び調査の対応のポイント

　近年、贈与税の課税関係が非常に緩和されています。相続税の基礎控除が、2015年（平成27年）1月1日の相続開始から大幅に減額となり、課税対象者が増加しました。相続税の負担を軽減するためには、贈与税の活用が必須です。贈与税の課税原因は、基本的に民法の贈与契約の成立にあります。家族間の金融資産の移転は、贈与事実を明確にしたうえで、贈与税の申告をします。

1-4 贈与税の非課税財産

▶ポイント

贈与を受けた財産であっても、贈与者又は受贈者に応じて贈与税の対象とならない場合があります。扶養義務者間での生活費や教育費の贈与などが典型例です。

【 解 説 】

1 贈与税の課税財産

贈与税は、贈与を受けた財産及び財産的価値のあるものすべてに対して課税することを原則としています。ただし、受贈者の納税義務者としての範囲に応じて、課税される財産が異なります（相法2の2）。

受贈者の区分	課税対象財産
① 相続税法第1条の4第1項第1号又は第2号に該当する者	・贈与により取得した財産の全部
② 相続税法第1条の4第1項第3号又は第4号に該当する者	・贈与により取得した財産で、相続税法の施行地にあるもの

2 贈与税の非課税財産

財産の性質や贈与の目的などからみて、次に掲げる財産については贈与税が課税されません。

(1) 法人からの贈与により取得した財産

法人から贈与により取得した財産については、贈与税は課税されません（相法21の3①一）。ただし、法人からの贈与により取得する金品は所得税の対象となり、一時所得が課税されます（所基通34-1(5)）。

ここに規定する法人には、国、地方公共団体、外国法人が含まれます（相基通21の3-1）。

⑵　扶養義務者間で生活費や教育費に充てるため取得した財産

扶養義務者相互間において生活費又は教育費に充てるために、贈与により取得した財産のうち通常必要と認められるものは、贈与税は課税されません（相法21の 3 ①二）。この規定は、国民感情を考慮したものです。

①　扶養義務者とは

扶養義務者とは、配偶者並びに直系血族及び兄弟姉妹等をいいます（民法752、877①、相法 1 の 2 一）。民法では、家庭裁判所は特別の事情がある時は、 3 親等内の親族間でも扶養の義務を負わせることとしています（民法877②）。相続税法の取扱いでは民法に規定する者の他、家庭裁判所の審判がない場合でも、 3 親等内の親族で生計を一にする者については、扶養親族として取り扱われます（相基通 1 の2-1）。

②　生活費・教育費とは

ここでいう生活費は、その人にとって日常生活に必要な費用をいい、教育費とは、学費、教材費、文具費などに充てるための費用をいいます。この非課税となるのは、生活費や教育費として必要な都度直接これらに充てるためのものに限られます。したがって、生活費や教育費の名目で贈与を受けた場合であっても、それを預金、株式や不動産などの買入資金に充てている場合、通常必要とされるもの以外のものとみなされ、贈与税が課税されることに注意してください（相基通21の3-3、3-4、3-5）。

③　生活費等に充てるために、財産の名義変更があった場合

財産の果実だけを生活費又は教育費に充てるために、家賃収入を贈与しようとして、アパートの名義変更があったような場合、そのアパートを、贈与によって取得したものとして取り扱われます（相基通21の3-7）。

高額な財産の名義を変更し、その利息のみを贈与するという主張を封じるための規定です。

⑶　宗教、慈善、学術その他公益を目的とする事業を行う者が取得した財産

① 公益を目的とする事業を行う者が取得した財産

公益的見地から、宗教、慈善、学術その他公益を目的とする事業を行う者で、政令で定めるものが贈与により取得した財産で、公益を目的とする事業の用に供することが確実なものについては、贈与税が課税されません（相法21の3①三、相令4の5）。

② 公益を目的とする事業とは

公益を目的とする事業とは、社会福祉事業（社会福祉法）、更生保護事業（更生保護事業法）、家庭的保育事業、小規模保育事業、事業所内保育事業（児童福祉法）、学校（学校教育法）、認定こども園を設置し運営する事業（就学前の子どもに関する教育、保育等の総合的な提供の推進に関する法律）、その他の宗教、慈善、学術その他の事業のことをいいます（相令4の5、2）。

⑷　財務大臣の指定した特定公益信託から交付された金員で一定のもの

特定公益信託（所法78③）で学術に関する顕著な貢献を表彰するもの、若しくは顕著な価値がある学術に関する研究を奨励するものとして、財務大臣の指定するものから交付される金品で、財務大臣の指定するもの又は学生若しくは生徒に対する学資の支給を行うことを目的とする特定公益信託から交付される金品は、贈与税が課税されません（相法21の3①四）。

公益信託とは、委託者（個人又は法人）が、学術、慈善等一定の公益目的のため、受託者（信託銀行等）に財産を移転し、その財産を管理運用して公益目的を達成する制度をいいます。公益信託から金品を受領し

た場合、委託者の区分に応じて贈与税又は所得税（一時所得）の問題が
起きます。

　特定公益信託とは、受託者が信託銀行であること、その他一定の要件
を満たす税制上の信託のことをいいます。

⑸　地方公共団体が精神又は身体に障害のある者に支給する給付金

　条例の規定により、地方公共団体が精神又は身体に障害のある者に関
して実施する共済制度で、政令で定めるものに基づいて支給される給付
金を受ける権利（受給権）は、贈与税が課税されません（相法21の 3
①五）。

⑹　公職選挙法の適用を受ける選挙の候補者が、選挙運動のために金品
　を取得した場合

　公職選挙法の適用を受ける公職の候補者が、選挙運動に関し贈与によ
り取得した金銭、物品その他の財産上の利益で、同法の規定に則って選
挙運動に関する収入及び支出の報告がなされたものは、社会政策的な見
地から贈与税が課税されません（相法21の 3 ①六、相基通21の3-8）。

⑺　社交上必要と認められる贈答品等

　個人から受ける香典、花輪代、年末年始の贈答、祝物又は見舞などの
ための金品で、法律上贈与に該当するものであっても、社会通念上相当
と認められるものは、贈与税が課税されません（相基通21の3-9）。国
民感情に配慮した典型的な取扱いです。また、少額資金の授受について
課税することの煩雑さを避けたものともいえます。

⑻　相続があった年に被相続人から贈与された財産

　相続や遺贈により財産を取得した者が、相続があった年に被相続人か
ら贈与された財産については、贈与税の課税対象とせず、相続税の課税
対象として相続財産に加算します（相法21の 2 ④）。相続税法では相続
又は遺贈により財産を取得した者が、相続開始前 3 年以内（2024年 1

月1日以後の贈与については相続開始前7年以内）に被相続人から贈与を受けた財産がある場合には、その贈与財産の価額を相続税の課税価格に加算して相続税額を算出します。贈与を受けた者が、相続開始年に贈与を受けた財産の合計額が年の途中で判明できないため、その年分の贈与税額の計算ができないことにより、相続税の課税対象となったものです。

⑼ 特定障害者に対する贈与

① 特定障害者に対する非課税制度の概要

国内に居住する特定障害者が、特定障害者扶養信託契約に基づいて信託受益権の贈与を受けた場合、その信託の際に「障害者非課税信託申告書」を特定障害者の納税地の所轄税務署長に提出することにより、信託受益権の価額（信託財産の価額）のうち、6,000万円までの金額については贈与税が課税されません（相法21の4①）。

なお、非課税とされる価額は、特別障害者一人につき6,000万円で、特別障害者以外の障害者（一般障害者）は3,000万円が限度です（相基通21の4-1）。平成25年度の税制改正において、一般障害者にも拡大適用されたものです。

障害者の区分	限度額
特別障害者	6,000万円
一般障害者	3,000万円

なお、一般障害者及び特別障害者の区分は次によります（相基通19の4-1、19の4-2）。

一般障害者	①　児童相談所、精神保健指定医等の判定により知的障害者とされた者のうち、重度の知的障害者とされた者以外の者 ②　精神障害者保健福祉手帳に 2 級・3 級として記載されている者 ③　身体障害者手帳に 3 級から 6 級として記載されている者 ④　①から③以外の者で戦傷病者手帳に、恩給法第 4 項症から第 6 項症と記載されている者等 ⑤　常に就床を要し複雑な介護を要し市町村長又は特別区の区長（以下「市町村長等」といいます。）の認定を受けている者 ⑥　精神又は身体に障害のある年齢65歳以上の者で、①から③に準ずるものとして市町村長等の認定を受けている者
特別障害者	①　精神上の障害により事理を弁識する能力を欠く常況にある者又は精神保健指定医等の判定により重度の知的障害者とされた者 ②　精神障害者保険福祉手帳に 1 級として記載されている者 ③　身体障害者手帳に 1 級又は 2 級として記載されている者 ④　①から③以外の者で戦傷病者手帳に恩給法特別項症から第 3 項症として記載されている者 ⑤　③④以外の者で原子爆弾被爆者援護法による厚生労働大臣の認定を受けている者 ⑥　常に就床を要し複雑な介護を要する者で①又は③に準ずるとして市町村長等の認定を受けている者 ⑦　精神又は身体に障害のある年齢65歳以上の者で、精神又は身体の障害の程度が①又は③に準ずるとして市町村長等の認定を受けている者

②　一般障害者から特別障害者となった場合等

　　一般障害者が相続税法第21条の 4 第 1 項に規定する信託受益権を取得し、非課税の規定の適用を受けた後に、特別障害者に該当することとなることがあります。この場合、新たに信託受益権を取得したときに適用を受けることをできる金額は、6,000万円から既に適用を受けた金額を控除した残額となります。

　　また、特別障害者が3,000万円を超える信託受益権を取得し、適用を受けた後に一般障害者に該当することとなった場合、新たに信託受

益権を取得したときには、同項の規定の適用を受けることができる金
額はありませんが、既に適用を受けていた額について、遡及して適用
を受けることができないこととはならないことに留意します（相基通
21の4-2）。

⑽　**直系尊属から受けた住宅取得等資金**

直系尊属から受けた住宅取得等資金については、一定の要件の下、一
定の金額が非課税です。非課税枠は適用年分により異なることに注意し
ます。創設当初は経済政策の一環でしたが、近年は高齢者の資金の早期
活用という方向に変質しています。目的はいずれにせよ、資金の世代間
移転により、経済効果が見込まれます。ただし近年は、廃屋問題や少子
化問題の観点から新築住宅の積極的な取得政策に疑義が呈されていま
す。

申告及び調査の対応のポイント

贈与税の非課税規定は、社会政策的な見地や課税の煩雑さの見地から
非課税となっています。教育資金として贈与したものや、社交儀礼とし
て贈与したものについて、過度な金額や蓄積に回すような場合は贈与税
の対象となります。

『参考法令通達等』
【相続税法第2条の2（贈与税の課税財産の範囲）】
1　第1条の4第1項第1号又は第2号の規定に該当する者については、その
者が贈与により取得した財産の全部に対し、贈与税を課する。
2　第1条の4第1項第3号又は第4号の規定に該当する者については、その
者が贈与により取得した財産でこの法律の施行地にあるものに対し、贈与税
を課する。
【相続税法第21条の3第1項（贈与税の非課税財産）】
次に掲げる財産の価額は、贈与税の課税価格に算入しない。

一　法人からの贈与により取得した財産

二　扶養義務者相互間において生活費又は教育費に充てるためにした贈与に
　より取得した財産のうち通常必要と認められるもの

三　宗教、慈善、学術その他公益を目的とする事業を行う者で政令で定める
　ものが贈与により取得した財産で当該公益を目的とする事業の用に供する
　ことが確実なもの

四　所得税法第78条第 3 項（寄附金控除）に規定する特定公益信託（以下こ
　の号において「特定公益信託」という。）で学術に関する顕著な貢献を表
　彰するものとして、若しくは顕著な価値がある学術に関する研究を奨励す
　るものとして財務大臣の指定するものから交付される金品で財務大臣の指
　定するもの又は学生若しくは生徒に対する学資の支給を行うことを目的と
　する特定公益信託から交付される金品

五　条例の規定により地方公共団体が精神又は身体に障害のある者に関して
　実施する共済制度で政令で定めるものに基づいて支給される給付金を受け
　る権利

六　公職選挙法の適用を受ける選挙における公職の候補者が選挙運動に関し
　贈与により取得した金銭、物品その他の財産上の利益で同法第189条（選
　挙運動に関する収入及び支出の報告書の提出）の規定による報告がなされ
　たもの

1-5　財産の取得の時

　贈与の時とは、原則として財産を取得した時、書面による贈与の場合は、贈与契約の効力が発生した時をいいます。

【　解　説　】

1　贈与財産の取得の時期

⑴　相続税法における財産の取得の時期

　贈与税の申告年分の確定のために、財産を取得した時、つまり、贈与の時の判定が重要です。国税通則法は第15条第2項第5号で、贈与税の納税義務の成立の時とは「贈与（贈与者の死亡により効力を生ずる贈与を除く。）による財産の取得の時」とあります。相続税法では、「贈与により財産を取得した次に掲げる者であって、当該財産を取得した時においてこの法律の施行地に住所を有するもの」（相法1の4①一）としていますが、「財産を取得した時」の具体的な判定基準がありません。また、相続税法第21条の2では「贈与により財産を取得した者がその年中における贈与による財産の取得について…」として、課税価格の計算のために、1年間における受贈財産の価額を合計する規定はありますが、贈与契約と贈与の履行が、年をまたがったような場合の判断基準がありません。

⑵　財産取得の時期の原則

　相続税法基本通達では、贈与の時の判断基準について、非常に簡単ですが、次のように取り扱われています（相基通1の3・1の4共－8）。

贈与契約の形態	贈与の時
○書面による贈与の場合	・契約の効力の発生した時
○書面によらない贈与の場合	・履行の時

① 書面による贈与

　贈与は、当事者の一方が、自己の財産を無償で相手方に与える意思を表示し、相手方が受諾することによって成立する、契約行為です（民法549）。書面による契約が行われた場合、契約の効力の発生した時が贈与の成立の時です。

　契約は、契約の内容を示してその締結を申し入れる意思表示に対して、相手方が承諾をしたときに成立します（民法522）。一般的に、贈与にかかる合意があり、贈与契約が成立した場合、その効力が発生します。贈与契約書等の書面を取り交わすことで、贈与が確約され、登記登録を要する財産の場合は、その契約書に基づいて財産を移転します。贈与契約書による贈与の場合は、贈与契約書が成立した時が贈与の時とみるのが相当です。ただし、贈与契約書が取り交わされたとしても、贈与事実が伴わない場合、贈与があったということにはなりません。

② 書面によらない贈与

　書面によらない贈与の場合、財産の取得の時とは、履行の時をいいます。履行の時とは、取得した財産を現実に管理支配し得る状態になった時をいい、財産の引渡し、又は登記登録があった時と解されます。贈与者又は受贈者等各当事者が、軽い気持ちで贈与し、又は取り消すことが多くあります。書面によらない贈与は、各当事者が解除することができます（民法550）。有効に成立した契約は、一方的な破棄はできません。しかし、契約に基づく履行が成されなかったような場合、契約の履行を強制することの経済的な負担やロスのことを考えると、

契約を解除する方法があるほうが、当事者にとって有用な場合があります。解除とは、一定の条件のもとに、契約を破棄することをいいます。

　書面によらない贈与があった場合、履行が終わった部分については、解除できません（民法550）。一旦贈与契約が成立し、贈与財産が受贈者に移転した場合、それを贈与者が取り戻すことができないということです。贈与の撤回を許さない趣旨で、受贈者に対して強い権利を認めています。

2　停止条件付の遺贈又は贈与による財産取得の時期

　停止条件付の贈与とは、条件が成就される時まで贈与行為が停止されていることをいい、その条件が成就した時に初めて贈与契約の効力が生じます（民法127）。例えば、○○大学に合格したらこの車を贈与する、というように、将来発生することが不確実な事実に特約を付けた贈与のことをいいます。このような不確実な条件付きの贈与の時期は、次の通り、その条件が成就した時となります（相基通1の3・1の4共－9）。贈与者が死亡後に成就する停止条件付遺贈であっても、その条件が成就した時が財産の取得の時と取り扱います。

贈与契約の形態	贈与の時
○停止条件付の遺贈でその条件が遺贈をした者の死亡後に成就するものである場合	・その条件が成就した時
○停止条件付の贈与である場合	

3　農地等の贈与による財産取得の時期

　農地若しくは採草放牧地(以下「農地等」といいます。)の権利の移転は、農地法により制限されています。所有権を移転する場合、当事者が農業委員会の許可を得なければなりません（農地法3①）。また、農地等を農地等以外に転用する場合、都道府県知事等の許可を受けなければならず、その許可がない場合は所有権移転の効力は生じません（農地法5①）。

　以上のことから、農地等の贈与の日とは、農地法第3条第1項又は第

5 条第 1 項の規定による許可があった日、又はその届出の効力が生じた日に贈与があったものとします。ただし、例外的に許可があった日、又はその届出の効力が生じた日後に贈与があったと認められる場合、その時によります（相基通 1 の 3・1 の 4 共－10）。

4　財産取得の時期の特例

　贈与の時は、上記 **1** (2)の取扱いによりますが、贈与の時が明確でない場合が多くあります。贈与行為は、親族間で行われることが大半であることから、とりわけ贈与の時の判定が困難です。そのため、所有権等の移転の登記又は登録の目的となる財産について、贈与の時期が明確でないときは、特に反証のない限り登記又は登録があった時に贈与があったものとして取り扱います。贈与の時期が明確でない場合もあるため、特に設けられたものでしょう。ただし、鉱業権の贈与については、鉱業原簿に登録した日に贈与があったものとして取り扱います（相基通 1 の 3・1 の 4 共－11）。

『**参考法令通達等**』

【民法第549条（贈与）】（民法）

　贈与は、当事者の一方がある財産を無償で相手方に与える意思を表示し、相手方が受諾をすることによって、その効力を生ずる。

【民法第550条（書面によらない贈与の解除）】（民法）

　書面によらない贈与は、各当事者が解除をすることができる。ただし、履行の終わった部分については、この限りでない。

【国税通則法第15条第 2 項第 5 号（納税義務の成立及びその納付すべき税額の確定）】

　2　納税義務は、次の各号に掲げる国税（第 1 号から第13号までにおいて、附帯税を除く。）については、当該各号に定める時（当該国税のうち政令で定めるものについては、政令で定める時）に成立する。

　五　贈与税　贈与（贈与者の死亡により効力を生ずる贈与を除く。）による財産の取得の時

【相続税法基本通達1の3・1の4共－8（財産取得の時期の原則）】

　相続若しくは遺贈又は贈与による財産取得の時期は、次に掲げる場合の区分に応じ、それぞれ次によるものとする。

⑴　相続又は遺贈の場合　相続の開始の時（失踪の宣告を相続開始原因とする相続については、民法第31条《失踪の宣告の効力》に規定する期間満了の時又は危難の去りたる時）

⑵　贈与の場合　書面によるものについてはその契約の効力の発生した時、書面によらないものについてはその履行の時

【相続税法基本通達1の3・1の4共－9（停止条件付の遺贈又は贈与による財産取得の時期）】

　次に掲げる停止条件付の遺贈又は贈与による財産取得の時期は、1の3・1の4共－8にかかわらず、次に掲げる場合の区分に応じ、それぞれ次によるものとする。

⑴　停止条件付の遺贈でその条件が遺贈をした者の死亡後に成就するものである場合　その条件が成就した時

⑵　停止条件付の贈与である場合　その条件が成就した時

【相続税法基本通達1の3・1の4共－10（農地等の贈与による財産取得の時期）】

　農地法第3条第1項《農地又は採草放牧地の権利移動の制限》若しくは第5条第1項《農地又は採草放牧地の転用のための権利移動の制限》本文の規定による許可を受けなければならない農地若しくは採草放牧地の贈与又は同項第7号の規定による届出をしてする農地等の贈与に係る取得の時期は、当該許可があった日又は当該届出の効力が生じた日後に贈与があったと認められる場合を除き、1の3・1の4共－8及び1の3・1の4共－9にかかわらず、当該許可があった日又は当該届出の効力が生じた日によるものとする。

【相続税法基本通達1の3・1の4共－11（財産取得の時期の特例）】

　所有権等の移転の登記又は登録の目的となる財産について1の3・1の4共－8の⑵の取扱いにより贈与の時期を判定する場合において、その贈与の時期が明確でないときは、特に反証のない限りその登記又は登録があった時に贈与があったものとして取り扱うものとする。ただし、鉱業権の贈与については、鉱業原簿に登録した日に贈与があったものとして取り扱うものとする。

1-6 公正証書による贈与契約

▶ポイント

　公正証書による契約書があっても、贈与物件の登記を行っていない、貸家の家賃を贈与者が受領し所得税の申告を行っている、固定資産税は贈与者が支払っている等、受贈者が受贈財産を自己の管理においた事実がない場合等は、贈与行為は成立していないとみます。

【 解　説 】

1　贈与財産の取得の時期

　財産の取得の時期は、書面によるものについてはその契約の効力の発生した時、書面によらないものについてはその履行の時と取り扱われています（相基通1の3・1の4共－8）。

2　公正証書による贈与

　贈与とは、民法第549条に規定される契約行為です。贈与者が財産を無償で与える意思表示をし、受贈者が受諾することによって、契約書の作成の有無にかかわらず、贈与が成立します。また、贈与による財産の取得の時期については、書面によるものはその契約の効力の発生した時、書面によらないものはその履行の時、と取り扱われます。これは、書面さえ存在しておれば、贈与の実態にかかわりなく、その契約の効力が発生した時を財産の取得の時期とする趣旨ではありません。

　親子夫婦等間で、契約そのものの存在を否認されないようにと、公正証書で贈与契約を行うこともありますが、実態が伴わない場合、その契約が成立したと判断されません。単に贈与の契約が書面に記載されていることだけを見るのではなく、その契約の効果が真実生じているか否か

等諸事実を総合的に判断するのが相当です。

　公正証書等による贈与契約を行ったとしても、実質的履行が必要です。登記登録を要する財産である場合は、受贈者名義に変更する、貸家のように果実が生じる財産であれば、受贈者がその果実を受け取り、確定申告を行う等受贈者に所有権が移転したことを明確にします。

申告及び調査の対応のポイント

　契約書さえ作成しておけば、贈与税の申告さえやっておけばよいという安易な相続税対策が相変わらず多いようです。贈与は相続税対策の基本ですが、贈与事実をしっかり成立させます。

　強い証拠力と執行力がある公正証書による贈与は万能であるかのように考えてしまいがちですが、課税関係は、実質により判断されます。そもそも、公正証書による贈与契約をして、時効が成立するのを待てば、贈与税も相続税も回避できるということは有り得ないと思い至るべきです。

『**参考法令通達等**』
【相続税法基本通達1の3・1の4共－8（財産取得の時期の原則）】
　（P33参照）
『**参考裁決事例（要旨）**』
　（公正証書による贈与を否認した事例）
　被相続人と請求人らは、公正証書によりいったん土地を贈与する旨の合意をしたが、更にその翌日、被相続人はその合意を踏まえた上、遺言書を作成して、被相続人が死亡した時を期限として当該土地を請求人らに贈与する旨の意思を表示し、また、被相続人は公正証書を作成してから死亡するまでの間に、当該土地を名実ともに自己が使用、収益、処分し、請求人らはこれを黙認してきたものであるから、公正証書による合意の真の内容は、被相続人が将来において、所有権を請求人らに移転することを予定したものにすぎないと認められ、当該土地についての贈与の効力は、被相続人の死亡により確定的に生ずることとなったものといわざるを得ない。

（1979年（昭和54年）2月14日　裁決）

『**参考裁決事例（要旨）**』

　贈与による財産の取得の時期について、国税庁長官が定める相続税法基本通達1・1の2共－7《財産取得の時期の原則》には「書面によるものについてはその契約の効力の発生した時、書面によらないものについてはその履行の時」とされ、書面によるものについてはその契約の効力の発生した時に財産の取得があったとされたことについては、書面さえ存在していれば上記のように扱うというものではなく、たとえ書面が存在していても、その真実性には疑問が多く、むしろ全体を総合的にみるならば、その内容が租税回避その他何らかの目的により、当事者の真意とは別になされた仮装の行為とみるのがより自然かつ合理的であるようなものまで、書面による贈与としての効力を認めようとするものではないと解するのが相当である。

　そうすると、本件のように親族間で不動産の贈与が行われたとして公正証書が作成されているが、長期間にわたって所有権移転登記を行わず、公正証書作成時からすると、課税の除斥期間が経過してから所有権移転登記をし、公正証書を作成した時をもって法的効果を主張してその贈与税の課税時期を争うような場合には、特に課税の公平の観点から、単に当該贈与契約が書面に記載されているということのみを重視するのではなく、これらに関する諸事実を総合して実質的に判断すべきところである。

　……

　(a)本件不動産は贈与税の課税が除斥期間を経過するまで合理的な理由なく長期間にわたって所有権移転登記がされていないこと、(b)本件公正証書の作成の目的は租税回避にあり、それ以外に特段の必要性がなかったものと推認されること及び(c)本件公正証書に記載されている陳述の趣旨に沿わない行為が行われていることが推認され、本件公正証書は実態の伴わない形式的文書にすぎず、本件公正証書によって贈与が成立したとは認めることはできない。

　また、本件公正証書作成時点から所有権移転登記がされるまで、贈与が成立したと認められるべき事実はない。

　よって、贈与の成立した時期は、本件贈与が成立した権利関係を、第三者に対して主張するための法律要件が成就した時、すなわち、現実に所有権移転登記がされた時と認めるのが相当である。

（1997年（平成9年）1月29日　裁決）

1-7 贈与税の連帯納付義務

> **ポイント**
>
> 　贈与税の申告と納税の義務があるのは受贈者です。受贈者に納税する資金がない場合、贈与者に連帯納付義務の履行を求められますが、受贈者には受贈した財産がありますので、原則として、納税資金を捻出できます。
> 　贈与者が受贈者に代わり贈与税を納付した場合、受贈者の国税債務の消滅のための資金の提供となり、贈与税額に相当する額が納付した年分の贈与となります。

【 解　説 】

1　連帯納付義務

(1)　国税通則法の連帯納付義務

　国税通則法第8条は、国税の連帯納付義務について、民法第436条（連帯債務者に対する履行の請求）他を準用しています。国税の連帯納付義務とは、民法における連帯債務であることがわかります。国税通則法では第9条（共有物等に係る国税の連帯納付義務）、第9条の2（法人の合併等の無効判決に係る連帯納付義務）及び第9条の3（法人の分割に係る連帯納付の責任）が規定されています。

(2)　相対的効力の原則

　連帯納付義務者の1人に生じた履行による納付義務の消滅の効果は、他の連帯納付義務者にも及びます。それ以外の事由、例えば、次に掲げるものの効力は、他の連帯納付義務者には及びません（通則法通達8-1）。

　①　申告又は更正決定等による国税の確定

② 延納、納税の猶予又は徴収若しくは滞納処分に関する猶予

③ 差押え、督促又は納付等による時効の完成猶予及び更新

④ 免除、時効又は滞納処分の停止による消滅

⑶ 相続税又は贈与税の納付義務と相続税法第34条の連帯納付責任の関係

相続税又は贈与税（以下「相続税等」といいます。）の納付義務について生じた事由の、相続税法第34条《連帯納付の義務等》に規定する連帯納付責任に対する効力及び連帯納付責任について生じた事由の、相続税等の納付義務に対する効力は、次によります（通則法通達8-3）。

① 相続税等の納税義務者がその相続税等を履行したときは、その履行後の相続税等の額を超える連帯納付責任は消滅する。

　また、連帯納付責任者（相続により連帯納付責任を承継した者を含みます。）が連帯納付責任に基づき相続税等を履行したときは、その範囲内において相続税等の納付義務は消滅する。

② 相続税等について、免除、徴収法第153条第4項若しくは第5項《滞納処分の停止の要件等》による消滅又は時効による消滅（以下「免除等」といいます。）があったときは、免除等の後の相続税等の額を超える連帯納付責任は消滅する。

　連帯納付責任について免除等があった場合であっても、相続税等の納付義務は消滅しない。

③ 相続税等に係る徴収権の時効の完成猶予及び更新の効果は連帯納付責任に及ぶ。

⑷ 相続税法の連帯納付義務

相続税法第34条において連帯納付義務を規定しています。相続税及び贈与税の納税義務者は、相続又は贈与により財産を取得した個人です（相法1の3他）。相続により財産を取得した複数の者は、取得した利益

の価額を限度として互いに連帯納付の責任があります（相法34①）。贈与税については、受贈者がお互いに連帯納付があるのではなく、財産を贈与した者が、贈与した財産の価額を限度として連帯納付の責任があります（相法34④）。相続税及び贈与税は、財産の移転に伴う課税であることから、相続税は同一の被相続人から配分を受けた財産に対して共同で納税することの責任を負わせたものであり、贈与税は、贈与者に対して、受贈者の納税の義務の履行を見届けさせたものといえます。いずれにしても課税庁は、課税対象財産の存在に重きを置いて、徴収漏れが無いように手当てをしています。

　贈与税の連帯納付義務者には次の区分があります。

連帯納付義務者	内容
贈与財産の再取得者	贈与税の課税価格の計算の基礎となった財産が、更に他の者に贈与、遺贈又は寄附行為により移転した場合、財産の贈与を受けた者又は寄附により設立された法人は、その贈与にかかる受贈者と連帯して納付する義務があります（相法34③）。
贈与者	財産を贈与した者は、贈与財産の価額に相当する金額を限度として、一定の贈与税額について、受贈者と連帯して納付する義務があります（相法34④）。

2　贈与税の納税義務者と連帯納付義務

　贈与により財産を取得した個人は、贈与のあった年の翌年の2月1日から3月15日までに申告書を提出し、納税をしなければなりません（相法28、33）。

　贈与者は、受贈者が受贈財産を費消するなどで、資力を喪失して贈与税を納付することが困難である場合、連帯して納付する義務を負います（相法34④）。この規定は、納税義務者が納税できなくなった場合に備えて、租税債権を確保するためにできたものであり、受贈者が単に納税しない場合、贈与者が一方的に納税することを認めているわけではあり

ません。納税義務者はあくまでも受贈者であり、受贈者が自己の財産、若しくは受贈財産から資金を捻出して納税すべきものです。

3 連帯納付義務が生じる場合

(1) 連帯債務者及び保証人の求償権の放棄

次に掲げる場合、相続税法第8条の規定による贈与があったものとみなされます（相基通8-3）。連帯債務者又は保証債務者の過分な負担に対する贈与税の課税を規定したものです。

区分	贈与とみなされる金額
① 連帯債務者が自己の負担に属する債務の部分を超えて弁済した場合、その超える部分の金額を他の債務者に対し求償権を放棄したとき	・超える部分の金額
② 保証債務者が主たる債務者の弁済すべき債務を弁済した場合、その求償権を放棄したとき	・代わって弁済した金額

(2) 受贈者が資力を喪失した場合

贈与税の連帯納付の責任から（相法34④）贈与税の納付があった場合、受贈者が取得した財産を費消するなどにより資力を喪失して贈与税を納付することが困難であることによりなされたときは、上記(1)の規定に該当して贈与税の課税対象となった場合であっても、この取扱いは適用されません（相基通34-3）。

連帯納付義務が生じる場合とは、納税義務者に資力が無くなったような場合をいうのであり、単に納税する資金がないということではありません。

(3) 連帯納付義務者の請求権

受贈者に納税資金が無いため贈与者が受贈者に代わって贈与税を納めたような場合、贈与者が負担した贈与税をどう見ればいいのでしょうか。

相続税法第34条（連帯納付義務）第4項に「財産を贈与した者は…当該財産の価額に相当する金額を限度として、連帯納付の責めに任ず

る。」とあります。受贈者が納税困難な場合に当然に贈与者が納税することができるのでしょうか。そうすると、土地等を贈与して、さらに翌年贈与税も負担すると、贈与者にとっては資産が効率よく減少することになり願ってもないことになります。受贈者は贈与税の負担がなくなった分だけ資産が増加します。受贈者に税負担を負わせる制度は、富の再配分の思想からきている制度でしょう。高額な贈与を受けた者は、相応の税負担が求められます。

　相続税及び贈与税の課税財産とは「金銭に見積ることができる経済的価値のあるすべてのもの」（相基通11の2-1）のことをいいます。その財産が残っている限りは資力がないという理由も成り立ちません。

　贈与があった翌年に、贈与者が贈与税を支払ったとした場合、受贈者が資力を喪失していないときは、単に受贈者に代わって立て替えて支払ったことになります。その立替金を主たる債務者（受贈者）に請求することが本筋です。原則として、連帯債務者が自己の負担に属する債務の部分を超えて弁済し、その超える部分の金額について債務者に対し求償権を放棄したときは、その超える部分の金額は贈与があったものとみなされます（相基通8-3）。請求もせずに放置している場合や、請求権を放棄した場合などが想定されます。

　現実的には、受贈者は受贈財産があるため、相続税法第8条の「債務者が資力を喪失して債務を弁済することが困難である」ことにはならないでしょう。親子親族間で立替払いの贈与税の請求を行うことは考えられませんので、納税した時点で事実上贈与があったとみなされるでしょう。

⑵　**事例**

　贈与税の連帯債務で想定されるのは、受贈者が若年で、受贈財産が土地等又は非上場株式等でしょう。贈与税を納付するために受贈財産を換

金することはないでしょう。そうすると贈与税の納付資金がありません。必然的に他の親族が負担することになります。その負担した贈与税相当額が贈与税の対象となるとすると、申告年分の贈与となり、さらにその翌年に贈与税を支払わなければならなくなります。贈与財産が高額であれば、贈与税の援助は、基礎控除の110万円を切るまで延々と続くことになります。

　17歳の高校生の孫が祖父からＸ１年に評価額50,000千円の土地の贈与を受けたと仮定します。孫は、収入又は資産がありません。

贈与財産	土地	贈与の年	Ｘ１年
評価額	50,000千円	受贈者	18歳未満の孫

年分	贈与価額	一般贈与税額	(参考) 18歳以上の場合 特例贈与税額
Ｘ１	50,000千円	22,895千円	20,495千円
Ｘ２	22,895千円	8,397千円	6,077千円
Ｘ３	8,397千円	1,669千円	695千円
Ｘ４	1,669千円	56千円	0円
Ｘ５	56千円	0円	—

申告及び調査の対応のポイント

1　土地を贈与した場合、贈与税の納税資金に窮して、その土地を処分して納税することは、贈与本来の目的が達せられないので考えられません。また、非上場株式等が贈与財産の場合は、そもそも換金困難な財産であるため、納税資金に窮することになります。

2　2021年（令和３年）分贈与税の国税庁統計資料によりますと、贈与財産の内訳は、現金預貯金等が41.8％と最も多く、次いで有価証券30.2％、土地18.5％となっています。土地や非上場株式等を贈与

する場合、それに見合う税金相当額も同時に贈与することを検討します。高額資産の贈与者は、金融資産も相応に保有しているでしょうから、受贈者が贈与税の負担について、税務署から指摘を受けないように十分に検討します。

『**参考法令通達等**』

【国税通則法第8条（国税の連帯納付義務についての民法の準用）】

　国税に関する法律の規定により国税を連帯して納付する義務については、民法第436条、第437条及び第441条から第445条まで（連帯債務の効力等）の規定を準用する。

【相続税法第1条の4第1項第1号（贈与税の納税義務者）】

　次の各号のいずれかに掲げる者は、この法律により、贈与税を納める義務がある。

一　贈与により財産を取得した次に掲げる者であって、当該財産を取得した時においてこの法律の施行地に住所を有するもの

　イ　一時居住者でない個人

　ロ　一時居住者である個人（当該贈与をした者が外国人住贈与者又は非居住贈与者である場合を除く。）

【相続税法第34条第3項、第4項（連帯納付の義務等）】

3　相続税又は贈与税の課税価格計算の基礎となった財産につき贈与、遺贈若しくは寄附行為による移転があった場合においては、当該贈与若しくは遺贈により財産を取得した者又は当該寄附行為により設立された法人は、当該贈与、遺贈若しくは寄附行為をした者の当該財産を課税価格計算の基礎に算入した相続税額に当該財産の価額が当該相続税の課税価格に算入された財産の価額のうちに占める割合を乗じて算出した金額に相当する相続税又は当該財産を課税価格計算の基礎に算入した年分の贈与税額に当該財産の価額が当該贈与税の課税価格に算入された財産の価額のうちに占める割合を乗じて算出した金額に相当する贈与税について、その受けた利益の価額に相当する金額を限度として、連帯納付の責めに任ずる。

4　財産を贈与した者は、当該贈与により財産を取得した者の当該財産を取得した年分の贈与税額に当該財産の価額が当該贈与税の課税価格に算入された財産の価額のうちに占める割合を乗じて算出した金額として政令で定める金額に相当する贈与税について、当該財産の価額に相当する金額を限度として、

連帯納付の責めに任ずる。

【相続税法基本通達8-3（連帯債務者及び保証人の求償権の放棄）】

次に掲げる場合には、それぞれ次に掲げる金額につき法第8条の規定による贈与があったものとみなされるのであるから留意する。

⑴ 連帯債務者が自己の負担に属する債務の部分を超えて弁済した場合において、その超える部分の金額について他の債務者に対し求償権を放棄したとき　その超える部分の金額

⑵ 保証債務者が主たる債務者の弁済すべき債務を弁済した場合において、その求償権を放棄したとき　その代わって弁済した金額

【相続税法基本通達34-3（連帯納付の責めにより相続税又は贈与税の納付があった場合）】

法第34条第1項又は第4項の規定による連帯納付の責めに基づいて相続税又は贈与税の納付があった場合において、その納付が相続若しくは遺贈により財産を取得した者又は贈与により財産を取得した者がその取得した財産を費消するなどにより資力を喪失して相続税又は贈与税を納付することが困難であることによりなされたときは、8－3の取扱いの適用はないのであるから留意する。

（注）　法第34条第1項又は第4項の規定による連帯納付の責めに基づいて相続税又は贈与税の納付があった場合において、上記の場合に該当しないときには、8－3の適用がある。

1-8 贈与税調査と贈与情報の収集

▶ポイント

　贈与税は、毎年公表される相続税の調査結果と異なり目立つことはありませんが、確実に実地調査が行われています。また、調査対象となる事案の選定のため、間断なく資料収集されています。

【　解　説　】

1　贈与税の実地調査

⑴　実地調査結果の公表

　贈与税の実地調査については平成22（2010）事務年度の調査結果から公表されています。それ以前にも継続的に実地調査は行われていましたが、公表されていませんでした。公表されていなかった理由としては次のようなことが想定されます。

- ・贈与は親族間で行われることが大半であることから、課税の端緒を把握するのが困難である。
- ・親族間の金銭の移動について贈与事実を認定することが困難である。
- ・親族間で行われた土地や建物等の名義変更を把握した場合でも、名義人となった者が名義変更の事実を知らないケースが少なからずあり、贈与の認定が困難である。
- ・名義変更事実を知らなかった等の場合、名義戻しが認められる取扱いがある。

⑵　実地調査結果

　令和3（2021）事務年度の贈与税の実地調査結果は、次の通りです。

① 申告漏れ件数等

実地調査件数（件）	2,383件
申告漏れ等の非違件数	2,225件
申告漏れ課税価格	175億円
1件当たり申告漏れ課税価格	734万円
1件当たり追徴税額	287万円

② 非違件数の状況

申告状況	件数（件）	割合(%)
有申告	376	16.9
無申告	1,849	83.1
合計	2,225	100.0

③ 財産別非違件数

財産の別	件数（件）	割合(%)
現金・預貯金等	1,677	69.2
有価証券	298	12.3
土地	60	2.5
家屋	26	1.1
その他	361	14.9
合計（延件数）	2,422	100.0

※1つの事案において、複数の財産の申告漏れがあっ
た場合、それぞれ1件と集計したものであるため、
延件数となっている。

(2) 調査結果の分析

　上記(1)のデータから、次のことがわかります。なお、調査による申告
漏れ等の傾向は、データが公表された当初からほどんど変化はありませ
ん。

　① 調査による非違割合は約93.4％と非常に高い。相続税調査の非
　　違割合より格段に高いです。これは確実に課税できる事実又は資料
　　を基に調査が行われていると推測されます。単に不動産や預貯金の
　　名義が変更されたからといって調査することはありません。名義戻
　　しができない財産の移転、若しくは動かしようがない事実を把握し

たうえで調査に着手しているのでしょう。調査する事案を慎重に選
定していると思われます。

② 　1件当たりの追徴税額

　　贈与税の実地調査1件当たりの追徴税額は287万円です。これは
所得税の一般実地調査の1件当たりの追徴税額190万円（令和3事
務年度）とそん色ない数字です。

③ 　調査事績に占める無申告事案の割合

　　贈与税の実地調査の結果、非違があった事案のうち無申告事案の
割合が83.1％です。この傾向は、贈与税の実地調査結果を公表し
始めたころから変わっていません。無申告である事案を集中的に調
査していることが分かります。金融資産の無申告は、ダイレクトに
調査することは稀でしょう。贈与税の実地調査の大半は、相続税の
調査に当たって被相続人から相続人又はその親族に、若しくは相続
人からその親族に対する動かしようがない贈与事実を把握した上で
課税したのではないかと推測されます。

2　贈与情報の収集

　申告納税制度ではありますが、課税庁は課税情報を平素から積極的に
収集しています。

　高額資産の移動事実は、様々な手段で情報収集しています。特に土地、
株式（同族株式を含みます）、高額宝飾品、美術品等は、前所有者は譲
渡所得資料として活用します。取得者情報は所得税では活用できません
が、収入の少ない者や若年者の取得は、資金源を調査することにより贈
与事実が把握できます。

3　取得資産についての「お尋ね」

⑴　高額資産を取得した場合

　所得の少ない者等が土地家屋又は高級車等高額資産を取得した場合、

「買入資産についてのお尋ね」文書（以下「お尋ね文書」といいます。）が届くことがあります。お尋ね文書は買入価額、資金の調達手段や諸資料の収集をするために出しているものです。

お尋ね文書には、概ね次のものがあります。

① 買入資産についてのお尋ね

　高額な不動産、高級車又は高額なクルーザー等、取得した者の所得から判断して「贈与が想定される場合」に送付されます。

② 取得した株式等についてのお尋ね

　取得した株式等有価証券の見込価額が、110万円を超えるような場合に送付されます。上場株式だけではなく、非上場会社の株式の取得や変則的な増資があった場合に、送付されます。

③ 登記名義の変更についてのお尋ね

　登記名義の変更理由が「真正なる登記名義の回復」のように、その名義変更について、実態を確認しなければならないような場合に送付されます。

⑵ お尋ね文書の目的

お尋ね文書は税務署から直接来るわけですから、課税資料の収集です。次のような点を「お尋ね」しています。

① 持分割合：拠出した金額と、共有割合が合致しているか。

② 売主及び買入価額：売主は譲渡所得の申告を行っているか。買入価額は、売主の譲渡所得の申告額と一致しているか。

③ 売主との関係：売主が親族の場合、売買価額は適正か。譲渡を仮装した贈与ではないか。

④ 購入した土地：更地か底地か。底地の場合、借地権について適正な処理がされているか。

⑤ 支払金額の調達方法

○預貯金から：過去の所得から蓄積が可能な額か。贈与資金がないか。

○借入金から：返済可能か。

○親族からの借入金から：実質贈与であるのにもかかわらず、借入れとしていないか。

○資産の売却代金から：譲渡所得の申告があるか。

○贈与を受けた資金から：贈与税の申告を行っているか。

○手持現金から：贈与を受けた資金ではないか。年齢や収入から判断して、過分ではないか。

申告及び調査の対応のポイント

　この「お尋ね文書」は、回答を強制されているものではありません。しかし、資金源に問題がなければ、きちんと回答することが望ましいでしょう。土地建物等、高額な資産を取得する時は、資金繰りに追われ、後日資金源等を忘れてしまう場合が多いようです。回答書を作成することにより資金源の整理ができます。

　なお、将来のために「お尋ね文書」の回答の写しは必ず保管しておきます。

1-9 相続税調査で把握された期限後申告書に対する加算税

ポイント

　A署の相続税調査により、B署管内に居住する相続人に対する贈与事実が判明することがあります。B署から調査の連絡が来る前に、贈与税の期限後申告書を提出した場合、更正を予知したものではないと判断されますので、無申告加算税は5％となると考えます。

【 解 説 】

1 期限後申告と加算税

　期限後申告書を提出した場合、又は国税通則法第25条の決定があった場合、納付すべき税額に、次の割合による無申告加算税が賦課されます（通則法66）。なお、原則として、納付すべき税額に対して、50万円までは15％、50万円を超える部分は20％の割合を乗じて計算した金額です。調査の事前通知後の場合も同様に50万円までは10％、50万円を超える部分は15％となります（通則法66②）。

　過少申告加算税及び無申告加算税の賦課割合は次の表の通りです。

加算税　　　　　修正申告等の時期	過少申告加算税（加重される部分に対する加算税の割合）	無申告加算税（加重される部分に対する加算税の割合）
法定申告期限等の翌日から調査通知前まで	賦課されない	5％
調査通知以後から調査による更正等予知前まで	5％ （10％）	10％ （15％）

調査による更正等予知以後	10% (15%)	15% (20%)

(注)　( ) 書きは、加重される部分(過少申告加算税:期限内申告税額と50万円のいずれか多い額
を超える部分、無申告加算税:50万円を超える部分)に対する加算税割合を表す。

2　調査による期限後申告書の提出

　受贈者の住所地を管轄する税務署長は贈与税の調査を行った結果、贈
与税の申告漏れが把握された場合、期限後申告書の提出を慫慂、又は決
定をします。期限後申告又は決定により生じた税額に対して税務署長は
15%の無申告加算税を賦課します。

　相続税調査により遠隔地に居住する相続人等が贈与事実を認め、期限
後申告書を提出した場合、その納税者(受贈者)の管轄する税務署長の
調査があったわけではありません。期限後申告書の提出は調査があった
ことによりその国税について更正又は決定があるべきことを予知してい
ないと認められるため、15%の無申告加算税ではなく5%の無申告加
算税が賦課されると判断されます。ただし、期限後申告書の提出前に管
轄の税務署から調査があり、具体的な申告漏れを指摘された場合等、更
正又は決定を予知したと認められた場合は15%の無申告加算税が賦課
されます。

(申告及び調査の対応のポイント)

1　相続税調査によって、子や孫に対する贈与事実が判明する場合が多
　くあります。受贈者は相続人とは限りません。被相続人の住所地から
　離れた場所に居住していることも多いため、調査結果の指摘と同時に
　相続人代表に対して、各受贈者が贈与税の申告をするよう指示します。
　これは被相続人を管轄する税務署長の行為であるため、管轄外の受贈
　者には影響が及びません。

　　贈与事実があり贈与税の申告を行っていないことが判明した場合、

速やかに申告書（期限後申告書）を提出します。

2　被相続人の預貯金等口座を綿密にチェックすることにより、親族に対する贈与が判明することがあります。相続人等に対して詳細な聴取りが難しい場合でも、後日、相続税調査により贈与事実が判明した場合、加算税の説明をします。

『**参考法令通達等**』
【国税通則法第66条（無申告加算税）】
1　次の各号のいずれかに該当する場合には、当該納税者に対し、当該各号に規定する申告、更正又は決定に基づき第35条第2項（期限後申告等による納付）の規定により納付すべき税額に100分の15の割合（期限後申告書又は第2号の修正申告書の提出が、その申告に係る国税についての調査があったことにより当該国税について更正又は決定があるべきことを予知してされたものでないときは、100分の10の割合）を乗じて計算した金額に相当する無申告加算税を課する。ただし、期限内申告書の提出がなかったことについて正当な理由があると認められる場合は、この限りでない。
　一　期限後申告書の提出又は第25条（決定）の規定による決定があった場合
　二　期限後申告書の提出又は第25条の規定による決定があった後に修正申告書の提出又は更正があった場合
2〜5　省略
6　期限後申告書又は第1項第2号の修正申告書の提出が、その申告に係る国税についての調査があったことにより当該国税について更正又は決定があるべきことを予知してされたものでない場合において、その申告に係る国税についての調査通知がある前に行われたものであるときは、その申告に基づき第35条第2項の規定により納付すべき税額に係る第1項の無申告加算税の額は、同項及び第2項の規定にかかわらず、当該納付すべき税額に100分の5の割合を乗じて計算した金額とする。
7　第1項の規定は、期限後申告書の提出が、その申告に係る国税についての調査があったことにより当該国税について第25条の規定による決定があるべきことを予知してされたものでない場合において、期限内申告書を提出する意思があったと認められる場合として政令で定める場合に該当してされたものであり、かつ、法定申告期限から1月を経過する日までに行われたものであるときは、適用しない。

第2章

贈与行為と
贈与税

2-1 定期金の贈与

▶ポイント

　生命保険金を数年に分割して年金形式で受け取る契約のような定期金給付契約に関する権利（以下「定期金に関する権利」といいます。）は、給付事由発生の有無等の区分に応じて評価します。定期の給付を目的とする贈与は、贈与を受けた都度の課税ではなく契約が成立した時に一括で課税の対象となります。また、連年の贈与について、定期贈与に該当するかどうかの判断が必要です。

【 解　説 】

1　定期金

⑴　定期金とは

　民法第552条に「定期の給付を目的とする贈与」があります。

　定期金とは、ある時点から一定の期間、一定の金額の給付を行うことをいいます（相基通24-1）。定期金に関する権利とは、一定期間、定期的に金銭やその他の給付を受けることを目的とする債権のことをいいます。

　例えば、5,000万円もらうときに、10年に分けて500万円ずつ受け取るような契約のことです。死亡生命保険金5,000万円を10年に分割して受け取るケースが想定されます。最初に受け取る500万円の評価額はその金額でいいでしょうが、同一金額でも、年を経るごとに、現在価値と異なってきます。

⑵　平成21年以前の定期金に関する権利の評価

　2009年（平成21年）以前の定期金に関する権利の評価における割合や倍率は、1950年（昭和25年）当時の金利水準（金利8％）や平均寿

命を基に算定されたもので、60年を経て時代に合わないものとなっていました。例えば、定期金の給付期間が10年を超え15年以下である場合、残存期間に対応する倍率は50％、15年を超え25年以下の場合40％となっており、給付金額の半分以下の評価額となっていました（旧相法24、25）。死亡生命保険金1億円を一括で受け取ると、その金額がダイレクトに相続税の課税対象となりましたが、10年以上の定期で受け取る契約をすると5,000万円が課税対象となり、一括で受け取った場合との差は歴然としていました（生命保険に係る非課税部分を除きます。）。更に、相続税の申告後には解約する事例が頻発していました。この取扱いを知っている者だけが得をするという課税の不都合が長年放置されていました。会計検査院の実地検査で指摘されていたこともあり、2010年（平成22年）税制改正において、解約返戻金相当額等、課税時点で最も時価に近い金額で評価することになりました。

2　定期金に関する権利の評価

⑴　区分

　定期金に関する権利の価額は、定期金給付契約において、定期金の給付事由が発生しているものと、発生していないものとに区分し、更に細かな区分に応じて評価します（相法24、25）。

⑵　給付事由が発生している定期金の権利の価額

　定期金に関する権利を取得した時に定期金給付事由が発生しているものの権利の価額は、次の定期金の給付期間に応じ有期定期金、無期定期金、終身定期金の区分ごと及び各区分のイ、ロ又はハで計算した金額のうち多い金額で評価します（相法24）。

定期金の区分	評価（イ、ロ、ハのうち多い金額）	相続税法
① 有期定期金 （一定期間定期的に金銭その他の物の給付を受ける権利）	イ　解約返戻金の金額 ロ　一時金の金額 ハ　（給付を受けるべき金額の1年当たりの平均額）×（残存期間に応ずる予定利率による複利年金現価率）	24①一
② 無期定期金 （定期金の給付事由発生後の給付期間が無期限のもの）	イ　解約返戻金の金額 ロ　一時金の金額 ハ　（給付を受けるべき金額の1年当たりの平均額）÷（契約に係る予定利率）	24①二
③ 終身定期金 （目的とされた者が死亡するまでの間定期的に金銭等の給付を受ける権利）	イ　解約返戻金の金額 ロ　一時金の金額 ハ　（給付を受けるべき金額の1年当たりの平均額）×（平均余命に応ずる契約に係る予定利率による複利年金現価率）	24①三
④ 相続税法第3条第1項第5号に規定する一時金	給付金額	24①四

(3)　給付事由が発生していない定期金の権利の価額

　定期金の給付事由が発生していない権利の価額は、解約返戻金を支払う契約をしているものとそれ以外のものに分けて評価します（相法25）。

定期金の区分	評　　価	相続税法
① 解約返戻金を支払う定めのないもの	イ　掛金又は保険料（以下「掛金等」といいます。）が一時払いの場合 　　（経過期間に[注]応ずる掛金等の払込金額に対し予定利率の複利による計算をして得た元利合計額）×0.9 ロ　掛金等が一時払い以外の場合 　　（経過期間に払い込まれた掛金等の金額の1年当たりの平均額）×（予定利率による複利年金終価率）×0.9	25①一

②　①以外のもの	解約返戻金の金額	25①二

(注)　経過期間とは、掛金等の払込開始の時から契約に関する権利を取得した時までの期間をいいます。

3　連年の定額贈与は定期金の贈与として課税されるか

　毎年200万円を同じ時期に贈与を受けていた場合、定期金の贈与として課税されるでしょうか。このような質問を受けることがあります。また、税理士さんが定期定額贈与は定期金の贈与となると回答している事例も見かけます。例えば、X年から200万円ずつの贈与を受け、各年の申告と納税を済ましているとします。10年経過したときに税務調査があり、200万円を毎年受贈しているから定期金の贈与としてX年に一括で贈与税を課税します、とした場合、その根拠はどのようなものでしょうか。ただ単に連年同額の贈与があるから定期金の贈与であるというのは、一括課税の根拠としてはお粗末でしょう。X年に定期金の贈与として一括課税をするためには、その年に定期金の贈与契約が成立したという証明が必要です。通常はそのような契約をしていることはありません。よしんばX年に10年分の定期金として遡って課税が行われたとして、11年目にも同額の贈与があったら10年分の定期金の課税を取り消して11年の定期金の課税を行うことができるでしょうか。また、12年目にも同額の贈与があったら…と際限がありません。そもそも贈与税の時効は6年です。遡るにも限度があります。X年に定期金の贈与契約が成立していることを立証しなければならないため、実務的には膨大な手数がかかり無理な課税となりますので、事実上ほとんどないでしょう。上記の例の場合、課税庁は時効になった部分はあきらめて、6年前の贈与として一括課税すると解説している事例がありますが、このような課税は無理があるでしょう。

『**参考法令通達等**』

【相続税法基本通達24-1（「定期金給付契約に関する権利」の意義）】

　法第24条に規定する「定期金給付契約に関する権利」とは、契約によりある期間定期的に金銭その他の給付を受けることを目的とする債権をいい、毎期に受ける支分債権ではなく、基本債権をいうのであるから留意する。

（注）　法第24条の規定の適用に当たっては、評価基本通達第8章第3節《定期金に関する権利》の定めに留意する。

2-2 確実な贈与

▶ポイント

　相続税対策の基本である贈与が中途半端である場合、相続開始後に名義預金の認定等で税務上のトラブルとなります。贈与財産が受贈者に引き渡され、受贈者の支配下に入ることにより贈与行為が完結します。現金贈与の場合、受贈者が平素利用している銀行口座に振り込む方法で贈与し、贈与税の基礎控除を超える贈与があった場合、受贈者が贈与税の申告をします。

【解説】

1　贈与事実

　贈与とは贈与者と受贈者の契約により成立します。贈与契約は書面の作成が要件となっておらず、事実上贈与が行われれば、贈与契約が成立したと認められる場合もあります。贈与行為がないのに、贈与契約が成立することはほとんど考えられません。

　しかし、現実には親族間において有価証券や預貯金の名義を変更することはしばしば行われています。親族間の贈与は契約意識が低く、契約行為の確定をしなければ贈与税の課税が行われないとすれば、資産の名義変更が恣意的に行われます。ひいては相続税の課税すら免れることができるという事態になり、税負担なしに資産が移転することになります。そのため、対価の授受がない資産の移転に対しては、原則として贈与税が課税されます。

　贈与事実を明確にすることは、贈与者及び受贈者の両者にとって、大変重要です。後日、当事者以外の者、とりわけ税務当局に対して、贈与者は資金の使途を、受贈者は資金源を、適切に証明できるように確実な

証拠を残します。

2　金銭贈与の場合の対応

　土地や建物のような、登記登録を要する資産の贈与は、移転事実が明白です。それに対して、現金又は金融資産（以下「現金等」といいます。）の贈与は、贈与事実そのものが不明朗な場合が多くあります。現金等を贈与する場合、後日の証明のために、次の点に注意します。

①　贈与者の資金源と贈与事実を確実に残すために、現金贈与を避け、受贈者の銀行口座等への振込みによって行うこと。

　　資金の移動が明白であると同時に、後日の確認と立証が容易です。

②　受贈者の銀行口座は、受贈者が平素利用しているものであること。

　　振込先口座が受贈者名義口座であるとしても、その口座を贈与者が管理している場合は名義預金とみなされます。受贈者が平素利用している生活口座であれば、受贈認識の証明が容易です。

③　受贈者が、贈与税の申告と納税を行うこと。

　　贈与税の納税義務者は、贈与により財産を取得した個人（受贈者）です。受贈認識を明確にするためにも、申告と納税は受贈者が行います。

④　納税資金は、受贈者自身のものであること。

　　納税は受贈者の責任です。納税資金が贈与者である場合は、その金額を贈与されたと見なされます。第1章1-7を参照してください。

3　贈与税の申告

　贈与税の申告は、贈与があった年の翌年2月1日から3月15日までです。例えば、贈与者の子が300万円の贈与を受けた場合、贈与税の基礎控除110万円を控除した190万円に対して19万円の申告と納税をします。このことは贈与税の申告書が、申告期限内に提出され、申告書に記載された贈与税額が納付された事実を証することには間違いありませ

ん。しかし、贈与事実を証明するわけではありません。贈与税の申告は、贈与行為に基づいて行われることが前提となっていますが、贈与行為がないまま贈与税の申告と納税が行われているのが実態です。なぜなら、贈与者が名義を子等に変更、若しくは新たに子等の名義で預貯金を設定し、そのことを受贈者に知らせないことが大変多くあるからです。受贈者が知らない贈与契約が成立することは原則としてありません。その上、贈与者が贈与税の申告と納税をすることも多くあります。本来贈与税は受贈者が納税すべきですが、贈与税も贈与者が納付してしまいます。財産の名義変更を受贈者が知らずに、贈与税も贈与者が納めるため、贈与税の負担なくして預金が300万円残ります。これが10年続くと、合計3,000万円の預金が受贈者名義で残ります。当然、贈与者の相続にあたってこの預金は受贈者のものとして相続財産から除外します。

　このような預金は受贈者に帰属するのでしょうか。実態は、贈与者が財産を受贈者に知らせず受贈者名義に変更し、その預金を贈与者自身が管理運用して、受贈者の名義で贈与税の申告と納税を行っただけです。受贈者の名義を借用して、自己の財産を運用しているにすぎません。

　このような預金は、結局は相続税の税務調査の際に名義預金として、相続財産に加算されることになります。もし、贈与者の相続財産に対する相続税の税率が50％だとすると、3,000万円に対する相続税は約1,500万円となります。10年間、こつこつと10％の税率で贈与税合計190万円を納めたことが水泡に帰します。

申告及び調査の対応のポイント

　受贈者が贈与された事実を知らず、贈与された金員等を活用できない贈与行為はあり得ません。浪費を懸念して贈与財産を引き渡さない例が多いですが、贈与以前の問題です。贈与するときは、贈与財産を完全に手放してしまう覚悟で行わなければなりません。「贈与したことにする」というのは贈与ではありません。

　贈与するか、しないか、二者択一です。

イ　相続税対策として、現金贈与を連年実行する場合には、次の点を十分検討します。

　㈤　少額資金の贈与でいいのか

　㈥　誰に対して贈与するのか

　㈦　総額でいくら贈与するのか

ロ　次の表では、少額資金を連年贈与した場合、贈与総額3,000万円に達するまでの年数を示しました。

　一人に最終的に贈与する金額を3,000万円とした場合、110万円ずつの贈与では28年かかります。贈与税10％を納めることを納得すれば、310万円の贈与ができ10年に縮小します。漫然と110万円の贈与をするのではなく、効果的な贈与を検討します。

3,000万円を贈与する場合

贈与の区分	3,000万円を2回に分けて贈与し、相続時精算課税制度を選択した場合		3,000万円を2回で暦年贈与する場合		410万円に分割して暦年で贈与する場合		310万円に分割して暦年で贈与する場合		110万円に分割して暦年で贈与する場合	
年	贈与価額	税額	贈与価額	税額	贈与価額	税額	贈与価額	税額	贈与価額	税額
1	1,500万円	0	1,500万円	450万円	410万円	35万円	310万円	20万円	110万円	0
2	1,500万円	56万円	1,500万円	450万円	410万円	35万円	310万円	20万円	110万円	0
3					410万円	35万円	310万円	20万円	110万円	0
4					410万円	35万円	310万円	20万円	110万円	0
5					410万円	35万円	310万円	20万円	110万円	0
6					410万円	35万円	310万円	20万円	110万円	0
7					410万円	35万円	310万円	20万円	110万円	0
8					410万円	35万円	310万円	20万円	110万円	0
9			(特例税率適用の場合)				310万円	20万円	110万円	0
10			1,500万円	＊366万円			310万円	20万円	110万円	0
			1,500万円	＊366万円						
									↓	↓
28									110万円	0
合計	3,000万円	56万円	3,000万円	900万円 ＊732万円	3,280万円	280万円	3,100万円	200万円	3,080万円	0
	2,500万円の特別控除枠を超えると一律20％の税率になる。		18歳以上の者が直系尊属から贈与を受けた場合は特例税率を適用できる。		税率15％を容認すれば、8年で3,000万円を超える。相続財産に2,770万円が加算される。（410万円×7－100万円）		税率10％を容認すれば、10年で3,000万円を超える。相続財産に2,070万円が加算される。（310万円×7－100万円）		3,000万円を超えるまで28年もかかり現実的ではない。相続財産に670万円が加算される。（110万円×7－100万円）	

＊2024年（令和6年）1月1日以後に取得する財産にかかる相続税又は贈与について検討した表です。

＊相続時精算課税は2024年（令和6年）1月1日以後の贈与について基礎控除110万円が適用されます。

＊相続開始前7年以内の贈与財産は相続税の課税価格に加算され、前4年分については受贈価額の合計額から100万円控除が適用できます。

『参考裁決事例』

　　贈与税の申告は贈与税額を具体的に確定させる効力は有するものの、それをもって必ずしも申告の前提となる課税要件の充足（贈与事実の存否）までも明らかにするものではなく、贈与事実の存否の判断に当たって、贈与税の申告及び納税の事実は贈与事実を認定する上での一つの証拠とは認められるものの、贈与事実の存否は飽くまでも具体的な事実関係を総合勘案して判断すべきと解するのが相当である。

（2007年（平成19年）6月26日　裁決）

2-3 **親族からの借入金**

>**ポイント**

　祖父母や父母等親族からの借入金は、返済事実を立証しない限り、贈与であると指摘されます。

　土地建物等の高額資産を購入した場合、税務署の照会や調査があります。親族から借入があり、利息の支払いや元本の返済が滞っているような場合は、実質的な贈与とみられる可能性が高いです。もとより返済資金に窮するような過大な借入れが行われている場合、贈与と判断されてもやむを得ないでしょう。

　贈与税の課税を心配すること自体が、贈与であることの認識が強い証左でもあります。

【 解　説 】

1　親子間の金銭消費貸借契約

⑴　金銭消費貸借契約

　消費貸借とは、当事者の一方が借用した物と、同等の物を返還することを約して、金銭その他の物を受け取る行為をいいます（民法587）。金銭消費貸借契約は、金銭の貸し借りを契約したものです。不要式契約ですが、ほとんどの場合、金銭消費貸借契約書を取り交わし、担保、返済期限、利率等を取り決めます。

⑵　親族間の金銭消費貸借契約

　親族間の貸借であっても、一般の契約と同様に金銭消費貸借契約を結ぶことが通常ですが、第三者から見た場合、親族間の金銭の授受は貸借なのか贈与なのかの判別がつきません。元本の返済がない場合や、利息の取決めがあっても支払いがない場合等、金銭貸与の形式をとった実質的贈与と認められる場合も多くあります。また、親族間の借入れの返済

は、つい甘くなります。一般的には返済が滞った時点でその後の元本の返済は免除されるでしょう。このような場合には贈与があったとみなされ、贈与税が課税されます。

　親族からの借入れは、①担保を提供しなくてよい、②無利息若しくは利率が自由に設定でき、③返済が滞っても督促をされることがない等、融通が利く緩い契約であり、実質的に贈与の場合が多いようです。課税の不公平をなくすためにも、課税庁は親族間の金銭貸借には厳しい姿勢で臨んでいます。贈与と認定されないためにも、第三者である金融機関等からの借入れと同等の注意をもって返済します。貸付利息の利率については、特に規定はありません。しかし、市中金利相当額程度の設定は必要です。

２　親子間等の無利子の金銭消費貸借契約

　夫と妻、親と子、祖父母と孫等特殊の関係がある者相互間において、無償、又は無利子で土地や家屋、金銭等の貸与があった場合は、相続税法第９条のみなし贈与に該当します（相基通9-10）。

　ただし、利益を受ける金額が少額である場合や課税上弊害がないと認められる場合は強いて課税が行われません。この場合の少額基準は贈与税の基礎控除相当額です。

申告及び調査の対応のポイント

　親族間の金銭消費貸借は避けたいところですが、やむを得ず貸借に至る場合もあります。税務上のトラブルを回避するには、その金銭消費貸借契約が形式はもちろん実質を伴っていることが必要です。

(1)　形式要件

　①　金銭消費貸借契約書を作成する。

　②　適正利息を設定する。

(2) 実質要件

① 貸付理由が相応のものであること。

② 資金の移動は預金を通して行う等、貸付事実を明確にする。

③ 預金口座を通じた返済を行う等、返済事実を明確にし、証拠資料は保存する。

④ 返済資金を証明できる資料をそろえる。

⑤ 貸主は受取利息について所得税の申告をする。

『参考法令通達等』

【相続税法基本通達9-10（無利子の金銭貸与等）】

　夫と妻、親と子、祖父母と孫等特殊の関係がある者相互間で、無利子の金銭の貸与等があった場合には、それが事実上贈与であるのにかかわらず貸与の形式をとったものであるかどうかについて念査を要するのであるが、これらの特殊関係のある者間において、無償又は無利子で土地、家屋、金銭等の貸与があった場合には、法第9条に規定する利益を受けた場合に該当するものとして取り扱うものとする。ただし、その利益を受ける金額が少額である場合又は課税上弊害がないと認められる場合には、強いてこの取扱いをしなくても妨げないものとする。

『参考裁決事例』

　（金銭消費貸借契約書がなく、借入金元本の返済もないことから、実質的に贈与であるとした事例）

　請求人は、自己の債務の返済に親族から受領した本件金員を充てたが、親族との間に、無償の意思はなく、返済期限の定めのない貸借であり、更に、本件調査時に、原処分庁から贈与ではないかとの指摘を受けたため、借用書及び金銭消費貸借契約書を作成し、その後約定どおり返済しているから、本件金員の授受は金銭消費貸借である旨主張するが、次の理由から認められない。

　(1)本件金員の授受から5年を経過した本件調査時点においても、金銭消費貸借に係る借用書等の書面は作成されていない。(2)元本等が返済された事実もない上、返済期日や利息の取り決めなど、具体的な返済計画も立てられていない。(3)請求人は、平成2年に祖母が自己債務を肩代わりしたことに関し、原処分庁及び当審判所に対し、祖母からの贈与であると述べているが、本件金員について、本件調査時には、借用書等は存在しないが、一貫して貸借と主張しており、

その点に関し全く相反する供述内容である。(4)実際に借用書等が作成され、元本の返済がされるに至っているのは、本件調査での贈与との指摘後である。以上のことから、請求人は、親族の固有財産である本件金員を受領し、これを、借入金の返済及び相続税の納付に充てており、請求人が経済的利益を享受し財産を取得したといえるから、借入金の返済の実行日及び相続税の納付の充当日をそれぞれ贈与の履行の時と認めるのが相当である。

(2001年（平成13年）6月12日 裁決 平12-114)

2-4 共稼ぎ夫婦の住宅借入金

▶ポイント

　共稼ぎ夫婦が、土地建物等を取得するにあたって、一般的に住宅ローンを組みます。権利意識の強い昨今では、資金割合や住宅ローンの返済割合を十分検討して住宅の持分を決めます。金融機関もそのように指導します。住宅ローンの返済が困難となり、相手が負担した場合、贈与税の問題が生じます。

【 解　説 】

1　共稼ぎ夫婦が住宅を取得した場合

(1)　原則

　夫婦が居住用の土地建物（以下「住宅」といいます。）を取得した場合、資金持分に応じて登記します。登記割合が資金割合と異なれば、差額は贈与税の対象です。

　例えば、6,000万円の住宅を取得し、夫4,000万円、妻が2,000万円の資金であれば、持分は夫4/6、妻2/6です。

(2)　住宅取得のための借入金の返済

　住宅取得のために借入れがあった場合、その返済についての贈与税の取扱いについての個別通達「共かせぎ夫婦の間における住宅資金等の贈与の取扱について」があります。この通達は1959年（昭和34年）6月16日付で公表されており、その後の改正の形跡がありません。つまり、共稼ぎの夫婦の住宅取得資金の借入金の返済についての取扱いは、一貫しているということです。また、いまだに廃止されていないということは、このような事例が現在でも数多あるということでしょう。取扱いは、次の通りです。

①　個人が住宅金融公庫等から個人住宅建設資金又は敷地購入資金を借り入れて住宅又は敷地を取得した場合、借入資金の返済がその借入者以外の者の負担によってされているときは、その負担部分は借入者に対する贈与とみるべきである。

②　借入者及び返済者がいわゆる共かせぎの夫婦であり、かつ、借入資金の返済が事実上共かせぎの夫婦の収入によって共同でされていると認められるものについては、その所得あん分で負担するものとして取り扱う。

③　その借入者が贈与を受けたものとして取り扱う金額は、歴年ごとにその返済があった部分の金額を基として計算する。

　　基本的に、住宅そのものの贈与とみるのではなく、返済資金の援助と捉え、返済資金の都度都度の贈与と取り扱います。

2　住宅ローン返済中に、条件が異なった場合

　共稼ぎ夫婦A及びBで住宅ローンを返済していたが、その後返済方法を変更した場合、変更内容によっては贈与税の課税の問題が生じます。債務を免除した場合、相続税法第8条が適用され、連帯債務者が自己の負担部分を超えて弁済した場合は相続税法基本通達8-2が適用されます。

　例えば次のようなケースがあります。資金源及び住宅ローンは均等で行われており、住宅の持分も1/2とします。

①　Aが仕事を辞め、住宅ローンの返済ができるほどの収入がなくなったので、Bが代わって返済することとなった場合

　　債務者であるAの返済をBが代わって行った場合、BはAに対する債権を得ることになります。AはBが支払った債務の弁済をしなければなりませんが、Bが求償権を放棄した場合、その金額がBからAに対する贈与となります（相基通8-3）。

②　①のケースで、Aは先々の支払いをすることができないため、B
　が将来的にAの債務を返済することになった場合

　　BがAの債務を引き受けた場合、債務の金額に相当する金額、つ
　まり債務の全額をBから贈与により取得したものとみなされます。

③　Aが債務の弁済ができないため、住宅ローンを借り換え、Bが単
　独で返済することとなった場合

　　②と同様、Aは対価を支払わないで債務の引受けによる利益があ
　ることから本来Aが負担すべきである債務の金額を贈与により取得
　したものとみなされます（相法8）。

④　Aが住宅ローンの返済ができなくなったので、Bがその後のロー
　ンを支払うことにして、住宅の所有権をBの名義に変更した場合

　　Bは、住宅の贈与を受けたことになります。登記名義変更事由は
　どのようなものであれ、対価を支払わずに利益を受けたことになり
　ます（相法9）。しかし、事実上はAの負債を引き受けることによ
　る所有権の移転であることから、負担付贈与となります。負担付贈
　与の場合の住宅の価額は、財産評価基本通達他による価額ではなく
　時価で評価した価額となります。第2章2-9「負担付贈与等で取得
　した財産の価額」を参照してください。

　　また、Aは、債務が消滅することと引き換えに住宅を手放します
　ので、譲渡所得課税の対象です。消滅した債務金額が収入金額です。

3　単独で住宅ローンを返済中に、条件が変更した場合

　住宅ローンを返済中に、他の者が一部返済を負担する等返済条件が変
更することがあります。このような場合であっても、利益が生じていれ
ば贈与税の課税対象となります。

　例えば、次のような事例があります。住宅所有者及び住宅ローンの返
済者はAであるとします。

① 　Aの返済が困難であるため、Bが一部肩代わりしてくれることと
なった

　　一括で返済資金を受け取った場合、その金額が贈与です。返済を
肩代わりする都度の贈与となります。

② 　他からの借入れ等で住宅ローンの全額を返済し、新たなローンを
組んでA及びBが1/2ずつ返済することとなった

　　住宅の所有権を変更せずに、債務の返済を分担することは、返済
金額の贈与でしょう。しかし、残債に見合った所有権をB名義に移
転した場合、2④と同様、負担付贈与となります。

『参考法令通達等』

【個別通達：共かせぎ夫婦の間における住宅資金等の贈与の取扱について】

　個人が住宅金融公庫等から個人住宅建設資金または敷地購入資金を借り入れ
て住宅または敷地を取得した場合において、当該借入資金の返済がその借入者
以外の者の負担によってされているときは、その負担部分は借入者に対する贈
与とみるべきであるが、当該借入者および返済者がいわゆる共かせぎの夫婦で
あり、かつ、借入資金の返済が事実上当該共かせぎの夫婦の収入によって共同
でされていると認められるものについては、その所得あん分で負担するものと
して取り扱われたい。

　なお、その借入者が贈与を受けたものとして取り扱う金額は、歴年ごとにそ
の返済があった部分の金額を基として計算することにされたい。

2-5 土地建物等の名義変更があった場合

ポイント

　財産を家族名義にした場合、それが無償で行われているときは、贈与税の課税の対象となります。名義人が名義変更を知っており、その財産から生じる果実を享受している等の場合、贈与を認識していると推認されます。

【 解　説 】

1　贈与事実の認定

　贈与行為は、全く赤の他人間で行われることはほとんどありません。夫婦・親子・親族間で相続税対策、若しくは親族間の将来のトラブルの対策等、何らかの意図を持って財産の移転をすることが大半です。しかも他の行為と同時に行われることが多いため、取得財産が贈与によるものであるかどうかの認定が困難な場合が少なくありません。

2　財産の名義変更があった場合

⑴　実質課税

　課税の大原則である実質課税は、贈与税においても同様です。財産は名義人がその真実の所有者です。つまり、外観と実質が一致するのが一般的です。贈与が通常親族間で行われることが多い現状から、その事実認定の困難なことを考慮すると、その実質が贈与でないという反証が特にない限り、外観によって贈与事実を判断することになります。課税庁が親から子への財産の移転を確認した場合、贈与契約の成立を立証するとなると（大概は贈与契約がないので）贈与税そのものを課税できないことになってしまいます。この場合、移転された財産の帰属が問題とな

ります。その間に前名義人に相続が開始してしまうと、その財産の帰属について、課税庁と際限のない議論となってしまうことは目に見えています。

⑵　無償による財産の名義変更

　贈与行為とは、本来、贈与者と受贈者の契約により成立します。しかし、親族間等特殊関係人間では、一方的な名義変更が行われることが多くあり、この行為が、贈与契約による名義変更なのかどうかを、課税当局が事実確認をして課税することが大変煩雑です。そこで、無償で不動産、株式等の名義の変更があった場合、又は他の者の名義で新たに不動産、株式等を取得した場合は、原則として、贈与があったものとして取り扱われます（相基通9-9）。土地建物等不動産や株式等については登記登録を要する資産であることから、課税庁もその移転事実の把握が比較的容易であり、移転事実を受贈者に提示することができます。財産を取得した者が対価を支払っていない場合、原則として贈与税の課税対象としています。大量反復的な課税事務を遂行する上で便法的な取扱いではあります。財産の名義変更が安易に行われている現状から、無償の財産の移転が贈与ではないという立証責任を、受贈者側に負わせているともいえます。

　相続税法基本通達9-9は、贈与税課税の基本的姿勢を示した大変重要な規定です。課税庁は名義変更に伴う対価の授受がないこと、又は売買契約書等を作成していたとしても、それが仮装であることを証明すれば良いことになります。

申告及び調査の対応のポイント

　親族間で財産の名義変更をするのは、様々な事情があります。とりわけ相続税対策として行われます。個人の最終的な税金の清算は相続税で

あるといわれますが、その相続税を回避する目的で財産の名義変更が安
易に行われます。課税庁は、相続税回避対策としての財産の移転には強
い関心をもっています。贈与税は基礎控除額が低く最高税率は相続税と
同等です。安易な名義変更は、相続税より高い贈与税を納める羽目にな
ることもあります。

『**参考法令通達等**』

【相続税法基本通達9-9（財産の名義変更があった場合）】

　不動産、株式等の名義の変更があった場合において対価の授受が行われてい
ないとき又は他の者の名義で新たに不動産、株式等を取得した場合においては、
これらの行為は、原則として贈与として取り扱うものとする。

『**参考裁決事例**』

　（共同住宅の建築資金は、請求人の夫名義の借入金によるものであるから、
共同住宅の実質所有者は夫であるとの主張が認められなかった事例）

　本件Aハイツの建築資金には、請求人の夫が同人名義の不動産を担保に融資
を受けた銀行借入金及び同人名義の預金が充てられており、当該Aハイツから
生ずる収入金もすべて請求人の夫名義の預金に入金しているから、当該Aハイ
ツの真の所有者は請求人の夫であり、当該建築資金の贈与を受けていない旨の
主張について、［1］夫名義の口座にAハイツの収入金を入金しているのは銀
行からの借入金の返済等のためにされたものと認められること、［2］建築工
事請負契約及び建築確認申請書が請求人を含む受贈者3名の名義でなされてい
ること、［3］固定資産税は請求人等に課税され、何の異議も述べていないこ
と等を総合勘案すると、請求人等は、請求人の夫から建築代金支払の都度、そ
の資金の贈与を受けたと認めるのが相当であり、請求人等の各持分は、請求人
等の間で何ら取決めがなく、かつ、持分登記がないので、民法第250条"共有
持分の割合"の規定に基づき、各3分の1とするのが相当である。

（1981年（昭和56年）3月25日　裁決　TAINS　FO-3-274）

　（父が車を購入するにあたって、子の勤務先の従業員特典を利用して子名義
で取得したことで贈与税が課税されたが、実質的に贈与はなかったと判断され
た事例）

　相基通9-9は、贈与が親族間で行われることが多く贈与であるか否かの事実
認定が困難であることや、贈与税も相続税も課税できないという事態を避ける

必要性があることを踏まえ、一般に不動産登記等の名義（外観）が権利関係を公示するものであることに着目し、通常は外観と実質が一致すること、すなわち財産の名義人とされている者がその真実の所有者であるとの経験則が存することを前提として、他の者の名義で新たに財産を取得した場合等には、反証がない限り、名義と実質が一致するものとして贈与があったことを事実上推認する取扱いを定めたものであると解され、当審判所においても相当と認められる。

　したがって、反証として上記推認の前提となる経験則の適用を妨げる事情の存在が認められる場合には、上記推認は働かないことになる。

　……

　①父は、本件キャンペーンの利用条件を満たすために、請求人の名義を使用して本件車両を購入した（すなわち、あえて実質と一致しない外観を作出した）ことは容易に推測される②本件車両を主に使用していたのは、父及び請求人の妹であるＪであり、請求人は本件車両をほとんど利用していなかったと認められる③請求人が父から本件車両の贈与を受けるつもりであったとすれば、請求人が好みの車種や色等の希望を述べ、これが購入する車両の決定に反映されるのが通常であるところ、当審判所の調査によっても、請求人が、購入すべき車両の選定や購入手続等に関与した事実は認められない。結局のところ、父は、自らの判断で購入すべき車両を選定して本件車両の取得資金を出捐し〔前記1の(4)のハ〕、本件車両の維持・管理に必要な費用を全て負担し〔上記ロの(ヘ)〕、本件調査の開始後のこととはいえ自らの判断で本件車両を売却して同売却代金を受領し、新たな車両を購入しており〔上記ロの(チ)〕、これは正に所有者らしい振る舞いであると評価できる。これに対して、請求人が本件車両の所有者であったことを伺わせる事情は特に認めらない。

　したがって、請求人は本件車両の贈与を受けたとは認められない。

（裁決　2015年（平成27年）9月1日　TAINS　J100-4-08）

2-6 名義変更された財産の名義戻しの可否

ポイント

　財産を家族等の名義にした場合、それが無償で行われているときは、贈与税の課税の対象となります。ただし、名義変更があったことを名義人が知らず、家賃等収益を受け取っていない場合は、名義を戻すことができます。

【 解　説 】

1　名義変更があった場合

　財産を他人名義に変更することや、他人名義で財産を取得することは、珍しくありません。債権者対策、相続対策その他理由は様々です。しかし、財産の名義の変更は、必ず課税関係が生じます。対価が伴っていれば譲渡所得、対価の授受がなければ贈与税の課税対象です（相基通9-9）。

2　名義変更があったが、受贈者が認知していない場合

(1)　名義変更が行われた場合の課税

　名義変更が行われた場合であっても、これらの行為が、贈与者に贈与の意志がなく、受贈者が名義の変更が行われたことを全く知らなかった場合、一方的に贈与税の課税が行われることは、受贈者に酷なことになります。また、贈与税の更正又は決定による課税処分、異議の申立て、課税処分の取消し等々、煩雑な課税処理が大量に発生することになります。

(2)　名義戻しの判断

　対価を伴わない名義変更があった場合であっても、財産の名義人が、名義変更が行われたことを知らなかった場合等、一定の要件を満たした

場合は、名義戻しが認められます。例えば、土地を父親が購入し、長男名義にした場合、長男はその土地を取得するための対価を支払っていません。形式的には父親から土地の取得代金相当額の贈与を受けたことになります。しかし、長男は金銭の贈与を受けたことがなく、土地が自分の名義になっていることも全く知らない場合があります。贈与税の納税義務者は、贈与を受けた者ですが、この場合の長男は贈与を受けたと言えるでしょうか。ここで、民法の原則に戻って考えます。長男は、贈与契約をしていない、父親が一方的に名義変更をした、名義変更の事実を知らなかった、もちろん土地の売買契約にも立ち会っていない等名義人となった者が財産についての認識が全くない場合でも贈与税の課税を受けることは贈与税の本旨から外れています。

　このように、名義人となった者が名義変更の事実を知らない等一定の場合には、財産の権利者の表示を明らかにし、財産の名義人とその権利者とを一致させるような場合については、下記通達により贈与税を課税しないこととする取扱いが定められています。1964年（昭和39年）の通達ですが、いまだにこのような事例が多くあることは、時代が変わっても人のやっていることはさして変わらないことを表しているようです。

・「名義変更等が行われた後にその取消し等があった場合の贈与税の取扱いについて（1964年（昭和39年）5月23日付直審（資）22他）」（以下「名変通達」といいます。）

・「「名義変更等が行われた後にその取消し等があった場合の贈与税の取扱いについて」通達の運用について（1964年（昭和39年）7月4日付直審（資）34他）」（以下「名変運用通達」といいます。）

名義戻しの取扱いの概要

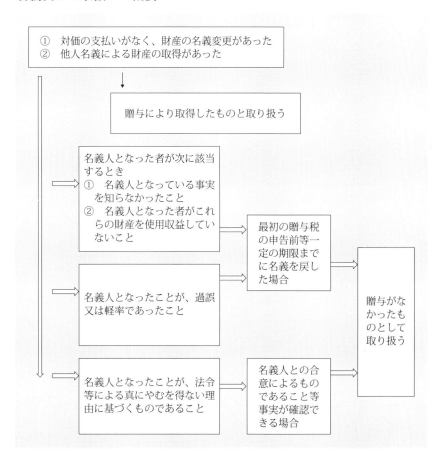

3　他人名義による不動産等の取得があった場合の名義戻し

⑴　名義を戻す要件

　対価の授受がなく、不動産、船舶又は自動車の取得、建築又は建造の登記又は登録をし、相続税法基本通達9-9に該当した場合、贈与として取り扱われます。このような場合であっても、次の事実があれば、贈与税の課税は行われません（名変通達１）。他人名義による有価証券を取得した場合も同様に取り扱います（名変通達２）。

① これらの財産の名義人となった者（その者が未成年者である場合には、その法定代理人を含みます。）が、その名義人となっている事実を知らなかったこと。

　　知らなかったことを証明するのは大変困難です。名義人となった者が外国旅行中であったこと、又は名義となった財産の登記済証若しくは登録済証を保有していないこと等、名義変更が行われた当時の情況等から確認できる場合に限ることとなっています。

② 名義人となった者が、これらの財産を使用収益していないこと。

　　車を自分の名義になったことを知っていて乗り回すとか、貸家の名義が自分に変更になったことを知っていて、家賃を受け取って、それを費消した場合などは、使用収益していると判断されます。

⑵　留意点

　原則として取得者等が、既に名変通達1の取扱いの適用を受けている場合、又は受けていると認められる場合には、適用できません（名変通達4）。名変通達の取扱いを利用して、贈与税のほ脱を図ろうとしていると認められる場合には、適用がないのは当然です。

4　過誤等により、他人名義で財産を取得、又は財産の名義変更があった場合

　過誤又は軽率に他人名義で、不動産、船舶、自動車又は有価証券の取得、建築又は建造の登記、登録又は登載等をした場合や、自己が所有するこれらの財産の名義を、他人名義にした場合であっても、取得者等の年齢その他により確認できるときは、贈与がなかったものとして取り扱うことができます（名変通達5）。

　単純な誤解に基づく名義変更の場合です。自宅を購入して夫婦二人の名義で登記を行った場合などが考えられます。下記事例のように、自宅の購入資金割合が異なるのに、登記を2分の1にしたような場合です。

自宅購入価額	6,000万円	登記	夫1/2（3,000万円相当）
夫の資金	5,000万円		妻1/2（3,000万円相当）
妻の資金	1,000万円		

○本来の持分　夫5,000万円／6,000万円＝5/6

　　　　　　　妻1,000万円／6,000万円＝1/6

○妻に対する贈与金額

　　　　　3,000万円－1,000万円＝2,000万円

5　法令等により取得者等の名義とすることができないため他人の名義とした場合

(1)　やむを得ない理由

　他人名義により不動産、船舶、自動車又は有価証券の取得、建築又は建造の登記、登録又は登載が行われたことが法令に基づく所有の制限その他のこれに準ずる真にやむを得ない理由に基づいて行われたものである場合、その名義人になった者との合意により名義を借用したものであり、かつ、その事実が確認できる場合に限り、これらの財産については、贈与がなかったものとして取り扱うことができます。自己の有していた不動産、船舶、自動車又は有価証券について、法令に基づく所有の制限その他これに準ずる真にやむを得ない理由が生じたため、他の名義人となる者との合意によりその名義を借用し、その者の名義に名義変更の登記、登録又は登載等をした場合において、その事実が確認できるときにおいても、また同様です（名変通達6）。

(2)　例

　甲が自宅を取得するにあたって、住宅金融支援機構等から資金を借り受ける際に、借入資格のある乙の名義によって資金を借り入れ、その貸付けの条件に従い、乙名義で取得するようなケースがあります。

　この場合、返済資金源が実質所有者甲であり、単に名義を借用したことを証明するためには、次の①から⑤までに掲げる事項等によって、そ

の事実が確認できることが必要です。

① 甲が、土地又は家屋の購入又は建築に要する頭金等の資金を調達
し、かつ、住宅金融公庫等からの借入金を返済していること。

② 甲は、他に居住の用に供することのできる家屋を所有していない
こと。

③ 土地又は家屋の取得直前において、甲が住宅金融支援機構その他
の住宅の建築に関する資金の貸付けを行う者に対して融資の申込み
をし、かつ、抽選に外れたことによって融資を受けられなかった事
実があること、又はその申込みができなかったことにつき特別の事
情があること。

④ 取得した土地又は家屋に乙が入居せず、甲が居住していること。

⑤ 取得した土地又は家屋に付属する上下水道、ガス等の設備を甲が
設置していること。

6 名義を戻す期限

⑴ 原則

財産の名義戻しをいつまでにすればいいのかというのもポイントで
す。名変通達では最初の贈与税の申告日前に戻すこととなっています。
つまり、名義財産を取得した年の翌年の 3 月15日までに真実の所有者
名義に戻すことです。次は決定又は更正の日前です。これは、課税庁か
ら指摘があった場合であっても、決定処分を受ける前に戻せばいいこと
になっています。贈与事実がない名義変更があった場合、早急に真実の
所有者に名義を戻すことは当然ですが、あまりあわてる必要はないとい
うことです。次に掲げる期限までに戻すことが要件となります（名変通
達 1、5）。

① 最初の贈与税の申告の日

② 決定処分の日

③　更正処分の日

⑵　名義戻し前に財産が災害等により滅失した場合

財産の名義を真実の所有者に戻すこととしたが、⑴の期限前に災害等によりその財産が滅失や処分されることが想定されます。このような場合、保険金又は損害賠償金等を取得し、その金銭をもって取得した財産を真実の所有者名義にした場合については、贈与税の課税は行われません（名変通達3）。

⑶　名義戻しが更正決定後に行われた場合

贈与の実体がないけど名義を戻さないうちに決定処分を受けたらどうなるでしょう。この場合も取扱いがあり、次の①から③までの全てに該当する場合は贈与税の課税が取り消されます（名変通達7）。

①　更正又は決定処分に対して異議申立てがあること。

②　名義戻しの取扱いについて税務署から説明を受けていないため、名義戻しの取扱いを知らなかったこと。

③　異議申立て後、取得した財産を速やかに真実の所有者名義に戻すこと。

〔申告及び調査の対応のポイント〕

1　名義を戻すには名義人がその事実を知らなかったことが大きなポイントです。外国旅行中であったことはさておいて、登記済証を所有していなかったことを課税庁が確認できる場合とは微妙な表現です。ある事実を知らなかったことや、ある事実が存在しなかったことを証明するのは大変困難なことで、ほとんど哲学的分野に入りそうな命題です。実務的には「当時の情況等」をきちんと説明することが必要になります。名義人が知らなかったことはそもそも贈与契約自体の存在がないわけです。

2　名義人がこれらの財産を使用収益していないことも、チェックします。アパートを配偶者名義で取得して、その家賃収入を配偶者が確定申告した場合などは典型的な例で、配偶者名義となっていたことを知らなかったとは言えません。

3　他人名義、とりわけ家族名義で資産を取得することや家族名義に変更することは、事情があるにせよ、よく行われます。特に、相続税対策として名義変更が行われることが多い現状を鑑みると、課税庁が黙認することはありません。安易な名義変更を行ってはいけません。

『**参考法令通達等**』

【**名変通達1（他人名義により不動産、船舶等を取得した場合で贈与としない場合）**】

　他人名義により、不動産、船舶又は自動車の取得、建築又は建造の登記又は登録をしたため、相続税法基本通達9-9に該当して贈与があったとされるときにおいても、その名義人となった者について次の(1)及び(2)の事実が認められるときは、これらの財産に係る最初の贈与税の申告若しくは決定又は更正（これらの財産の価額がその計算の基礎に算入されている課税価格又は税額の更正を除く。）の日前にこれらの財産の名義を取得又は建築若しくは建造した者（以下「取得者等」という。）の名義としたときに限り、これらの財産については、贈与がなかったものとして取り扱う。

(1)　これらの財産の名義人となった者（その者が未成年者である場合には、その法定代理人を含む。）がその名義人となっている事実を知らなかったこと。（その知らないことが名義人となった者が外国旅行中であったこと又はその登記済証若しくは登録済証を保有していないこと等当時の状況等から確認できる場合に限る。）

(2)　名義人となった者がこれらの財産を使用収益していないこと。

【**名変通達4（他人の名義による財産の取得等に関する取扱いを熟知している者の不適用）**】

　「1」から「3」までの取扱いは、「1」又は「2」に定める取得者等がこれらの取扱いを利用して贈与税のほ脱を図ろうとしていると認められる場合には適用がないものとし、原則として当該取得者等が既に「1」又は「2」の取扱いの適用を受けている場合又は受けていると認められる場合には、適用しない

ものとする。

【名変通達 5 （過誤等により取得財産を他人名義とした場合等の取扱い）】

　「1」又は「2」に該当しない場合においても、他人名義により不動産、船舶、自動車又は有価証券の取得、建築又は建造の登記、登録又は登載等をしたことが過誤に基づき、又は軽率にされたものであり、かつ、それが取得者等の年齢その他により確認できるときは、これらの財産に係る最初の贈与税の申告若しくは決定又は更正（これらの財産の価額がその計算の基礎に算入されている課税価格又は税額の更正を除く。）の日前にこれらの財産の名義を取得者等の名義とした場合に限り、これらの財産については、贈与がなかったものとして取り扱う。

　自己の有していた不動産、船舶、自動車又は有価証券の名義を他の者の名義に名義変更の登記、登録又は登載をした場合において、それが過誤に基づき、又は軽率に行われた場合においても、また同様とする。

　「3」の取扱いは、これらの場合について準用する。

【名変通達 6 （法令等により取得者等の名義とすることができないため他人名義とした場合等の取扱い）】

　他人名義により不動産、船舶、自動車又は有価証券の取得、建築又は建造の登記、登録又は登載が行われたことが法令に基づく所有の制限その他のこれに準ずる真にやむを得ない理由に基づいて行われたものである場合においては、その名義人になった者との合意により名義を借用したものであり、かつ、その事実が確認できる場合に限り、これらの財産については、贈与がなかったものとして取り扱うことができる。

　自己の有していた不動産、船舶、自動車又は有価証券について、法令に基づく所有の制限その他これに準ずる真にやむを得ない理由が生じたため、他の名義人となる者との合意によりその名義を借用し、その者の名義に名義変更の登記、登録又は登載等をした場合において、その事実が確認できるときにおいても、また同様とする。

【名変通達 7 （取得者等の名義とすることが更正決定後に行われた場合の取扱い）】

　「1」から「3」まで及び「5」に該当する事実がある場合においては、これらに定める最初の贈与税の申告若しくは決定又は更正（これらの財産の価額がその計算の基礎に算入されている課税価格又は税額の更正を除く。）の日前にその名義を取得者等又は従前の名義人の名義としなかったため、これらの取扱いの適用がないものとして贈与税の更正又は決定があった後においても、次

のすべてに該当しているときは、これらの取扱いの適用があるものとして、課税価格又は税額を更正することができるものとする。

(1)　当該更正又は決定について異議の申立てがあること。

(2)　当該財産の名義を取得者等又は従前の名義人の名義としなかったことが、税務署からこれらの取扱いの適用について説明を受けていない等のため、その取扱いを知らなかったことに基づくものであること。

(3)　(1)の異議の申立て後速やかに当該財産の名義を取得者若しくは従前の名義人の名義とし、又は当該財産の保険金等により取得した財産をこれらの者の名義としたこと。

2-7 贈与契約の取消しがあった場合

ポイント

　贈与契約が成立した後に、任意による取消しがあったとしても、原則として贈与税の課税が行われます。ただし、法定取消権又は法定解除権の行使による取消しの場合は、贈与税の課税はありません。

【 解　説 】

1　贈与契約の取消し

(1)　贈与契約

　贈与は贈与者と受贈者との契約行為により成立します（民法549）。書面によらない贈与は、履行が済んでいない部分を解除することができます（民法550）。このことは裏を返せば、書面による贈与は取消しができないともいえます。贈与行為は親族間でのやり取りになることが多く、軽率に財産を贈与し、また贈与者の気が変わって取り戻すこともあります。そのため書面によらない贈与は取り消すことができるし、履行が終わった財産、つまり受贈者に渡った財産は、贈与契約が成立していることから、贈与者が勝手に取り戻せないことになっています。書面による贈与は、もとより契約が成立しています。

(2)　契約が完了した場合

　贈与契約が成立すると贈与者には贈与財産の引渡義務が生じ、土地等登記登録を要する財産であれば、登記登録のための協力義務も生じます。また、財産を受贈者に移転するまでの間の善良なる管理者の注意義務もあります（民法400）。このように、贈与行為は契約当事者としての責

任が生じ、贈与者の都合による取消しや、一部取戻しなどは想定されていません。

2　法定取消権等に基づいて取消しがあった場合

　贈与契約が成立した場合、一切元に戻せないわけではありません。詐欺又は強迫による取消し（民法96）、夫婦間の契約の取消し（民法754）、未成年者の法律行為の取消し（民法 5 ）等法定取消権又は法定解除権（以下「法定取消権等」といいます。）による契約の取消しがあり、名義戻しが行われた場合は、贈与契約が成立した場合でも、税務署長に申し出ることにより、贈与がなかったものとして取り消すことができます。この場合は、財産の名義を贈与者の名義に戻し、かつ、税務署長が名義戻しの事実を確認できることが要件となります（名変通達 8 ）。

　取消しがあったことが贈与税の申告前であれば、贈与税の申告は必要ありません。また、既に贈与税が課税されている場合、更正の請求により、贈与税の還付を求めることができます（名変通達 9 ）。

3　法定取消権等に基づいて取消しがあったが、贈与者が死亡した場合

　贈与契約が法定取消権等に基づいて取消しがあったが、贈与者に相続が開始していることが想定されます。財産の名義を贈与者に戻すことができず、相続人の名義とした場合であっても贈与はなかったものとして取り扱います。この場合、相続人がその財産を相続により取得したもの

とし、財産の価額を相続税の課税価格計算の基礎に算入します（名変通達10）。

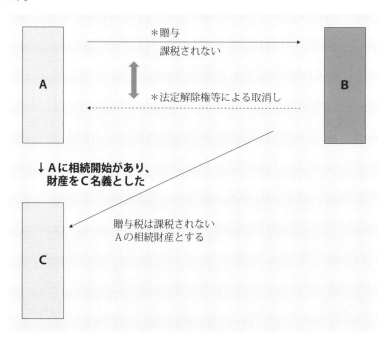

4　合意解除等による贈与の取消しがあった場合

　贈与は、契約により成立します。贈与契約が成立し、贈与対象財産の価額が110万円を超えた場合、贈与税の申告と納税の義務が生じます。一旦成立した贈与契約は、法定取消権等が原因となった取消し以外の取消し、つまり、任意の取消し又は解除（以下「合意解除等」といいます。）があったとしても、当初の契約は有効に成立していることから、贈与税の課税は行われます（名変通達11）。登記が済んだ土地の名義が受贈者に移転された場合、受贈者には贈与税の納税義務が生じます。合意解除等があったとしても、贈与税の課税を回避することはできません。

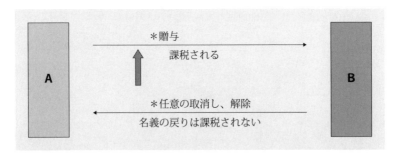

5 取消しがあり、資産の名義を戻した場合の贈与税の課税

　法定取消権等に該当して名義を戻した場合や、合意解除等により贈与者名義に戻した場合の資産の移転に対して、贈与税の課税は行われません。つまり、二重に贈与税が課税されることはありません（名変通達12）。

『参考法令通達等』
【名変通達8（法定取消権等に基づいて贈与の取消しがあった場合の取扱い）】
　贈与契約が法定取消権又は法定解除権に基づいて取り消され、又は解除されその旨の申出があった場合においては、その取り消され、又は解除されたことが当該贈与に係る財産の名義を贈与者の名義に変更したことその他により確認された場合に限り、その贈与はなかったものとして取り扱う。
【名変運用通達3（法定取消権等に基づいて取り消され、又は解除されたことの確認）】
　通達「8」の「法定取消権等に基づいて取り消され、又は解除されたことが……その他により確認される場合」とは、取消権又は解除権の種類に従い、おおむね、次に掲げる事実が認められる場合をいうものとして取り扱う。

(1) 民法第96条（詐欺又は強迫による取消権）の規定に基づくものについては、詐欺又は強迫をした者について公訴の提起がされたこと、又はその者の性状、社会上の風評等から詐欺又は強迫の事実が認められること。

(2) 民法第754条（夫婦間の契約取消権）の規定に基づくものについては、その取消権を行使した者及びその配偶者の経済力その他の状況からみて取消権の行使が贈与税の回避のみを目的として行われたと認められないこと。

(3) 未成年者の行為の取消権、履行遅滞による解除権その他の法定取消権又は法定解除権に基づくものについては、その行為、行為者、事実関係の状況等からみて取消権又は解除権の行使が相当と認められること。

【名変通達9（贈与契約の取消し等があったときの更正の請求）】

　贈与税の申告又は決定若しくは更正の日後に当該贈与税に係る贈与契約が「8」に該当して取り消され又は解除されたときは、国税通則法（昭和37年法律第66号）第23条第2項の規定による更正の請求ができるのであるから留意する。

【名変通達10（贈与契約の取消し等によりその贈与財産が相続人等に帰属した場合の取扱い）】

　贈与契約が「8」に該当して取り消され、又は解除された場合において、贈与者について相続が開始しているため、その相続人の名義としたときにおいても、「8」の本文に該当するものとして当該贈与はなかったものとして取り扱う。この場合においては、当該相続人が当該財産を相続により取得したものとし、当該財産の価額をこれらの者に係る相続税の課税価格計算の基礎に算入する。

【名変通達11（合意解除により贈与の取消しがあった場合の取扱い）】

　「8」に該当して贈与契約が取り消され、又は解除された場合を除き、贈与契約の取消し、又は解除があった場合においても、当該贈与契約に係る財産について贈与税の課税を行うことに留意する。

【名変通達12（贈与契約の取消し等による財産の名義変更の取扱い）】

　贈与契約の取消し、又は解除により当該贈与に係る財産の名義を贈与者の名義に名義変更した場合の当該名義変更については、「8」から「11」までにより当該贈与がなかったものとされるかどうかにかかわらず、贈与として取り扱わない。

2-8 合意解除等における贈与税課税の回避

▶ポイント

　贈与契約が成立した後に、合意解除等があったとしても、原則として贈与税の課税が行われます。ただし、一定の要件の下、贈与税の課税が行われない場合があります。

【 解　説 】

1　贈与行為

　贈与行為は契約であることを、すでに何度か解説しました。また、一旦贈与が成立した場合、贈与税の課税が行われることは、前問で解説しました。

　しかし、贈与行為は、贈与者の一方的な判断で行われ、親族間で、安易に行われることが多くあります。また、贈与の取消し行為が、課税上の問題を生じることを知らないまま行われることも希ではないこと等から、一方的な課税はトラブルとなることが想定されます。

2　合意解除等により、贈与の取消しがあった場合

　合意解除等があったとしても、次の要件を満たしている場合は、贈与がなかったものとして取り扱われます（名変運用通達4）。

　①　贈与契約の取消し等が、贈与のあった日の属する年分の贈与税の申告書の提出期限までに行われたものであり、かつ、取消し等されたことが、贈与契約に係る財産（以下「贈与財産」といいます。）の名義を変更したこと等により確認できること。

　②　贈与財産が、処分、若しくは担保物件その他の財産権の目的とされ、又は受贈者の租税その他の債務に関して差押えその他の処分の

目的とされていないこと。

③ 贈与財産について、贈与者又は受贈者が譲渡所得又は非課税貯蓄等に関する所得税、その他の租税の申告又は届出をしていないこと。

④ 贈与財産の受贈者が、財産の果実を収受していないこと、収受している場合には、その果実を贈与者に引き渡していること。

⑤ 上記①から④までの事実に基づいて、税務署長が、贈与財産の価額を贈与税の課税価格に算入することが、著しく負担の公平を害する結果となると認めることができること。

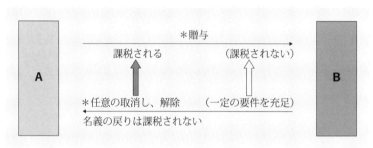

申告及び調査の対応のポイント

贈与行為が成立した場合は、必ず贈与税の課税が行われます。運用通達4の取扱いは、あくまでも受贈者が贈与事実等の認識が不足している場合のような、例外的な場合に取り扱われる措置と考えるべきでしょう。

『**参考法令通達等**』
【名変運用通達4（合意解除等による贈与の取消しがあった場合の特例）】

通達「11」により、贈与契約が合意により取り消され、又は解除された場合においても、原則として、当該贈与契約に係る財産の価額は、贈与税の課税価格に算入するのであるが、当事者の合意による取消し又は解除が次に掲げる事由のいずれにも該当しているときは、税務署長において当該贈与契約に係る財産の価額を贈与税の課税価格に算入することが著しく負担の公平を害する結果となると認める場合に限り、当該贈与はなかったものとして取り扱うことがで

きるものとする。

(1)　贈与契約の取消し又は解除が当該贈与のあった日の属する年分の贈与税の申告書の提出期限までに行われたものであり、かつ、その取消し又は解除されたことが当該贈与に係る財産の名義を変更したこと等により確認できること。

(2)　贈与契約に係る財産が、受贈者によって処分され、若しくは担保物件その他の財産権の目的とされ、又は受贈者の租税その他の債務に関して差押えその他の処分の目的とされていないこと。

(3)　当該贈与契約に係る財産について贈与者又は受贈者が譲渡所得又は非課税貯蓄等に関する所得税その他の租税の申告又は届出をしていないこと。

(4)　当該贈与契約に係る財産の受贈者が当該財産の果実を収受していないこと、又は収受している場合には、その果実を贈与者に引き渡していること。

2-9 負担付贈与等で取得した財産の価額

▶ポイント

　負担付贈与又は個人間の対価を伴う取引により取得したものの価額は、取得時における「通常の取引価額」に相当する金額によって評価します。

【解　説】

1　負担付贈与

　負担付贈与に係る贈与財産の価額は、負担がないものとした場合における贈与財産の価額から負担額を控除した価額によります（相基通21の2-4）。原則として贈与の取扱いですが、負担付遺贈があった場合においても同様に取り扱われます（相基通11の2-7）。

　例えば、1,000万円の乗用車に贈与者の負担すべき600万円のローンがあり、この車を贈与するにあたってローンの返済の条件があった場合、受贈者の実質的利益は400万円です。贈与財産に対する課税は、実質的な受贈益で捉えるため、受贈財産価額から負担部分を控除します。

○　負担付贈与の課税価格

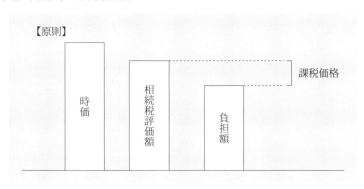

2　負担付贈与又は対価を伴う取引により取得した土地等及び家屋等の評価

⑴　財産評価の原則

　贈与税の課税価格は、贈与を受けた年に贈与により取得した「財産の価額」の合計額とします（相法21の 2 ①）。「財産の価額」とは「財産の取得の時における時価」（相法22）で、財産評価通達に基づいて評価した価額です（評基通 1 ⑵）。この評価方法は、相続財産の価額のみならず贈与財産の価額でも同じです。ある時点の財産の価額が相続税又は贈与税の税区分により異なった評価方法を用いることは、課税の安定、納税者の感情及び申告の煩雑さからも採るべきではないでしょう。

　相続税の場合、課税時期が予想されることではありますが一般的には突然のことであり、財産の価額が高額となること、また財産の種類が多岐にわたることが多く、財産の価額（時価）を相続人等が10か月内に算出することは大きな負担となります。そこで、納税者利便の意味合いを含めて財産評価基本通達が公表されています。

⑵　贈与の場合

　贈与の場合はどうでしょう。贈与行為は、時価の趨勢を見図り、最も都合の良いときに計画的に行うことができます。とりわけ、土地及び土地の上に存する権利（以下「土地等」といいます。）のように、価格が大きく変動する財産の移転は、時価と財産評価基準との価格の乖離の大きいときが狙い時ということになります。

⑶　負担付贈与通達

　昭和の終わりのバブル経済真っ只中の頃に、土地等で金銭を伴う売買、若しくは負担付贈与を行うにあたって、贈与税の課税標準である路線価と時価との差額に着目して、路線価より低額の売買を行い、路線価との差額分のみを贈与する事例がありました。当時、路線価は公示価格

の70％程度で策定されていましたが、都市部では、実勢価格が急上昇し、時価と路線価との乖離が問題となっていました。この乖離をうまく活用したのが、低額売買若しくは負担付贈与でした。低い贈与税率で高額な財産の移転が行われることは、課税上の弊害が大きいため、「負担付贈与又は対価を伴う取引により取得した土地等及び家屋等に係る評価並びに相続税法第７条及び第９条の規定の適用について（以下「負担付贈与通達」といいます。）」を公表し、一定の歯止めをかける措置がなされました。

⑷　負担付贈与通達の取扱い

①　負担付贈与又は対価を伴う取引があった場合、贈与財産の価額は、財産評価通達の規定にかかわらず、通常の取引価額で評価します。

対象財産	取引の区分	財産の価額
①　土地等 ・土地 ・土地の上に存する権利	負担付贈与	取得時の通常の取引価額
②　家屋等 ・家屋及び附属設備 ・構築物	個人間の対価を伴う取引	

②　贈与者又は譲渡者が取得又は新築した土地等又は家屋等に係る取得価額が課税時期における通常の取引価額に相当すると認められる場合、取得価額に相当する金額によって評価することができます。

　　この場合の取得価額とは、財産の取得に要した金額並びに改良費及び設備費の額の合計額をいい、家屋等は、合計金額から、取得の時から課税時期までの期間の償却費の額の合計額又は減価の額を控除した金額をいいます。

【土地等・建物・上場株式等】

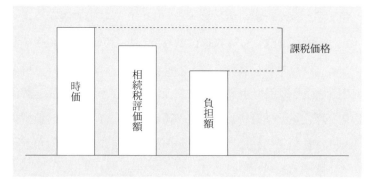

3　対価を伴う取引の判断

対価を伴う取引による土地等又は家屋等の取得が、相続税法第７条に規定する「著しく低い価額の対価で財産の譲渡を受けた場合」又は相続税法第９条に規定する「著しく低い価額の対価で利益を受けた場合」に該当することもあり得るでしょう。この場合、個々の取引について取引の事情、取引当事者間の関係等を総合勘案し、実質的に贈与を受けたと認められる金額があるかどうかにより判定します。

なお、対価の額が取引に係る土地等又は家屋等の取得価額を下回る場合、土地等又は家屋等の価額が下落したことなど合理的な理由があると認められるときを除き、「著しく低い価額の対価で財産の譲渡を受けた場合」又は「著しく低い価額の対価で利益を受けた場合」に当たるものとされます。

4　負担付贈与又は個人間の対価を伴う取引により取得した上場株式の価額

⑴　上場株式の評価

上場株式の価格は評価の安定の意味合いから相続開始月を含めた全３か月の月中平均額のうち最も低い価格で評価します。これにより突発的な相続の開始にも概ね耐えられる価格となっています。

⑵　負担付贈与による上場株式の評価

　負担付贈与又は個人間の対価を伴う取引により取得した上場株式の価額は、その株式が上場されている金融商品取引所の公表する課税時期の最終価格によって評価します。

　例えば、次の事例が想定されます。

　X0年６月10日にＡ社株式20,000株の贈与を受けました。

株価の評価日	単　　価	価　　額
６月10日最終価格	550円	11,000,000円
６月の月中平均	510円	10,200,000円
５月の月中平均	480円	9,600,000円
４月の月中平均	470円	9,400,000円

　①　単純な贈与の場合の贈与価額

　　　４月の月中平均470円によるので、940万円です。

　②　負担付贈与の場合の贈与価額

　　　贈与を受ける条件で債務900万円を引き受ける贈与を受けた場合、負担付贈与であることから課税時期の最終価額1,100万円から900万円を控除した200万円が贈与価額となります。

5　取扱い規定の相違

　負担付贈与があった場合、土地家屋等の贈与の場合は「負担付贈与通達」によります。上場株式及び気配相場のある株式（以下「上場株式等」といいます。）は財産評価通達によります。

　土地家屋等及び上場株式等は、主要な財産であること、財産価額が高額になること、評価額と時価との大きな乖離が想定されることから、これらの財産についてのみ時価評価することとなっていると考えられます。

根拠規定	規定（抜粋）
相基通21の2-4	負担付贈与に係る贈与財産の価額は、負担がないものとした場合における当該贈与財産の価額から当該負担額を控除した価額によるものとする。
負担付贈与通達	土地等並びに家屋及びその附属設備又は構築物のうち、負担付贈与又は個人間の対価を伴う取引により取得したものの価額は、当該取得時における通常の取引価額に相当する金額によって評価する。
評基通169(2)	負担付贈与又は個人間の対価を伴う取引により取得した上場株式の価額は、その株式が上場されている金融商品取引所の公表する課税時期の最終価格によって評価する。
評基通174(1)ロ	負担付贈与又は個人間の対価を伴う取引により取得した登録銘柄及び店頭管理銘柄の価額は、日本証券業協会の公表する課税時期の取引価格によって評価する。
（参考）相基通11の2-7	負担付遺贈により取得した財産の価額は、負担がないものとした場合における当該財産の価額から当該負担額（当該遺贈のあった時において確実と認められる金額に限る。）を控除した価額によるものとする。

　評価通達において、負担付贈与の規定は上場株式（評基通169(2)）及び気配相場等のある株式（評基通174(1)ロ）の他はありません。

申告及び調査の対応のポイント

① 　負担付贈与又は対価を伴う取引により取得したものの価額は、通常の取引価額で評価しますが、一律的ではなく取引の事情や贈与の意識の有無等、諸事情を総合勘案して判断します。ただし、親子夫婦間の売買は売買を利用した実質的贈与が行われることが多いため、とりわけ税務上の厳しいチェックが入ります。売買価額の算定根拠、時価の見積根拠、売買代金の受渡し等確実に説明できる資料をそろえておく必要があります。

② 　譲渡所得課税の対象となる財産を、負担付贈与により贈与して贈与

者の負担が減少する場合、消滅した債務額で譲渡したことになりますので、譲渡所得の計算をしなければなりません。

『**参考法令通達等**』

【相続税法基本通達21の2-4（負担付贈与の課税価格）】

　負担付贈与に係る贈与財産の価額は、負担がないものとした場合における当該贈与財産の価額から当該負担額を控除した価額によるものとする。

【負担付贈与又は対価を伴う取引により取得した土地等及び家屋等に係る評価並びに相続税法第7条及び第9条の規定の適用について】

　標題のことについては、昭和39年4月25日付直資56、直審（資）17「財産評価基本通達」（以下「評価基本通達」という。）第2章から第4章までの定めにかかわらず、下記により取り扱うこととしたから、平成元年4月1日以後に取得したものの評価並びに相続税法第7条及び第9条の規定の適用については、これによられたい。

（趣旨）

　最近における土地、家屋等の不動産の通常の取引価額と相続税評価額との開きに着目しての贈与税の税負担回避行為に対して、税負担の公平を図るため、所要の措置を講じるものである。

記

1　土地及び土地の上に存する権利（以下「土地等」という。）並びに家屋及びその附属設備又は構築物（以下「家屋等」という。）のうち、負担付贈与又は個人間の対価を伴う取引により取得したものの価額は、当該取得時における通常の取引価額に相当する金額によって評価する。

　　ただし、贈与者又は譲渡者が取得又は新築した当該土地等又は当該家屋等に係る取得価額が当該課税時期における通常の取引価額に相当すると認められる場合には、当該取得価額に相当する金額によって評価することができる。

　（注）「取得価額」とは、当該財産の取得に要した金額並びに改良費及び設備費の額の合計額をいい、家屋等については、当該合計金額から、評価基本通達130《償却費の額等の計算》の定めによって計算した当該取得の時から課税時期までの期間の償却費の額の合計額又は減価の額を控除した金額をいう。

2　1の対価を伴う取引による土地等又は家屋等の取得が相続税法第7条に規定する「著しく低い価額の対価で財産の譲渡を受けた場合」又は相続税法第9条に規定する「著しく低い価額の対価で利益を受けた場合」に当たるかど

うかは、個々の取引について取引の事情、取引当事者間の関係等を総合勘案
し、実質的に贈与を受けたと認められる金額があるかどうかにより判定する
のであるから留意する。

（注）　その取引における対価の額が当該取引に係る土地等又は家屋等の取得
　　　　価額を下回る場合には、当該土地等又は家屋等の価額が下落したことな
　　　　ど合理的な理由があると認められるときを除き、「著しく低い価額の対
　　　　価で財産の譲渡を受けた場合」又は「著しく低い価額の対価で利益を受
　　　　けた場合」に当たるものとする。

第3章

みなし贈与

3-1 みなし贈与とは

ポイント

　贈与は契約行為ですが、贈与契約が行われていなくても、財産又は価値が他人に移転することがあります。個人間の贈与と同様な実質的経済価値の移転は、贈与税の課税対象です。

【 解　説 】

1　みなし贈与とは

　贈与契約が成立したことにより、贈与税の課税の対象となります。また、契約の有無を判断するまでもなく、財産の移転が無償で行われた場合、一方的に贈与税を課税する取扱いがあります（相基通9-9）。これらの場合は、当事者が財産の移転を認識していることが多いでしょう。

　しかし、贈与行為は契約とはいうものの、財産の移転は、必ずしもお互いの了解を得て行われるわけではありません。例えば、父親が掛けていた生命保険の満期受取金を妻や子供が受け取った場合のように、受贈者が贈与の認識がないうちに財産を取得している場合があります。お互いの了解を得て行われるわけではない財産の移転であっても、提供した者の財産が減少し、受け取った者が金銭的な負担がなく利益を得た場合、その実態は贈与と変わりません。そのため、このような財産の移転については、課税の公平、実態に即した課税を行うため、「贈与によって取得したとみなす（みなし贈与）」として贈与税の課税対象となります（相法５～９の６）。課税の都合による取扱いではありますが、無償による財産の取得の経済効果に着目した課税です。

2　みなし贈与の種類

　相続税法では、みなし贈与として相続税法第５条以下に規定していま

す。生命保険金の受取人の指定などは、契約者が贈与の認識がなく、思いつくままに満期金の受取人を指定してしまうことが多くあります。しかし低額譲渡などは、本来の時価で売買できるものを、あえて譲渡者の財産価額を減少させる目的で低額で売買し、贈与税を逃れる意図が明白な事例が多いのが現状です。これらを封じ込めるための規定ともいえます。

みなし贈与	条文	みなし贈与対象財産
生命保険金	相続税法第5条	・保険料の負担者以外の者が受け取った生命保険金
定期金	同6条	・定期金受取人以外の者が負担した掛金又は保険料
低額譲受	同7条	・著しく低い価額の対価で財産を譲り受けた場合の時価との差額
債務免除等	同8条	・債務免除・債務引受等により受けた利益
その他の利益の享受	同9条	・その他の事由により著しく低い価額の対価で取得した経済的利益
信託に関する特例	同第3節	・委託者以外の者が受益者となる信託財産

3 相続税法第7条及び第9条の相違

相続税法第7条及び第9条の法文には「著しく低い価額の対価」と規定してあり、両条文の適用の区分が理解しにくいところがあります。

(1) 第7条

第7条の規定の趣旨は次の通りです。

　「著しく低い価額の対価」で「財産の譲渡を受けた場合」においては、「財産の譲渡があった時」に、「財産の譲渡を受けた者」が、「対価と財産の時価との差額に相当する金額」を「財産を譲渡した者」から「贈与により取得したものとみなす。」

　この規定は財産の譲渡を受けた場合となっていますので、大前提として売買が絡みます。譲渡したものからの利益に対して、贈与税のみなし課税のことを言っていることから、相対売買があった場合に限られます。親族間の土地の低額譲受け等が該当します。

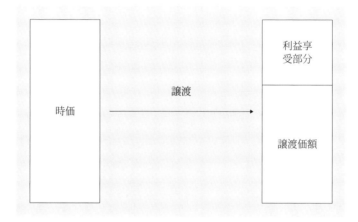

⑵　第9条

第9条の規定の趣旨は次の通りです。

　「対価を支払わない」で、又は「著しく低い価額の対価」で「利益を受けた場合に」おいては、「利益を受けた時」に、「利益を受けた者」が、利益を受けた時における「利益の価額に相当する金額」を「利益を受けさせた者」から「贈与により取得したものとみなす。」

　相続税法第9条は、みなし贈与規定である相続税法第5条から第3節

（信託に関する特例）に該当する場合以外でも、対価を支払わず又は著しく低い価額で利益を受けたときは、その利益の金額相当額を、贈与により取得したものとみなす規定です。相対の取引がなかったとしても、財産価値が自然と増加するような場合のことを想定しています。贈与契約によって財産を取得したのではなくても、実質的に対価を支払わないで、経済的利益を受けた場合、贈与契約の有無にかかわらず贈与により取得したものとみなして、贈与税を課税することとしたものです。非上場会社に対し、ある者が資産を無償提供して、その会社の株式の価額が増加した場合などが典型的でしょう。株式所有者の積極的行為がなくても、財産を提供した人からの贈与とみなされます。

　この場合の「利益を受けた」とは、財産の増加のみならず、債務の減少があった場合も実質的に利益を得ることとなるため、贈与とみなされます。労務の提供等を受けたような場合は、利益の換算が困難であること等から、含みません（相基通9-1）。

　ただし、その行為が、利益を受ける者が資力を喪失して債務を弁済することが困難である場合に、扶養義務者から債務の弁済に充てるためになされたものであるときは、弁済することが困難である部分の金額については、贈与税の課税は行われません。

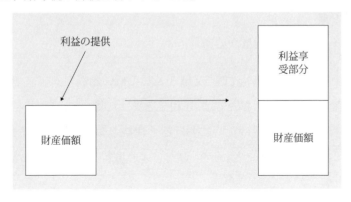

4　その他の利益の取扱い規定

相続税法基本通達第9条関係では、利益の享受について次の規定があります。

区分	課税対象者	通達
株式又は出資の価額が増加した場合	株主又は社員	9-2
同族会社の募集株式引受権	募集株式引受権に基づき新株を取得した親族等	9-4
同族会社の新株の発行に伴う失権株に係る新株の発行が行われなかった場合	新株発行割合を超えた割合で新株を取得した親族等	9-7
婚姻の取消し又は離婚により財産の取得があった場合（ただし、過当である部分又は離婚を手段として贈与税若しくは相続税のほ脱を図ると認められる価額）	財産分与を受けた者	9-8
財産の名義変更があった場合	名義変更を受けた者	9-9
無利子の金銭貸与等	経済的利益を受けた者	9-10
負担付贈与等	負担付贈与等で利益を受けた者	9-11
共有持分の放棄	持分放棄した場合の他の共有者	9-12
信託が合意等により終了した場合	元本受益者	9-13
配偶者居住権が合意等により消滅した場合	建物等所有者	9-13の2

『参考法令通達等』

【相続税法第7条（贈与又は遺贈により取得したものとみなす場合）】

　著しく低い価額の対価で財産の譲渡を受けた場合においては、当該財産の譲渡があった時において、当該財産の譲渡を受けた者が、当該対価と当該譲渡があった時における当該財産の時価（当該財産の評価について第3章に特別の定めがある場合には、その規定により評価した価額）との差額に相当する金額を当該財産を譲渡した者から贈与（当該財産の譲渡が遺言によりなされた場合には、遺贈）により取得したものとみなす。ただし、当該財産の譲渡が、その

譲渡を受ける者が資力を喪失して債務を弁済することが困難である場合におい
て、その者の扶養義務者から当該債務の弁済に充てるためになされたものであ
るときは、その贈与又は遺贈により取得したものとみなされた金額のうちその
債務を弁済することが困難である部分の金額については、この限りでない。

【相続税法第9条】

　第5条から前条まで及び次節に規定する場合を除くほか、対価を支払わない
で、又は著しく低い価額の対価で利益を受けた場合においては、当該利益を受
けた時において、当該利益を受けた者が、当該利益を受けた時における当該利
益の価額に相当する金額（対価の支払があった場合には、その価額を控除した
金額）を当該利益を受けさせた者から贈与（当該行為が遺言によりなされた場
合には、遺贈）により取得したものとみなす。ただし、当該行為が、当該利益
を受ける者が資力を喪失して債務を弁済することが困難である場合において、
その者の扶養義務者から当該債務の弁済に充てるためになされたものであると
きは、その贈与又は遺贈により取得したものとみなされた金額のうちその債務
を弁済することが困難である部分の金額については、この限りでない。

3-2 生命保険金等の受取りの課税関係

▶ポイント

　満期生命保険金を受け取るのが、保険金を支払っていた者であれば一時所得ですが、保険金支払者以外の者が受け取った場合、贈与税の課税対象となります。生命保険金は保険金支払者及び受取人によって、また保険金支払事由によって課税関係が異なります。

【 解　説 】

1　贈与により取得したものとみなす場合

　生命保険契約の保険事故（傷害、疾病その他これらに類する保険事故で死亡を伴わないものを除きます。）又は損害保険契約の保険事故（偶然な事故に基因する保険事故で死亡を伴うものに限ります。）が発生した場合に、保険料の全部又は一部が保険金受取人以外の者が負担したものであるときは、保険事故が発生した時に保険金受取人が、その保険金（以下「生命保険金等」といいます。）を、保険料を負担した者から贈与により取得したものとみなします（相法5①）。

2　生命保険金等の受取りの課税区分

⑴　契約にかかわる人物

　生命保険金の契約には「契約者」「被保険者」「保険料負担者」「保険金受取人」と、多数の登場人物がいます。生命保険契約をするにあたって、それぞれ異なる人物でもいいし、すべて同一人物でも構いません。受取り生命保険金の課税区分は多岐にわたります。保険料負担者、被保険者、受取人の区分によって課税関係が異なります。ただし、課税関係で重要なのは、原則として、「保険料負担者」と「保険金受取人」です。要するに、

誰が支払った金が、誰のところに行くのか、そしてその原因は何か、というスタンスで考えます。

(2)　生命保険金の受取りのパターンと課税関係

　みなし財産として最もポピュラーなものは、生命保険の満期保険金を保険料の負担者以外の者が受け取る場合です。保険料の負担者が満期保険金を受け取るのが本来的な姿で、受取生命保険金と保険料の総額との差額について一時所得として所得税の対象になります（所令183②）。ところが満期保険金の受取りを保険料負担者以外の者が受け取った場合、その金額を贈与したものとみなされます。生命保険金を受け取ることができる原因（保険事故等）は満期又は死亡等複数あり、また、保険金の受取人が保険料の支払者（負担者）、保険契約者又は第三者等複数あることから、課税関係が複雑です。

　下記は、生命保険契約による課税関係を表したものです。

	契約者	被保険者	保険料の負担者	保険金受取人	保険事故等	課税関係	関係法令等
①	A	A	A	A	満期	Aの一時所得となる。	所令183②
					Aの死亡	Aの相続人が相続により取得したものとみなされる。	相法3①
②	A	A	A	B	満期	BがAから贈与により取得したものとみなされる。	相法5①
					Aの死亡	Bが相続により取得したものとみなされる。 Bが相続を放棄した場合は遺贈により取得したものとみなされる。	相法3①
③	A	A	C	B	Aの死亡	BがCから贈与により取得したものとみなされる。	相法5①
④	A	A	A 1/2 C	B	満期	BがAとCから贈与により取得したものとみなされる。	相法5①

						事由	内容	根拠
			1/2			Aの死亡	BはAから2分の1を相続により、Cから2分の1を贈与によりそれぞれ取得したものとみなされる。	相法3① 相法5①
⑤	B	B	A	B		Aの死亡	Bが生命保険契約に関する権利を相続により取得したものとみなされる。	相法3①三
⑥	A	B	A	B		Aの死亡	Aの相続人が相続又は遺贈により権利を取得する。	相基通3-36(1)
⑦	A	A	A	B		Bの死亡	課税関係は生じない。	相基通3-34
⑧	A	B	B	A		Aの死亡	課税しない。	相基通3-36(2)

3　満期生命保険金の受取りの課税区分

⑴　上記2⑵①「満期」のケース

　Aが掛金を支払っていた満期生命保険金を、Aが受け取った場合は、Aの一時所得となり、所得税の検討が必要です。

⑵　上記2⑵②「満期」のケース

　Aが掛金を支払っていた満期生命保険金を、Bが受け取った場合は、AからBに対する贈与とみなします。みなし贈与課税となります。

　この場合、保険事故が発生した時までに払い込まれたものの全額に対する割合に相当する部分が、贈与金額となります。つまり、保険料のう

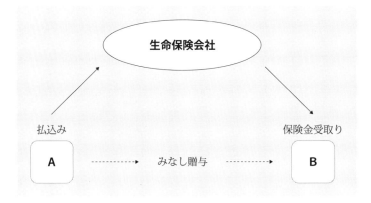

ち一部を受取人が負担している場合は、課税関係はその負担割合で案分します。

（申告及び調査の対応のポイント）

　満期生命保険金の受取りのように、贈与者や受贈者が気が付かないうちに課税関係が発生していることがあります。対価の支払いがなくて財産が増加した場合、課税関係が必ず生じることを心しておかなければなりません。

　生命保険契約は時折見直すようにします。受取人により課税関係が異なるため、適切な受取人に変更します。また、生命保険契約そのものの見直しも必要です。漫然と契約件数を増やすことや、必要性がなくなった保険契約を継続していることがあります。

『**参考法令通達等**』

【**相続税法第5条：贈与により取得したものとみなす場合－生命保険金**】

1　生命保険契約の保険事故（傷害、疾病その他これらに類する保険事故で死亡を伴わないものを除く。）又は損害保険契約の保険事故（偶然な事故に基因する保険事故で死亡を伴うものに限る。）が発生した場合において、これらの契約に係る保険料の全部又は一部が保険金受取人以外の者によって負担されたものであるときは、これらの保険事故が発生した時において、保険金受取人が、その取得した保険金（当該損害保険契約の保険金については、政令で定めるものに限る。）のうち当該保険金受取人以外の者が負担した保険料の金額のこれらの契約に係る保険料でこれらの保険事故が発生した時までに払い込まれたものの全額に対する割合に相当する部分を当該保険料を負担した者から贈与により取得したものとみなす。

3-3 生命保険金の実質受取人及び保険料の贈与

▶ポイント

　生命保険料の負担者と、受取人が異なる満期生命保険金は、生命保険料の負担者から贈与により取得したものとみなされ、みなし贈与として贈与税の課税対象となります。ただし、保険料の負担者が、生命保険金を受け取ったことに相当の理由がある場合は、その実質受取人が保険金の受取人となります。

【 解　説 】

1　生命保険金の実質受取人

⑴　保険金受取人

　保険金の受取人とは、保険契約に基づいて保険金を受け取る者のことをいいます（相基通3-11、5-2）。

⑵　保険金の実質受取人

　保険契約を締結するにあたって、保険事故が発生した場合の、保険金の受取人の指定は慎重に行います。しかし、深く考えずに受取人を指定することや、幼児を指定することがあります。他人を受取人として掛けていた保険金が満期となり、その満期保険金を保険料の負担者が使用することもあります。このような場合、契約上の受取人が、保険金の受取人であると断定してしまうと、保険金の受取人に対して贈与税が課税され、さらに、その保険金を使用した保険金の負担者に贈与税が課税されるという、煩雑な課税関係が生じます。

　保険契約上の保険金受取人以外の者が、現実に保険金を取得している場合、次のように、実質的に受け取った者が、保険金の受取人と取り扱

われます（相基通3-12）。

① 保険金受取人の変更の手続がなされていなかったことについて、やむを得ない事情があると認められる場合

② 現実に保険金を取得した者がその保険金を取得することについて、相当な理由があると認められる場合

2 保険料の贈与

保険料の負担者が、満期保険金を受け取った場合、一時所得ですが、他に実質的な負担者がいる場合に受け取った保険金は、その実質的な負担者からの贈与です。課税関係が大きく異なります。

例えば、保険料の支払い資金がない子が、親から資金の贈与を受けて保険料を支払った場合が想定されます。満期保険金の課税関係は、贈与事実の有無によりその実質を判断します。

主に次の事実があれば、保険料の贈与があると判断できるでしょう。

① 資金の贈与であることが、預貯金口座等で明確となっている

② 保険料の支払いが支払者の口座から引き落とされている

ただし、その口座が保険料引き落としだけに利用されているような場合、贈与事実の判定が困難となることがあります。

③ 資金の提供者は、所得税の申告において生命保険料控除をしていない

保険契約者と保険料の負担者が異なる事例は大変多いようです。課税関係に十分注意しなければなりません。

（申告及び調査の対応のポイント）

生命保険金の課税関係は煩雑です。支払者である生命保険会社は、契約に基づき、支払調書を国税庁に提出します。支払調書に基づいた申告書が提出されない場合、税務調査が行われます。実質的受取人が保険料

の負担者である説明と立証に、時間を費やすことになります。

　実質的な受取人が、保険料の支払者となるような場合は、生命保険契約を見直し、契約を変更する必要があります。契約変更時には、課税関係は生じません。保険金を受け取った時に保険料の負担部分に応じた課税となります。

　なお、保険料負担者が保険金受取人と判定された場合は、一時所得の課税対象となります。

『**参考法令通達等**』

【相続税法基本通達3-11（「保険金受取人」の意義）】

　法第３条第１項第１号に規定する「保険金受取人」とは、その保険契約に係る保険約款等の規定に基づいて保険事故の発生により保険金を受け取る権利を有する者（以下3-12において「保険契約上の保険金受取人」という。）をいうものとする。

【相続税法基本通達3-12（保険金受取人の実質判定）】

　保険契約上の保険金受取人以外の者が現実に保険金を取得している場合において、保険金受取人の変更の手続がなされていなかったことにつきやむを得ない事情があると認められる場合など、現実に保険金を取得した者がその保険金を取得することについて相当な理由があると認められるときは、3-11にかかわらず、その者を法第３条第１項第１号に規定する保険金受取人とするものとする。

【相続税法基本通達5-2（保険金受取人の取扱いの準用）】

　法第５条第１項に規定する「保険金受取人」については、3-11及び3-12の取扱いに準ずるものとする。

『**参考裁判事例**』

（保険金受取人は実質受取人で判断するとした事例）

　相続税法５条１項にいう保険金受取人は、保険契約によって決定された契約上（但し名義人という趣旨ではない）の受取人であること、右受取人が保険事故発生により取得する保険者に対する保険金債権が、右法案の所定要件を具えるときは、同法の課税対象になるものであることは、洵に控訴人等主張の通りであり、また本件保険契約上、保険金受取人の名義が被控訴人となっていたことについては、被控訴人自ら認めるところであるが、保険契約上殊に保険証券

等の文書上に受取人として記載された者即ち名義人が、控訴人主張のように、常に右法条の受取人に該当するものと解することはできない。けだし、保険契約者が保険契約の表面上、通名、仮名、虚無人名又は自己の幼少の子女、家族若しくは雇人等、自己の事実上支配、使用し得る名義を用いて、その名義人以外の者、多くの場合、自己自身を示す氏名として用いることがあることは、世上往々にして見られるところであるから、かような場合はすでに当該保険契約上、保険者との関係においても、実質的な契約上の受取人は右名義人とは別人であって、もしその必要が生ずるときは、右契約においても真実の受取人を探究する要があるけれども、保険者は右名義人に支払うことにより通常免責を受けるものであるから、多くの場合その探索の必要を見ないものであるに過ぎない。

（1964年（昭和39年）12月21日　大阪高裁判決）

3-4 親族間の低額売買

ポイント

> 　著しく低い価額で財産の譲渡を受けた場合は、財産の時価と対価の額との差額が贈与を受けたとみなされ、贈与税の課税対象となります。特に、親子又は親族間の低額売買は、贈与の意識があると判断されます。これは相続税法第7条の規定によります。

【 解 説 】

1　売買価格

　土地等の売買をイメージするとわかりやすいですが、一般的に、譲り渡す側はできるだけ高く売りたい、買い取る側は、できるだけ安く買いたいと考えます。売買契約は、全く自由で、金額が折り合わなければ、次の買い手、売り手を探すだけのことです。この場合の金額とは、幅があるにせよ、市場原理が働き、バランスの取れたところで決定される額であり、時価ともいいます。

2　著しく低い価額

⑴　著しく低い価額の判断

　著しく低い価額の対価で財産の譲渡を受けた場合、財産の譲渡があった時に、財産の譲渡を受けた者が、対価と譲渡があった時における財産の時価との差額に相当する金額を、財産を譲渡した者から贈与により取得したものとみなされます（相法7）。法律的には贈与とはいえませんが、対価と時価との差額が、実質的に贈与と同様の経済的効果が認められるためです。

　ここでいう「時価」と「著しく低い価額」は古くから議論の対象となっていますが、基本的に時価とは客観的交換価値のことをいいます。実務

的には、土地等及び家屋等については、通常の取引価額に相当する金額をいい、その他の財産については相続税評価額ととらえるのが一般的です。

「著しく低い価額」とは、対価に経済的合理性のないことが明らかな価額をいいます。判定の基準となる著しく低い価額は、特に定められているわけではありません。一般的には、不特定多数の当事者間で自由な取引が行われた場合に通常成立する価額、いわゆる時価に相当する価額ですが、これも絶対的な基準はありません。著しく低い価額の対価に該当するか否かは、財産の譲受の事情、譲受の対価、譲受に係る財産の市場価額、財産の相続税評価額などを勘案して社会通念に従い判断すべきものと解するのが相当です（1983年（昭和58年）4月19日東京高裁判決）。

⑵　財産を公開の市場で取得した場合

公開の市場で取得した財産の価額が、著しく低い場合があります。競売で取得するケースが考えられます。このような、公開市場で取得する場合は、当事者が相手方を利することはほとんど考えられませんので、相続税法第7条の適用を受けません（相基通7-2）。

3　譲渡した財産が2以上ある場合の取扱い

譲渡した財産が2以上ある場合、一つ一つの売買価額で、著しく低いかどうかを判定するのかという疑問が起きます。複数の売買では、著しく低い価格設定がある場合、それをとらえて、贈与税の課税の問題が生じます。とりわけ、同時に複数の売買があった場合は、譲渡物件ごとに、価格の査定をしなければならないという煩雑で、現実的でない作業が生じることになります。このような場合は、譲渡があった個々の財産ごとに判定するのではなく、財産の譲渡があった時ごとに譲渡があった財産を一括して判定します（相基通7-1）。

4 　債務の弁済に充てるための場合

⑴ 　債務の弁済が困難な場合

　財産の譲渡が、その譲渡を受ける者が資力を喪失して債務を弁済することが困難であることによって、その者の扶養義務者から債務の弁済に充てるためになされたものであるときは、その債務を弁済することが困難である部分の金額については、贈与税の課税は行われません。債務には、公租公課を含みます（相基通7-3）。

⑵ 　資力を喪失して債務を弁済することが困難である場合

　「資力を喪失して債務を弁済することが困難である場合」とは、その者の債務の金額が積極財産の価額を超えるときのように社会通念上債務の支払が不能（破産手続開始の原因となる程度に至らないものを含む。）と認められる場合をいいます（相基通7-4）。この規定は、資力を喪失した債務者の救済に当たった扶養義務者からの弁済に対して課税されることの不都合を考慮したものです。

⑶ 　弁済することが困難である部分の金額

　「債務を弁済することが困難である部分の金額」は、債務超過の部分の金額から、債務者の信用による債務の借換え、労務の提供等の手段により近い将来において債務の弁済に充てることができる金額を控除した金額をいいます。特に支障がないと認められる場合、債務超過の部分の金額を「債務を弁済することが困難である部分の金額」として取り扱っても構いません（相基通7-5）。

（申告及び調査の対応のポイント）

　他人間で、時価に比して著しく低い価額で売買があった場合、贈与の可能性は低いですが、表に現れない債権債務関係が下敷きになっている可能性があります。売買対象物に相応の瑕疵があり、それを説明できる

場合は別として、一般的には、時価から外れる金額で売買することはありません。譲渡所得の計算をするにあたって、確認する必要があります。

『**参考法令通達等**』

【**相続税法基本通達7-1（著しく低い価額の判定）**】

　法第7条に規定する「著しく低い価額」であるかどうかは、譲渡があった財産が2以上ある場合には、譲渡があった個々の財産ごとに判定するのではなく、財産の譲渡があった時ごとに譲渡があった財産を一括して判定するものとする。

【**相続税法基本通達7-2（公開の市場等で著しく低い価額で財産を取得した場合）**】

　不特定多数の者の競争により財産を取得する等公開された市場において財産を取得したような場合においては、たとえ、当該取得価額が当該財産と同種の財産に通常付けられるべき価額に比べて著しく低いと認められる価額であっても、課税上弊害があると認められる場合を除き、法第7条の規定を適用しないことに取り扱うものとする。

『**参考裁決事例**』

（相続税法第7条の主旨）

　相続税法第7条は、「著しく低い価額の対価」で財産の譲渡を受けた場合には、法律的には贈与といえないとしても、経済的・実質的にはその対価と時価との差額について贈与を受けたものと同視できることから、この経済的実質に着目して、上記差額について贈与を受けたものとみなして贈与税を課すことで、課税の公平を図ることを目的として設けられた規定であると解される。

　したがって、上記のような相続税法第7条の趣旨に鑑みると、同条に規定する「著しく低い価額の対価」とは、その対価に経済的合理性がないことが明らかな場合をいうものと解され、その判定は、当該財産の価格形成に関する諸要素を勘案して、社会通念に従い、時価と当該譲渡の対価との開差が著しいか否かによって行うのが相当である。

　また、相続税法第7条に規定する「時価」とは、当該財産の譲渡があった時において、その財産の状況に応じ、不特定多数の当事者間で自由な取引が行われる場合に通常成立すると認められる価額、すなわち、客観的な交換価値を意味するものと解するのが相当であり、これと同旨の本件個別通達の第1項本文は当審判所においても相当と認められる。

（2012年（平成24年）8月31日　裁決）

（路線価による売買は、著しく低い価額の売買とはいえないとした事例）

　相続税評価額と同水準の価額かそれ以上の価額を対価として土地の譲渡が行われた場合は、原則として「著しく低い価額」の対価による譲渡ということはできず、例外として、何らかの事情により当該土地の相続税評価額が時価の80パーセントよりも低くなっており、それが明らかであると認められる場合に限って、「著しく低い価額」の対価による譲渡になり得ると解すべきである。もっとも、その例外の場合でも、さらに、当該対価と時価との開差が著しいか否かを個別に検討する必要があることはいうまでもない。

（2007年（平成19年）8月23日　東京地裁判決）

3-5 債務免除益に対する課税

▶ポイント

　債務の返済を免れることは、債務金額相当額の利益を受けたことになります。もちろん、無償による利益ですから、贈与税の課税対象となります。これは相続税法第8条の規定です。

【 解　説 】

1　債務免除益に対する課税

(1)　贈与税の課税

　対価を支払わないで、又は著しく低い価額の対価で債務の免除、引受け又は第三者のためにする債務の弁済（以下「債務の免除等」といいます。）による利益を受けた場合、その債務の免除等があった時に、債務の免除等による利益を受けた者が、債務の免除等に係る債務の金額に相当する金額（対価の支払があった場合には、その価額を控除した金額）を債務の免除等をした者から贈与（債務の免除等が遺言によりなされた場合には、遺贈）により取得したものとみなされます（相法8①）。

　債務者自身の弁済以外による債務の消滅は、債権者の債権の放棄、債務者以外の者による資金の提供等が想定されます。どのような債務の消滅であっても、債務者にとっては、消極財産を消滅させるものであり、実質的には、積極財産の贈与を受けることと異なりません。

(2)　一部対価の支払いがある場合

　債務の金額に相当する金額とは、対価の支払があった場合には、その価額を控除した金額のことをいいます。

(3)　債務者が資力を喪失した場合等

　債務の免除等があっても、債務者が資力を喪失したために、やむを得

ず、又はいわゆる道徳上の義務に基づいてなされるような場合にまで贈
与税を課することは債務者にとって酷です。そこで、次に掲げるような
場合は、債務者が債務を弁済することが困難である部分に相当する金額
を限度として、このみなし規定が適用されず、贈与税が課されません（相
法8ただし書）。

　この場合の「資力を喪失して債務を弁済することが困難である場合」
の時期は、債務免除前で判断します。

債務免除等	留意点
イ　債務者が資力を喪失して債務を弁済することが困難である場合において、その債務の全部又は一部の免除を受けたとき。	・「債務の免除」は、その債務者の扶養義務者以外の者によるものも含まれます（相基通8-1）。
ロ　債務者が資力を喪失して債務を弁済することが困難である場合において、その債務者の扶養義務者によって、その債務の全部又は一部の引受け又は弁済がなされたとき。	・「引受け又は弁済」は、扶養義務者によってなされたものに限られます。

　なお、相続税法基本通達7-1、7-3、7-4、7-5の規定は、相続税法第
8条について準用されます（相基通8-4）

⑷　事業所得の総収入金額に算入される債務免除益

　所得税法の規定により事業所得の総収入金額に算入される割引又は割
戻しによる利益については、相続税法第8条の規定は適用されません（相
基通8-2）。

2　債務の免除、引受け、第三者のためにする債務の弁済

　債務の消滅には、次のように債務の免除、引受け、第三者のためにす
る債務の弁済などがあります。

⑴　債務の免除

　債務の免除とは、債権者自ら債務者に対して、その債務の支払いを免
除することをいいます。そして、債権者が債務者に対して債務を免除す

る意思を表示したときは、その債権は、消滅します（民法519）。

(2)　債務の引受け

　債務の引受けとは、債務額を債務者に代わって、第三者が肩代わり（引受け）することをいいます。一般的には、親族が引き受けるのが大半でしょう。

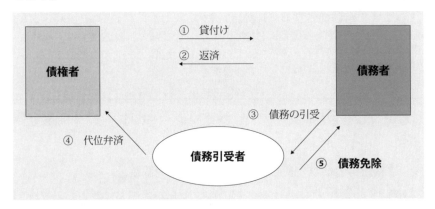

(3)　第三者のためにする債務の弁済

　第三者のためにする債務の弁済とは、債務者に代わって、第三者が弁済することをいいます。債務の弁済は、一般的に親族、利害関係者等が代わって行うことが多くありますが、第三者もできます（民法474①）。ただし、債務の消滅は、債務者にとって利益になることではありますが、弁済について正当な利益を有する者でない第三者の弁済は、債務者の意思に反して弁済をすることができません（民法474②）。この弁済した第三者が新たな債権者として、弁済した金額に対する求償権が発生する

ことから、不快な第三者に頼みたくないのが人情でしょう。

　また、第三者が弁済を行ったときは、債務者に対して、求償権が生じます。求償権により、債務者が弁済金額の一部を返済した場合は、その金額は、贈与の対象となりません。第三者が求償権を保持している部分は、贈与は発生しません。

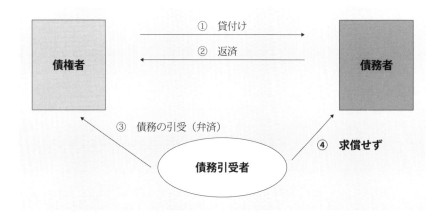

3　連帯債務者及び保証人の求償権

⑴　連帯債務者

　連帯債務者が、自己の負担に属する債務の部分を超えて弁済した場合、その超える部分の金額は、他の債務者に対し求償権が生じます（民法442①）。しかし、求償権を放棄したときは、その超える部分の金額については、相続税法第8条の規定による贈与があったものとみなされます（相基通8-3⑴）。連帯債務者間の求償権割合は、契約割合によりますが、特に取り決めがない場合は均等です。

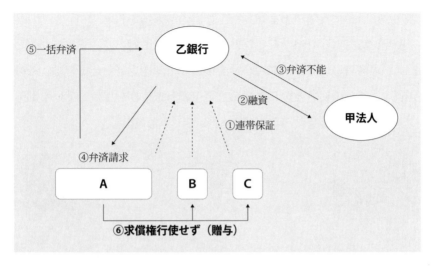

① A、B及びCは、甲法人が乙銀行からの借入れの連帯保証をする。

② 乙銀行は甲法人に融資を行う。

③ 甲法人は、融資の弁済に窮し、弁済不能となる。

④ 乙銀行は連帯保証人に対し、債務の弁済を求める。

⑤ 連帯保証人のうち、Aが乙銀行に対し一括弁済を行い、甲法人の
債務は解消した。

⑥ Aは、共同連帯人B及びCに対して求償権を行使しない。B及び
Cに対し、求償権相当額を贈与したこととなる。

(2) 保証債務者

保証債務者が主たる債務者の弁済すべき債務を弁済した場合、求償権
を放棄しときは、その代わって弁済した金額については、相続税法第8
条の規定による贈与があったものとみなされます（相基通8-3(2)）。

『**参考法令通達等**』
【相続税法第8条】
　対価を支払わないで、又は著しく低い価額の対価で債務の免除、引受け又は
第三者のためにする債務の弁済による利益を受けた場合においては、当該債務

の免除、引受け又は弁済があった時において、当該債務の免除、引受け又は弁済による利益を受けた者が、当該債務の免除、引受け又は弁済に係る債務の金額に相当する金額（対価の支払があった場合には、その価額を控除した金額）を当該債務の免除、引受け又は弁済をした者から贈与（当該債務の免除、引受け又は弁済が遺言によりなされた場合には、遺贈）により取得したものとみなす。ただし、当該債務の免除、引受け又は弁済が次の各号のいずれかに該当する場合においては、その贈与又は遺贈により取得したものとみなされた金額のうちその債務を弁済することが困難である部分の金額については、この限りでない。

一　債務者が資力を喪失して債務を弁済することが困難である場合において、当該債務の全部又は一部の免除を受けたとき。

二　債務者が資力を喪失して債務を弁済することが困難である場合において、その債務者の扶養義務者によって当該債務の全部又は一部の引受け又は弁済がなされたとき。

【相続税法基本通達8-1（債務の免除）】

　法第8条第1号に掲げる場合に該当する「債務の免除」には、その債務者の扶養義務者以外の者によってされた免除をも含むのであるから留意する。

【相続税法基本通達8-2（事業所得の総収入金額に算入される債務免除益）】

　所得税法の規定により事業所得の総収入金額に算入される割引又は割戻しによる利益については、法第8条の規定は適用しないものとして取り扱うものとする。

【相続税法基本通達8-3（連帯債務者及び保証人の求償権の放棄）】

　次に掲げる場合には、それぞれ次に掲げる金額につき法第8条の規定による贈与があったものとみなされるのであるから留意する。

(1)　連帯債務者が自己の負担に属する債務の部分を超えて弁済した場合において、その超える部分の金額について他の債務者に対し求償権を放棄したとき　その超える部分の金額

(2)　保証債務者が主たる債務者の弁済すべき債務を弁済した場合において、その求償権を放棄したとき　その代わって弁済した金額

3-6 株式等の価額が増加した場合

> **ポイント**
>
> 同族会社に対する贈与は、贈与財産を資産の部に加えることにより株価が増額し、増額部分を資金の提供者からの贈与として贈与税の対象となります。

【 解 説 】

1 同族会社の株式又は出資の価額が増加した場合

⑴ 同族会社の株式又は出資の価額が増加した場合とは

同族会社に対して、無償で財産の提供があった場合のように、会社の株式又は出資（以下「株式等」といいます。）の価額（以下「株価等」といいます。）が、増加することがあります。その会社の株主又は社員（以下「株主等」といいます。）にとっては、知らぬうちに株価等が増加して、増加部分に対応する利益を受けることになります。この場合、その株主等が、株式等の価額のうち増加した部分に相当する金額を、それぞれ次に掲げる者から贈与によって取得したものとして取り扱われます（相基通9-2）。会社が、自己株式を購入するような場合、残存株式の株価が上昇するので、贈与の問題が生じます。

利益の提供	財産の取得の時期	贈与者	受贈者	受贈価額
① 会社に対し無償で、財産の提供があった場合	・財産の提供があった時	・財産を提供した者	・株式等の価額が増加した株主等	・増加した株式等の価額
② 時価より著しく低い価額で、現物出資があった場合	・現物出資があった時	・現物出資をした者		
③ 対価を受けないで、会社の債務の免除、引受け又は弁済があった場合	・債務の免除等があった時	・債務の免除、引受け又は弁済をした者		
④ 会社に対し時価より著しく低い価額の対価で、財産を譲渡した場合	・財産の譲渡があった時	・財産を譲渡した者		

⑵ 贈与税の課税の対象となる株主

　一般的には、非上場の同族会社に対して同族関係者が、財産を提供することが考えられることから、利益を受けるのは同族関係株主でしょう。この規定は、財産提供者と株主が同族関係でなくても適用されます。また、この規定が適用されるのは同族会社に限られます。同族会社は恣意的な現物出資や債務免除が行われることがあり、それにより株主が利益を受けることが多いためです。

2　会社が資力を喪失した場合に私財の提供があった場合

　同族会社の取締役、業務を執行する社員その他の者が、その会社が資力を喪失した場合に無償で私財を提供した場合であっても、会社が受けた利益に相当する金額のうち、その会社の債務超過額に相当する部分の金額については、贈与によって取得したものとして取り扱われません（相基通9-3）。

　会社が資力を喪失した場合とは、法令に基づく会社更生、再生計画認可の決定、会社の整理等の法定手続による整理のほか、株主総会の決議、

債権者集会の協議等により再建整備のために負債整理に入ったような場合をいい、単に一時的に債務超過となっている場合は、該当しません。

3　借地権の認定課税

借地権の取引の慣行のある地域において、個人の所有する土地の上に個人が建物を建築し地代の授受がない場合は、民法上の使用貸借の概念を借用して借地権の課税関係は起きません。しかし、個人地主から法人が借地し、権利金の授受がなく、無償返還の届出もなく、相当地代の収受もない場合、法人は借地権の権利金相当額の受贈益に対して認定課税の問題が起きます（法法22②、法基通13-1-7）。

この場合、会社に対し無償で財産の提供があったことになります。会社の資産が増加し、必然的に株価が上昇します。

（ 申告及び調査の対応のポイント ）

業績不振のため同族会社に対して、オーナー又はその親族がテコ入れのために私財を提供することや、債務を免除することは稀ではありません。ここでのポイントは、私財を提供した後の株価が増加するかどうかにあります。純資産方式で評価する会社なら、資産の部に贈与財産価額がダイレクトに反映されますが、もとより株価が算出されないような会社であれば、多少の財産の増加であっても株価が算出されないこともあります。また、純資産価額の計算で株価が算出されたとしても、評価方式が中会社であれば、株価は相当薄まります。

『参考法令通達等』

【相続税法基本通達9-1（「利益を受けた」の意義）】

法第9条に規定する「利益を受けた」とは、おおむね利益を受けた者の財産の増加又は債務の減少があった場合等をいい、労務の提供等を受けたような場合は、これに含まないものとする。

【相続税法基本通達9-2（株式又は出資の価額が増加した場合）】

　同族会社（法人税法（昭和40年法律第34号）第2条第10号に規定する同族会社をいう。以下同じ。）の株式又は出資の価額が、例えば、次に掲げる場合に該当して増加したときにおいては、その株主又は社員が当該株式又は出資の価額のうち増加した部分に相当する金額を、それぞれ次に掲げる者から贈与によって取得したものとして取り扱うものとする。この場合における贈与による財産の取得の時期は、財産の提供があった時、債務の免除があった時又は財産の譲渡があった時によるものとする。

(1)　会社に対し無償で財産の提供があった場合　当該財産を提供した者

(2)　時価より著しく低い価額で現物出資があった場合　当該現物出資をした者

(3)　対価を受けないで会社の債務の免除、引受け又は弁済があった場合　当該債務の免除、引受け又は弁済をした者

(4)　会社に対し時価より著しく低い価額の対価で財産の譲渡をした場合　当該財産の譲渡をした者

【相続税法基本通達9-3（会社が資力を喪失した場合における私財提供等）】

　同族会社の取締役、業務を執行する社員その他の者が、その会社が資力を喪失した場合において9-2の(1)から(4)までに掲げる行為をしたときは、それらの行為によりその会社が受けた利益に相当する金額のうち、その会社の債務超過額に相当する部分の金額については、9-2にかかわらず、贈与によって取得したものとして取り扱わないものとする。

　なお、会社が資力を喪失した場合とは、法令に基づく会社更生、再生計画認可の決定、会社の整理等の法定手続による整理のほか、株主総会の決議、債権者集会の協議等により再建整備のために負債整理に入ったような場合をいうのであって、単に一時的に債務超過となっている場合は、これに該当しないのであるから留意する。

『**参考裁判事例**』

（相続税法第9条の趣旨）

　相続税法9条は、対価を支払わないで利益を受けた場合は、贈与の意思の有無に拘わらず、当該利益に相当する金額を、当該利益を受けさせた者から、贈与により取得したものとみなす旨を規定している。

　右規定の趣旨は、私法上の贈与契約によって財産を取得したのではないが、贈与と同じような実質を有する場合に、贈与の意思がなければ贈与税を課税することができないとするならば、課税の公平を失することになるので、この不合理を補うために、実質的に対価を支払わないで経済的利益を受けた場合にお

いては、贈与契約の有無に拘わらず贈与に因り取得したものとみなし、これを課税財産として贈与税を課税することとしたものである。

　　　　　（1976年（昭和51年）2月17日東京地裁判決、TAINS　Z087-3718）

（第三者に対するみなし贈与の課税は、担税力があるからである）

　同条（相法9条）の趣旨は、法律的にみて贈与契約によって財産を取得したのではないが、経済的にみて当該財産の取得が著しく低い対価によって行われた場合に、その対価と時価との差額については実質的には贈与があったとみることができることから、この経済的実質に着目して、税負担の公平の見地から課税上はこれを贈与とみなすというものである。そして、同条は、財産の譲渡人と譲受人との関係について特の要件を定めておらず、また、譲渡人あるいは譲受人の意図あるいは目的等といった主観的要件についても特段の規定を設けていない。

　このような同条の趣旨及び規定の仕方に照らすと、著しく低い価額の対価で財産の譲渡が行われた場合には、それによりその対価と時価との差額に担税力が認められるのであるから、税負担の公平という見地から同条が適用されるというべきであり、租税回避の問題が生じるような特殊な関係にあるか否かといった取引当事者間の関係及び主観面を問わないものと解するのが相当である。　　（2007年（平成19年）1月31日東京地裁判決、TAINS　Z257-10622）

3-7　同族会社の募集株式引受権

ポイント

同族株主に対する失権株の割当ては、募集株式の取得をしなかった者からの贈与として取り扱われます。

【 解　説 】

1　同族会社の募集株式引受権

⑴　募集株式引受権

会社が新株を発行する場合、通常は、株主に対してその保有する株式に増資割合に応じた株式を交付します。同族会社が増資するにあたって、株式を早期に後継者に移転させることを目途として、代表者が割当株式を取得しない等、変則的な増資を行うことがあります。このように、募集株式引受権の全部又は一部が同族会社の株主の親族等に与えられ、その親族等が新株を取得したときは、原則として、募集株式引受権を、増資を引き受けなかった株主から、贈与によって取得したものとみなして、贈与税の課税の対象となります（相基通9-4）。同族会社である合同会社及び合資会社の増資についても同様の取扱いです（相基通9-6）。

⑵　課税の対象者

募集株式引受権の付与は、定款に定められていないときは取締役会の募集新株発行決議によって決定することができます。募集株式引受権は常に株主に与えられるものとは限らず、第三者に与えられることもあります。この株式の発行は法人の行為として行われるものですが、同族会社の場合にあっては、その旧株主と新株主とが親族等の関係（同族関係者）にあるときは、その含み益の移行について、個人間の贈与があったものとして取り扱われます。この規定の対象となるのは同族関係者だけ

です。同族会社は株主が少数で、しかも特定の同族グループに支配されていることから、募集新株発行決議の承認を得やすく、募集株式引受株の割当を調整して実質的な財産移転が容易と考えられるためです。

⑶　課税の対象とならない場合

募集株式引受権の利益が給与所得、又は退職所得として所得税の課税対象となるものは除かれます（相基通9-4）。

2　募集株式引受権の価額

⑴　贈与された株数の計算

同族会社の募集株式引受権の付与について課税問題が生ずるのは、株式の価額より募集株式の発行価額が低く、その権利に経済的価値が発生する場合です。

失権した株主が複数いる場合、誰からどれだけの数の募集株式引受権の贈与があったものとするかは、次の算式により計算します。親族等が2人以上あるときは、親族等の1人ごとに計算します（相基通9-5）。

$A \times \dfrac{C}{B} =$ その者の親族等から贈与により取得したものとする募集株式引受権数

A：他の株主又は従業員と同じ条件により与えられる、募集株式引受権の数を超えて与えられた者の、その超える部分の募集株式引受権の数

B：法人の株主又は従業員が、他の株主又は従業員と同じ条件により与えられる募集株式引受権のうち、その者の取得した新株の数が、与えられる募集株式引受権の数に満たない数の総数

C：Bの募集株式引受権の総数のうち、Aに掲げる者の親族等（親族等が2人以上あるときは、親族等の1人ごとに判断します。）の占めているものの数

⑵ 贈与を受けたとみなされる金額

増資に伴う、募集株式引受権の贈与の価額は、次の通り計算します。

$$\left(\begin{array}{c}\text{新株の発行}\\\text{直前の価額}\end{array}+\begin{array}{c}\text{1株当たり}\\\text{の払込金額}\end{array}\times\begin{array}{c}\text{新株発}\\\text{行割合}\end{array}\right)\div\left(\text{1株}+\begin{array}{c}\text{1株の}\\\text{割当数}\end{array}\right)-\begin{array}{c}\text{1株当たり}\\\text{の払込金額}\end{array}$$

⑶ 具体的な計算例

倍額増資があった場合の具体的な計算は、次の通りです。

旧株数が40,000株、倍額増資ですから、割当株数が40,000株となります。

新株の発行直前の価額が、2,000円です（1株当たり。以下同じ）。500円の払込金額で倍額増資をしました。新株発行後の価額は1,250円（(2,000円＋500円)÷2）となります。株主A及びBは増資に応じることなく失権しました。その新株をC及びDが取得しましたので、500円の払込みにより750円（1,250円－500円）の株式を取得したことになります。

株 主	新株発行前の持株数	新株発行割当株数 ①	新株発行引受株数 ②	新株発行後の持株数	割当株数に対する増減株数 (②－①)
A	20,000	20,000	0	20,000	－20,000
B	6,000	6,000	0	6,000	－6,000
C	4,000	4,000	24,000	28,000	＋20,000
D	4,000	4,000	10,000	14,000	＋6,000
E	2,000	2,000	2,000	4,000	－
F	2,000	2,000	2,000	4,000	－
G	2,000	2,000	2,000	4,000	－
合計株数	40,000	40,000	40,000	80,000	±0

増資割り当てを引き受けずに、失権した株主が複数いる場合、割当以上に株式を引受けた株主が贈与を受けたとする株数は、失権株主からの贈与株数については、按分計算をします。

各人の受贈価額は次の通りです。

受贈者	受贈価額	Aからの贈与分	Bからの贈与分
C	1,500万円 (20,000株× 750円)	1,154万円 $\left(20{,}000株×\dfrac{20{,}000株}{26{,}000株}×750円\right)$	346万円 $\left(20{,}000株×\dfrac{6{,}000株}{26{,}000株}×750円\right)$
D	450万円 (6,000株× 750円)	346万円 $\left(6{,}000株×\dfrac{20{,}000株}{26{,}000株}×750円\right)$	104万円 $\left(6{,}000株×\dfrac{6{,}000株}{26{,}000株}×750円\right)$

3 新株の発行に伴う失権株に係る新株の発行が行われなかった場合

新株の全部又は一部の出資の履行をせずに、失権株となり発行されなかった場合においても同様に、みなし贈与の対象となります。株主として割当てを受けた新株を取得せずに、新株の発行が行われた場合、結果的に出資した株主の株数が増加し、実質的な効果は募集株式引受権の贈与と異ならないからです（相基通9-7）。この場合においても、失権株主が複数いる場合、失権株主ごとの贈与価額を計算します。

(1) その者が受けた利益の総額

新株の発行後の1株当たりの価額(A) × (その者の新株の発行前における所有株式数(B) + その者が取得した新株の数(C)) −

(新株の発行前の1株当たりの価額(D) × その者の新株の発行前における所有株式数(B) + 新株の1株当たりの払込金額(E) × その者が取得した新株の数(C))

⑵　**親族等である失権株主のそれぞれから贈与により取得したものとする**
　る利益の金額

$$その者が受けた利益の総額 \times \frac{親族等である各失権株主が与えた利益の金額(G)}{各失権株主が与えた利益の総額(F)}$$

(注)

1　⑴の算式中の「Ａ」は次により計算した価額によります。

$$\frac{\left(D \times \begin{array}{c}新株の発行前\\の発行済株式\\の総数(H)\end{array}\right) + \left(E \times \begin{array}{c}新株の発行により\\出資の履行があっ\\た新株の総数(I)\end{array}\right)}{(H+I)}$$

2　⑵の算式中の「Ｆ」は失権株主のそれぞれについて次により計算
　した金額の合計額によります。

$$(D \times B + E \times C) - A \times (B + C)$$

3　⑵の算式中の「Ｇ」は、失権株主のうち親族等である失権株主の
　それぞれについて２の算式により計算した金額によります。

（申告及び調査の対応のポイント）

1　同族会社の新株の発行に伴う募集株式引受権の贈与は、依然として
　調査で指摘されています。事業承継者に対する株の早期移転を焦るあ
　まり、割当以上に取得させる事例が大変多いようです。変則的な増資
　をする場合、株価計算を行い、募集株式引受権の贈与に該当しないよ
　う十分に検討します。株価が予想外に高くなって、取り返しがつかな
　くなることがあります。

2　新株発行払込金の資金源についても、贈与を疑われることのないよ
　うにチェックします。

『**参考法令通達等**』

【相続税法基本通達9-4（同族会社の募集株式引受権）】

　同族会社が新株の発行（当該同族会社の有する自己株式の処分を含む。）を
する場合において、当該新株に係る引受権（以下9-5までにおいて「募集株式
引受権」という。）の全部又は一部が会社法（平成17年法律第86号）第206条
各号《募集株式の引受け》に掲げる者（当該同族会社の株主の親族等（親族そ
の他法施行令第31条に定める特別の関係がある者をいう。以下同じ。）に限る。）
に与えられ、当該募集株式引受権に基づき新株を取得したときは、原則として、
当該株主の親族等が、当該募集株式引受権を当該株主から贈与によって取得し
たものとして取り扱うものとする。ただし、当該募集株式引受権が給与所得又
は退職所得として所得税の課税対象となる場合を除くものとする。

**【相続税法基本通達9-5（贈与により取得したものとする募集株式引受権数の計
算）】**

　9-4において、だれからどれだけの数の募集株式引受権の贈与があったもの
とするかは、次の算式により計算するものとする。この場合において、その者
の親族等が2人以上あるときは、当該親族等の1人ごとに計算するものとする。

$$A \times \frac{C}{B} = その者の親族等から贈与により取得したものとする募集株式引受権数$$

（注）　算式中の符号は、次のとおりである。

　Aは、他の株主又は従業員と同じ条件により与えられる募集株式引受権の数
を超えて与えられた者のその超える部分の募集株式引受権の数

　Bは、当該法人の株主又は従業員が他の株主又は従業員と同じ条件により与
えられる募集株式引受権のうち、その者の取得した新株の数が、当該与えられ
る募集株式引受権の数に満たない数の総数

　Cは、Bの募集株式引受権の総数のうち、Aに掲げる者の親族等（親族等が
2人以上あるときは、当該親族等の1人ごと）の占めているものの数

**【相続税法基本通達9-7（同族会社の新株の発行に伴う失権株に係る新株の発行
が行われなかった場合）】**

　同族会社の新株の発行に際し、会社法第202条第1項《株主に株式の割当て
を受ける権利を与える場合》の規定により株式の割当てを受ける権利（以下
9-7において「株式割当権」という。）を与えられた者が株式割当権の全部若し
くは一部について同法第204条第4項《募集株式の割当て》に規定する申込み
をしなかった場合又は当該申込みにより同法第206条第1号に規定する募集株
式の引受人となった者が同法第208条第3項《出資の履行》に規定する出資の
履行をしなかった場合において、当該申込み又は出資の履行をしなかった新株

（以下「失権株」という。）に係る新株の発行が行われなかったことにより結果的に新株発行割合（新株の発行前の当該同族会社の発行済株式の総数（当該同族会社の有する自己株式の数を除く。以下9-7において同じ。）に対する新株の発行により出資の履行があった新株の総数の割合をいう。以下9-7において同じ。）を超えた割合で新株を取得した者があるときは、その者のうち失権株主（新株の全部の取得をしなかった者及び結果的に新株発行割合に満たない割合で新株を取得した者をいう。以下9-7において同じ。）の親族等については、当該失権株の発行が行われなかったことにより受けた利益の総額のうち、次の算式により計算した金額に相当する利益をその者の親族等である失権株主のそれぞれから贈与によって取得したものとして取り扱うものとする。

(1)　その者が受けた利益の総額

$$\left(\begin{array}{l} \text{新株の発行後} \\ \text{の1株当たり} \\ \text{の価額(A)} \end{array} \times \begin{array}{l} \text{その者の新株の} \\ \text{発行前における} \\ \text{所有株式数(B)} + \begin{array}{l} \text{その者が取} \\ \text{得した新株} \\ \text{の数(C)} \end{array} \right) -$$

$$\left(\begin{array}{l} \text{新株の発行前} \\ \text{の1株当た} \\ \text{りの価額(D)} \end{array} \times \begin{array}{l} \text{その者の新株の} \\ \text{発行前における} \\ \text{所有株式数(B)} + \begin{array}{l} \text{新株の1株} \\ \text{当たりの払} \\ \text{込金額(E)} \end{array} \times \begin{array}{l} \text{その者が取} \\ \text{得した新株} \\ \text{の数(C)} \end{array} \right)$$

(2)　親族等である失権株主のそれぞれから贈与により取得したものとする利益の金額

$$\text{その者が受けた利益の総額} \times \frac{\text{親族等である各失権株主が与えた利益の金額(G)}}{\text{各失権株主が与えた利益の総額(F)}}$$

（注）

1　(1)の算式中の「A」は次により計算した価額による。

$$\frac{\left(D \times \begin{array}{l} \text{新株の発行前} \\ \text{の発行済株式} \\ \text{の総数(H)} \end{array} \right) + \left(E \times \begin{array}{l} \text{新株の発行により} \\ \text{出資の履行があっ} \\ \text{た新株の総数(I)} \end{array} \right)}{(H+I)}$$

2　(2)の算式中の「F」は失権株主のそれぞれについて次により計算した金額の合計額による。

　$(D \times B + E \times C) - A \times (B + C)$

3　(2)の算式中の「G」は、失権株主のうち親族等である失権株主のそれぞれについて2の算式により計算した金額による

3-8 信託に関する権利

▶ポイント

信託は、信頼できる受託者を確保できれば、財産承継の手段の一つとして、大いに活用が期待できる制度です。信託財産や受益権が異動する場合、税務上の問題が必ず発生します。適正な対価を負担せずに受益者の移動があった場合、贈与税の課税対象となります。

【解説】

1 信託の概要

(1) 信託の意義

信託とは、特定の者が一定の目的（専らその者の利益を図る目的を除きます。）に従い、財産の管理又は処分及びその他の目的の達成のために必要な行為をすべきものとすることをいいます（信託法2①）。

委託者が信託契約によって、その信頼できる人（受託者）に対して、金銭や土地などの財産を移転し、受託者は委託者が設定した信託目的に従って、受益者のためにその信託財産の管理・処分などをします。

2006年（平成18年）12月に信託法が改正され、受託者の義務等の合理化、受益者の権利等に関する規定の整備がされました。また、多様な利用形態に対応するため、信託の併合・分割、委託者が自ら受託者となる自己信託、受益証券発行信託、限定責任信託、受益者の定めのない信託（目的信託）等の制度整備が行われ、新しい類型の信託の創設が可能となりました。近年は、信託の認知度が高まり、高齢者の財産管理等様々な場面で活用されています。

⑵ 信託契約にかかわる者

信託を理解するうえで用語を押さえておきます（信託法2他）。

① 委託者

財産を受託者に移転し、信託目的に従い受益者のために受託者にその財産（信託財産）の管理・処分などをさせる者をいいます。信託スキームの創始者といえます。

② 受益者

受託者から信託行為に基づいて信託利益の給付を受ける権利（受益債権）を有する者をいいます。受益者は、特定の者に限られません。委託者が受益者となっても構いません。

なお、「受益者等」というときは「特定委託者」を含みます。特定委託者とは、信託の変更をする権限があり、かつ、信託財産の給付を受けることとされている者をいいます（相法9の2⑤）。

③ 受託者

信託行為の定めに従い、信託財産に属する財産の管理又は処分及び信託の目的の達成のために必要な行為をすべき義務を負う者をいいます。委託者から信託財産の移転を受け、信託目的に従って受益者のために信託財産の管理・処分などをします。受託者となる者は未成年者を除きますが、他の制限はありません。信託会社又は家族親族等の個人でも受託者となりえます。

④ 信託財産

受託者に属する財産であり、信託により管理又は処分をすべき一切の財産をいいます。

⑤　信託方式

　イ　利益を受ける者による区分

　　　信託方式には大別して「自益信託」「他益信託」があります。誰
　　が利益を受けるかにより、課税関係が異なるため、方式の選択には
　　注意します。

自益信託	委託者と受益者が同一の信託をいいます。
他益信託	受益者が委託者と別の信託をいいます。

　ロ　受託者の相違による区分

　　　一般的に、受託者が個人又は法人により「民事信託」「商事信託」
　　に区分されます。

民事信託	受託者が、家族親族等特定の者を対象に営利を目的とせずに引き受ける信託をいいます。 　親の財産を子が受託して管理することが想定されることから、家族信託ともいいます。
商事信託	受託者が「業」として不特定多数の者を対象に引き受ける信託をいいます。 　商事信託を行う受託者になるためには、信託法のほかに「信託業法」又は「金融機関の信託業務の兼営等に関する法律」の適用を受け、これらの法令による免許・認可が必要となります。信託銀行又は信託会社が専門に取り扱っています。

⑥　「適正な対価を負担せず」

　　相続税法第9条の2において、信託の権利が異動した場合「適正な
　対価を負担せず」の規定があります。信託に関する権利を売買等で取
　得した場合には、この規定の適用がありません。

⑶　信託の基本的なしくみ

　信託の基本的な流れは、次頁の図の通りです。

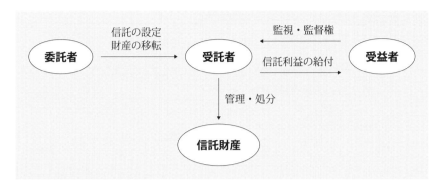

2 信託税制の概要

　信託設定により、信託財産の所有権は委託者から受託者へ移転されます。受託者の固有財産とは区分管理され、信託利益は受益者へ給付されます。

　信託に関する税務上の取扱いは、名目上の信託財産の所有者である受託者ではなく、実質上の所有者である受益者にその所得や利益が帰属するものとして受益者課税を原則としています。しかし、信託法改正による多種多様な信託の類型に対応すべく、受益者課税だけでは課税しきれない信託については、受益者課税を原則としつつ、課税の中立性・公平性を確保するための所要の措置が講ぜられています。

　相続税法では、第3節（信託に関する特例）第9条の2以下において、受益者に対する課税関係が規定されています。第9条関係は、対価を支払わない又は著しく低い対価で資産を取得したとみなす贈与の規定となっています。信託についても、適正な対価を負担せず受益権を取得した場合、贈与により取得したものとみなし、委託者の死亡により信託の効力が発生した場合は遺贈により取得したものとみなされ、贈与税又は相続税の課税対象となります。なお、相続税法における信託とは、退職年金の支給を目的とする特定の信託を除きます。

3　受益者等の存する信託の課税関係

受益者等が存在する信託について、次に該当するときは贈与により取得したものとみなして、信託の受益者等に贈与税が課税されます。基本的に、信託財産の権利の帰属が適正な対価無くして行われた場合、贈与税の課税対象となります。

⑴　信託の効力が発生したとき

信託設定をする場合において、受益者等が委託者以外の者であり、適正な対価を負担していないときは、信託の効力が生じたときに、信託に関する権利（信託受益権）を委託者から贈与により取得したものとみなします（相法9の2①）。

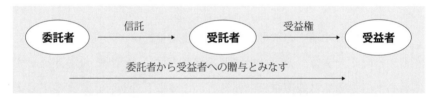

⑵　受益者等を変更したとき

受益者等の存する信託について、適正な対価を負担せずに新たに信託の受益者等が存するに至った場合、受益者等となる者は、信託に関する権利を信託の受益者等であった者から贈与により取得したものとみなします（相法9の2②）。

なお、受益者であった者の死亡に起因して取得した場合には、遺贈により取得したものとみなして、相続税の課税対象になります（以下⑶、⑷同じ）。

「受益者等の存する信託」や「新たに信託の受益者等が存するに至った」の言葉は理解しにくいですが、既に信託が設定されており、受益権を別の者が取得することをいいます。相続税法基本通達9の2-3では次の例を示しています。

①　信託の受益者等（相続税法第９条の２第１項に規定する受益者等をいいます。）として受益者Ａのみが存するものについて受益者Ｂが存することとなった場合（受益者Ａが並存する場合を含みます。）

②　信託の受益者等として特定委託者Ｃのみが存するものについて受益者Ａが存することとなった場合（特定委託者Ｃが並存する場合を含みます。）

③　信託の受益者等として信託に関する権利を各々半分ずつ有する受益者Ａ及びＢが存する信託についてその有する権利の割合が変更された場合

なお、受益者であった者の死亡に起因して取得した場合には、遺贈により取得したものとみなして、相続税の課税対象になります。

⑶　受益者等の一部が存在しなくなったとき

信託の一部の受益者等が、受益権を放棄するなど、信託の一部の受益者等が存しなくなった場合、適正な対価を負担せずに既に信託の受益者等である者がその信託について新たに利益を受けることとなるときは、利益を受ける者は、利益を信託の一部の受益者等であった者から贈与により取得したものとみなします（相法９の２③）。

なお、受益者であった者の死亡に起因して取得した場合には、遺贈により取得したものとみなして、相続税の課税対象になります。

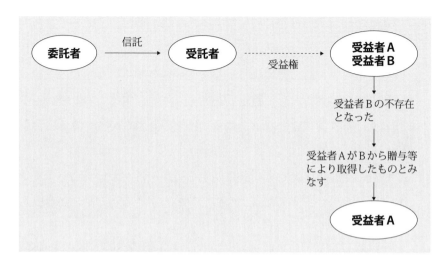

(4) 信託が終了したとき

　信託が終了した場合、適正な対価を負担せずに信託の残余財産の給付を受けるべき者（帰属すべき者を含みます。）となる者があるときは、給付を受けるべき時に、受益者等から贈与により取得したものとみなします（相法9の2④）。

　受益者等の存する信託に関する権利の一部について放棄又は消滅があった場合には、原則として、放棄又は消滅後の信託の受益者等が、有する信託に関する権利の割合に応じて、権利を取得したものとみなされます（相基通9の2-4）。

　なお、受益者であった者の死亡に起因して取得した場合には、遺贈により取得したものとみなして、相続税の課税対象になります。

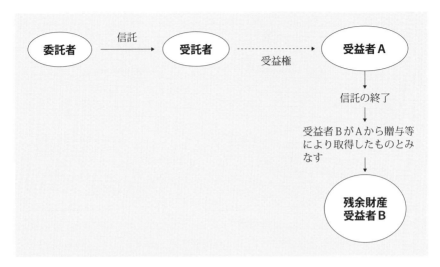

4　受益者連続型信託の課税関係

(1)　受益者連続型信託とは

　受益者連続型信託とは、受益者の死亡により、受益者の有する受益権が消滅し、他の者が新たな受益権を取得する旨の定め（受益者の死亡により順次他の者が受益権を取得する旨の定めを含みます。）のある信託のことをいいます（信託法91）。このうち活用が想定されるのが、受益者を当初は委託者とし、委託者が死亡した場合長男が受益者、長男が死亡した場合その長男が受益者となるような代々財産を継続する信託でしょう。このような信託を「後継ぎ型受益者連続型信託」といいます。しかし、このような信託は当初の委託者の権限があまりにも強力で、弊害も想定されることから、信託が設定されて30年が経過した後は新たな承継は一度しか認められません（信託法91）。

(2)　具体的な課税関係

　受益者が適正な対価を負担せずに取得した場合、次の課税関係となります。

① 受益者A

　Aは、委託者から贈与により取得したものとみなされます。ただし、委託者の死亡に起因して取得した場合、遺贈により取得したものとみなされます。

② 受益者B

　Bは、最初の受益者であるAから贈与により取得したものとみなされます。

③ 受益者C

　Cは、Bから贈与により取得したものとみなされます。以後の受益者についても同様です。

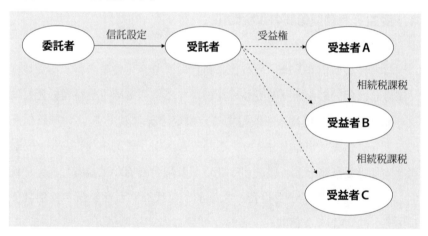

(3)　課税関係の留意点

　受益者連続型信託に関する権利を受益者が適正な対価を負担せずに取得した場合、受益者連続型信託の利益を受ける期間の制限その他の受益者連続型信託に関する権利の価値に作用する要因としての制約が付されているものについては、制約は付されていないものとみなして、受益権は相続税の課税対象となります。これにより、元本の価額は零となります。

取扱いは次の通りです（相基通９の3-1）。

取得の区分	権利の価額
①　受益者連続型信託に関する権利の全部を適正な対価を負担せず取得した場合	信託財産の全部の価額
②　受益者連続型信託で、かつ、受益権が複層化された信託（以下「受益権が複層化された受益者連続型信託」といいます。）に関する収益受益権の全部を適正な対価を負担せず取得した場合	信託財産の全部の価額
③　受益権が複層化された受益者連続型信託に関する元本受益権の全部を適正な対価を負担せず取得した場合	零

　相続税法第９条の３の規定の適用により、上記②又は③の受益権が複層化された受益者連続型信託の元本受益権は、価値を有しないとみなされることから、相続税又は贈与税の課税関係は生じません。ただし、信託が終了した場合、元本受益権を有する者が信託の残余財産を取得したときは、同法第９条の２第４項の規定の適用があります（相基通９の3-1（注））。

5　受益者等が存しない信託の課税関係

(1)　受益者等が存在しない信託とは

　受益者等が存在しない信託とは、信託法第258条以下に規定されています。信託法第258条第１項（受益者の定めのない信託の要件）に規定する受益者の定めのない信託（目的信託）で、かつ、特定委託者の存しないものについては、受益者等が存しない信託に該当することから、受託者（受託者が個人である場合には法人とみなされます。）に法人税が課税されます（法法４の２①）。

(2)　課税関係

　受益者等がまだ生まれていない子供である場合や、受益者指定権がまだ行使されていない場合など、受益者等が存在しない信託を設定するような場合です。この受益者等の存しない信託が設定された場合、信託財

産に係る所得については、その受託者（受託者が個人である場合には、法人とみなされます。）を納税義務者として、受託者の固有財産に係る所得とは区別して、その所得に対して法人税が課税されます。この場合、信託の設定時に、受託者に対しその信託財産の価額に相当する金額について受贈益課税が行われます（法法2二十九の2、4の2、22②）。法人税が課税されることは、その後に存在することとなる受益者等に代わって課税されるという考え方によります。

　また、その後に受益者等が存在することとなった場合には、受益権者等の受益権の取得については、所得税又は法人税は課税されません（所法67の3①②、法法64の3①②）。具体的には、受益者等が存しない場合、受託者に対し受贈益課税し、その後の運用益についても受託者に課税されます。受益者等が存することになった場合、受益者等が受託者の課税関係を引き継ぐことになり、この段階で特に課税関係は生じさせないこととなります。

　そこで、このような課税関係に着目し、受益者等の存在しない信託を利用した相続税又は贈与税の租税回避行為に対応するため、次に該当する場合には、相続税又は贈与税を課税する措置が講じられています。

① 信託の効力が発生したときの課税関係（相法9の4①）

　受益者等が存しない信託の効力が発生する場合において、信託の受益者等となる者が信託の委託者の親族であるときは、信託の効力が生ずる時に、受託者は、信託に関する権利を委託者から贈与により取得したものとみなされ、贈与税が課税されます。

　これは、信託の受託者に適用される法人税率と相続等により適用される相続税率等の差を利用した租税回避に対応したものです。

　なお、受託者には上記のとおり法人税課税（受贈益課税）が行われているため、贈与税の計算上、法人税等相当額を控除します。したがっ

て、贈与税額が法人税等相当額を上回る場合のみ、その差額に対して
贈与税が課税されることになります。

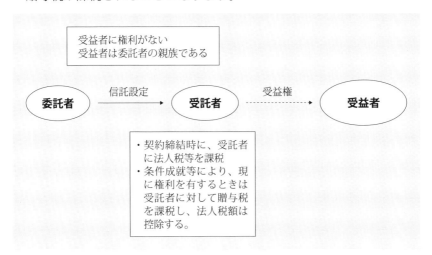

② 受益者等が存することとなった時の課税関係（相法9の5）

受益者等が存しない信託について、契約締結時において存しない者
が信託の受益者等となった場合、信託の受益者等となる者が信託の契
約締結時における委託者の親族等であるときは、信託の受益者等とな
る者は、信託に関する権利を個人から贈与により取得したものとみな
され、贈与税が課税されます。

これは、まだ生まれていない孫等を受益者として信託を設定し、そ
の後に孫が出生し受益者となった場合などには、上記①による信託設
定時の受託者課税のみで課税関係を完了すると、相続税の課税回数を
減らすことにより相続税負担を免れることが可能となるため、課税の
公平を確保する観点から贈与税課税を行うものです。

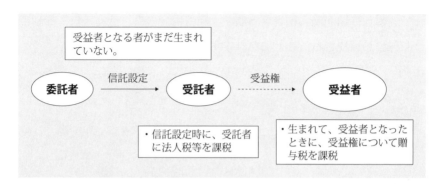

（申告及び調査の対応のポイント）

① 信託に関する税制は、相続税法第9条関係に規定していますが、わかりにくい条文です。信託契約した後に思わぬ課税関係が生じないよう、信託と税制を知悉する者に相談します。

② 受益者連続型信託は財産を所有する者（当初の委託者）が、将来孫子の代々までの財産を承継するものを決めることができるので、関心が高く効率が良さそうですが、次の点も十分に検討します。

・承継者を先々まで決めておいたとしても、年齢順に死亡するわけではありません。想定内ではありますが思わぬ事態となることも十分に検討します。

・推定相続人の意向を無視することになります。一方的な財産承継の強制は、将来の推定相続人の反発を買う可能性があります。

・遺留分の侵害の問題も生じるかもしれません。

・指定された者が、その財産の承継を拒否することも想定されます。

第4章

相続時精算課税

4-1 相続時精算課税の適用要件

▶ポイント

　相続時精算課税制度は2,500万円の特別控除があります。当面資金を必要とする受贈者にとっては活用効果が高い特例です。2024年（令和6年）1月1日からの贈与は基礎控除110万円が新設されました。

【 解　説 】

1　相続時精算課税の創設

⑴　創設の趣旨

　平成15年度税制改正において、相続時精算課税制度が創設されました。制度創設の理由は次のように解説されています。

　「親から子への資産移転に係る税負担については、生前贈与を毎年計画的に行う他は、一般に生前に贈与する方が相続により移転させる方よりも税負担が重いことから、生前に贈与することに対して禁止的に作用してきました。従来の贈与税の仕組みからは当然の結果ではありますが、

（1）　高齢化の進展に伴い、相続による次世代への資産移転の時期が従来よりも大幅に遅れてきていること。

（2）　高齢者の保有する資産の有効活用を通じて経済社会の活性化にも資するといった社会的要請などを踏まえて、将来において相続関係に入る一定の親子間の資産移転について、生前における贈与と相続との間で、資産の移転時期の選択に対する課税の中立性を確保することにより、生前における贈与による資産の移転の円滑化に資することを目的として、平成15年度税制改正において、相続時精算課

税制度が創設されました。」（平成15年度「改正税法のすべて」）

(2) 適用要件の改正

相続時精算課税は、平成15年1月1日以後に相続若しくは遺贈又は贈与により取得した財産に係る相続税又は贈与税から適用されました。創設当初は、贈与者の年齢65歳以上、受贈者は贈与者の推定相続人である直系卑属のうち20歳以上である者でした。使い勝手を向上させるべく、適用要件の一部が次のように改正されています。その他の要件は、創設以来変更がありません。

要件		変更された要件
特定贈与者の年齢	65歳以上	2003年（平成15年）1月1日 〜 2014年（平成26年）12月31日
	60歳以上	2015年（平成27年）1月1日〜
相続時精算課税適用者の年齢	20歳以上	2003年（平成15年）1月1日 〜 2022年（令和4年）3月31日
	18歳以上	2022年（令和4年）4月1日
相続時精算課税適用者の要件	贈与者の子	2003年（平成15年）1月1日 〜 2014年（平成26年）12月31日
	贈与者の子又は孫	2015年（平成27年）1月1日〜
基礎控除の創設	110万円	2024年（令和6年）1月1日〜

2 相続時精算課税制度の概要

贈与税の原則は暦年課税ですが、一定の要件のもと、相続時精算課税を選択して申告することができます。相続時精算課税を適用するためには、贈与税の申告書と同時に「相続時精算課税選択届出書」を申告期限内に提出します。この「相続時精算課税選択届出書」を提出した者を「相続時精算課税適用者」といいます。その届出に係る贈与者は「特定贈与者」といいます。

特別控除額は特定贈与者ごとに2,500万円で、特定贈与者が死亡したときに、特定贈与者の相続財産に、相続時精算課税に係る贈与財産を加

算して相続税を計算します。

要件は次の通りです（相法21の9）。

区　　分	要　　　　件
特定贈与者	①　贈与した年の1月1日において、60歳以上であること。 ②　贈与したときにおいて、受贈者の父母又は祖父母であること。
相続時精算 課税適用者	①　贈与を受けた年の1月1日において、18歳以上であること。 ②　贈与を受けたときにおいて、贈与者の直系卑属である推定相続人又は孫であること。
特別控除	特定贈与者ごとに、2,500万円である。
基礎控除	①　1年間の受贈価額から、110万円を控除する。2024年（令和6年）1月1日以後に取得した財産に適用される。 ②　1年間の基礎控除が110万円であることから、複数の者からの贈与について相続時精算課税を適用する場合、案分計算をする。
その他	①　最初の贈与を行った年の翌年の申告期限内に「相続時精算課税選択届出書」を提出する。 ②　一度この特例を選択すると、その贈与者から受ける贈与財産については、全て相続時精算課税が適用され、暦年課税に戻ることはできない。 ③　この特例は、贈与者毎に選択できる。 ④　戸籍謄本等法定要件を証明する書類を提出する。
税　　率	特別控除額2,500万円を超えた部分は、20％の税率を適用する。

3　相続時精算課税適用者

⑴　推定相続人の判定

　相続時精算課税が適用できる者は、相続税法第21条の9第1項において「贈与をした者の推定相続人」となっています。推定相続人とは、必ずしも実子だけとは限りません。養子も該当します。推定相続人の判定は、贈与した日現在にその贈与をした者の最先順位の相続権（代襲相続権を含みます。）を有する者をいい、推定相続人であるかどうかの判定は、贈与の日において行います（相基通21の9-1）。つまり、養子の場合、養子縁組以前に贈与を受けたとしても、相続時精算課税の適用は

できません。

⑵ 孫、養子の適用

措置法第70条の２の６において「財産を取得した者がその贈与をした者の孫」である場合は相続時精算課税が適用できると規定しています。つまり、相続時精算課税の適用は孫までであり、ひ孫は該当しません。

養子は、養子縁組の日から養親と親子関係が生じますので、縁組後に生まれた子は相続時精算課税が適用できます（民法727）。養子縁組前に生まれた子は該当しません。

整理すると次の区分になります。

身分	相続時精算課税適用の適否
子	適用可
孫	適用可
ひ孫	適用不可
養子	養子縁組の日以後の適用可
養子縁組前に生まれた子	適用不可
養子縁組後に生まれた子	適用可

4 特別控除

相続時精算課税の特別控除は、特定贈与者ごとに2,500万円です。特別控除額を超えて贈与を受けた場合、超えた金額に対して20％の税率で贈与税を計算します。特定贈与者ごとであることから、父母祖父母の複数の者から贈与を受けた場合、贈与者の別に暦年課税若しくは相続時精算課税で申告できます。

5 基礎控除

⑴ 相続時精算課税の基礎控除の創設

相続時精算課税適用者が特定贈与者から贈与を受けた場合、2024（令和６）年１月１日より基礎控除110万円を適用できることとなりました。暦年課税の基礎控除とは別に適用されます。

　相続時精算課税を適用した場合、平均寿命が男女ともに80歳を超えている現状から、適用開始から相続まで20年30年に及ぶことが想定されます。特別控除2,500万円を超えた年分以降の贈与は控除がないことから、数万円の贈与でも贈与税の申告と納税が必要でした。このような少額贈与を数十年にわたって補足管理することは現実的ではないことから、少額免除の意味合いを含めて新設されたものです。

　特定贈与者の相続財産には、基礎控除額を適用した残額を加算します。歴年課税における相続開始前3年以内の贈与加算は原則として110万円の基礎控除は無いものとして加算する点が異なります。

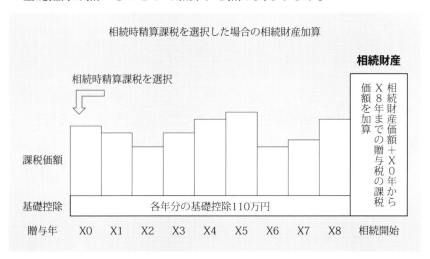

相続時精算課税を選択した場合の相続財産加算

⑵　特定贈与者が複数いる場合

　相続時精算課税の基礎控除は、暦年課税の基礎控除と同様、その年分に贈与を受けた金額の合計額から控除することになるため、複数の特定贈与者から贈与を受けた場合でもその合計額から110万円を控除します（措法70の3の2）。複数の特定贈与者から控除する金額は、案分計算をします（措令40の5の2）。

　特定贈与者ごとの計算式は次の通りです。

$$特定贈与者の控除金額 = 110万円 \times \frac{その特定贈与者の課税価格}{全ての特定贈与者の課税価額の合計額}$$

6　特定贈与者に相続開始があった場合

相続時精算課税の根本は、生前の贈与財産を相続財産に加算して相続税を計算することにあります。贈与者が死亡した場合、相続財産には生前の贈与財産の価額が加算されますが、課税方式によって加算する金額が異なります。2024年（令和 6 年） 1 月 1 日以後に贈与により取得した次の財産の価額を加算します。

課税方式	加算する金額
暦年課税	相続開始前 7 年以内に贈与により取得した財産の価額。ただし、相続開始前 3 年を超え前 7 年以内に取得した財産の価額の合計額から100万円を控除した金額を加算します。
相続時精算課税	相続時精算課税を選択した年分以後の各年の贈与財産の価額から、基礎控除額110万円を控除した残額を加算します。

7　相続財産に加算する土地建物等が被災した場合

相続時精算課税を適用して贈与を受けた土地又は建物が、特定贈与者の相続税の申告期限までに災害により一定の被害を受けた場合、贈与を受けた時の価額から被害を受けた金額を控除した残額を課税価額に加算します。

相続時精算課税の適用を受けた財産は、特定贈与者に相続開始があった場合、贈与を受けた時の価額を特定贈与者の相続財産に加算することになっています。しかし、贈与の時から相続開始の時まで長期にわたることが想定されます。現金の贈与を受け、相続開始の時まで費消したとしても、贈与を受けた時の価額を加算します。特定贈与者及び受贈者がこの制度を十分に理解して適用することが肝心です。建物についても劣化することが想定されますが、この制度を選択するときにすでに覚悟し

ていることになります。しかし、災害までは想定できず、特定贈与者に
相続開始があったときまでに、受贈土地建物等が被災し、財産価値が毀
損することがあります。災害は受贈者の行為や意思によるものでもない
ことから、一定の災害により被災した場合に、災害を受けた価額を控除
した価額を相続財産に加算することとしたものです。

申告及び調査の対応のポイント

1　相続時精算課税制度は、早期に財産の活用を促す目的で創設された
　税制です。歴年課税と比較考量し、その損得をじっくり検討すべきで
　す。

2　相続時精算課税の特別控除額2,500万円は、非課税金額ではありま
　せん。受贈者の当面の贈与税負担を軽減するために、特に設定された
　特別な控除枠です。この枠は、特定贈与者に相続が開始した場合「チャ
　ラ」になります。相続財産が減るわけではありません。

『**参考法令通達等**』

【相続税法第21条の9第2項、第6項（相続時精算課税の選択）】

2　前項の規定の適用を受けようとする者は、政令で定めるところにより、第
　28条第1項の期間内に前項に規定する贈与をした者からのその年中における
　贈与により取得した財産について同項の規定の適用を受けようとする旨その
　他財務省令で定める事項を記載した届出書を納税地の所轄税務署長に提出し
　なければならない。

6　相続時精算課税適用者は、第2項の届出書を撤回することができない。

【相続税法第21条の15①】

　特定贈与者から相続又は遺贈により財産を取得した相続時精算課税適用者に
ついては、当該特定贈与者からの贈与により取得した財産で第21条の9第3項
の規定の適用を受けるもの（第21条の2第1項から第3項まで、第21条の3、
第21条の4及び第21条の10の規定により当該取得の日の属する年分の贈与税
の課税価格計算の基礎に算入されるものに限る。）の価額から第21条の11の2
第1項の規定による控除をした残額を相続税の課税価格に加算した価額をもっ

て、相続税の課税価格とする。

【相続税法基本通達21の15-2（相続時精算課税の適用を受ける財産の価額）】

　法第21条の15第1項の規定により相続税の課税価格に加算される相続時精算課税の適用を受ける財産の価額は、相続開始時における当該財産の状態にかかわらず、当該財産に係る贈与の時における価額によるのであるから留意する。

【租税特別措置法第70条の3の2（相続時精算課税に係る贈与税の基礎控除の特例）】

　令和6年1月1日以後に相続税法第21条の9第5項に規定する相続時精算課税適用者（第3項において「相続時精算課税適用者」という。）がその年中において同条第5項に規定する特定贈与者（第3項において「特定贈与者」という。）からの贈与により取得した財産に係るその年分の贈与税については、同法第21条の11の2第1項の規定にかかわらず、贈与税の課税価格から110万円を控除する。

【租税特別措置法施行令第40条の5の2（特定贈与者が2人以上ある場合における特定贈与者ごとの贈与税の課税価格から控除する金額の計算）】

　法第70条の3の2第1項に規定する相続時精算課税適用者がその年中において2人以上の同項に規定する特定贈与者（以下この条において「特定贈与者」という。）からの贈与（贈与をした者の死亡により効力を生ずる贈与を除く。）により財産を取得した場合には、同項の規定により控除する金額は、特定贈与者の異なるごとに、110万円に、特定贈与者ごとの贈与税の課税価格が当該課税価格の合計額のうちに占める割合を乗じて計算するものとする。

4-2 相続時精算課税の本質

ポイント

相続時精算課税制度は、活用効果が高い特例ですが、資産家の方にとっては、いずれ相続税で再計算されます。メリット・デメリットの大きい制度です。

【 解 説 】

1 相続時精算課税の本質

⑴ 相続時精算課税を選択することの覚悟

　贈与税は、暦年課税が基本です。しかし、暦年課税に代えて相続時精算課税を選択して申告することができます。どちらであっても、贈与事実は変わりませんし、受贈財産は、受贈者のものです。しかし、基本税制に代えて相続時精算課税を選択することは、受贈者の積極的行為であることを覚悟する必要があります。申告方式は、経済情勢等様々な事情に応じて変化することがありますが、相続時精算課税の選択だけは、一生涯変えることができません。要は、相続時精算課税選択届出書を税務署窓口に提出し、収受印を押された瞬間に、相続財産がロックオンされてしまう税制です。

⑵ 相続時精算課税の本質

　特定贈与者の相続があったときに、相続時精算課税を選択適用したことの最終的な効果として、相続財産に贈与財産の価額を加算します。この効果を、受贈者、特定贈与者等の側面から考えると、おそらく次のようになります。

① 民法から

・相続時精算課税に限らず、贈与財産は特別受益です。

・特定贈与者の死亡による相続財産への加算は、死因贈与と同様の効
　果があります。

②　相続時精算課税適用者から

・相続時精算課税を選択し、「相続時精算課税選択届出書」を提出し
　た瞬間に、特定贈与者に係る相続税の納税義務者となってしまいま
　す。

・暦年課税の贈与と異なり、相続財産を取得しない場合であっても、
　相続税の納税義務者となります。

・贈与税を納税しても、相続時に還付されます。贈与税の負担無くし
　て、贈与を受けることができます。別の側面からは、相続税で課税
　されることから、課税の先送りです。

・2024年1月1日以後の贈与について、基礎控除110万円が創設さ
　れたことによるメリットがあります。

③　特定贈与者から

・生前に、財産を特定の者に分割できます。

・生前、いくら財産を贈与したとしても、死亡により、財産として戻っ
　てくることになります。

・財産を、受贈者に信託して保全しているようなもの、又は、元本保
　証が確実で金利がない国債で運用しているようなもの、税務上は、
　受贈者に対する貸付金のようなものと考えればわかりやすいです。

④　課税庁から

・「相続時精算課税選択届出書」を受理した瞬間に、特定贈与者の相
　続財産及び相続税の納税義務者が確定したようなものです。

・相続時精算課税適用者は、贈与財産の価額を特定贈与者の相続税の
　課税価格に加算します。そのため、課税庁は、特定贈与者がいつど
　こで相続が開始したとしても贈与財産の加算を漏らすわけにはいか

ないことから、特定贈与者及び相続時精算課税適用者を管理します。

当然、相続開始の時期が不明であるため、半永久的に管理されます。

2 相続時精算課税制度のメリット

相続時精算課税は、長期的視野で選択します。一度選択すると二度と歴年課税に戻れないこと、特別控除額が大きいが、特定贈与者の相続税の課税価額に加算される等、メリットデメリットが大きい制度です。この両方を検討せずに適用すると相続があったときに、驚く事態になりかねません。

まずはメリットから解説します。

① 受贈者は、一度に高額資産の購入ができる。

特別控除額が2,500万円であることから、贈与税の負担がなく高額資産を購入することができます。（相法21の12）。

② 特別控除は繰り越すことができる

特別控除額2,500万円を同一年中に使い切ることができますが、初年度で使い切ることができなかった特別控除を、その後何年かに分けて適用することもできます。特定贈与者からの特別控除は一生涯に2,500万円であるため計画的に贈与を受けることができます（相法21の12）。

③ 相続時に、財産の価額が上昇している場合のメリットは大きい

特定贈与者が死亡した場合、相続時精算課税の適用を受け財産を相続財産に加算するのは、贈与時の価額です（相法21の15、相基通21の15-2）。例えば、土地等不動産や株式等、価額の変動が大きい財産の場合、受贈時点より価額が上昇していれば、相続税の計算に算入される価額が、低く抑えられます。予測不能であるため、残念なことに、その逆も多くあります。

④　特別控除枠は父母、祖父母それぞれに適用できる

　　両親及び祖父母4人から、それぞれ2,500万円の贈与を受けて、1億5,000万円を手にすることができます。

⑤　低率の贈与税で生前の財産分割を行う

　　早期に財産を分配したい場合は、受贈価額2,500万円を超えても贈与税は20％という低率の税額で済みます（相法21の13）。活用効果は大きいようです。

⑥　後継者に自社株式や会社の事業継続に必要な財産を確実に引き継ぐことができる

　　若い世代に株式や不動産等財産を承継させることで、早期から運営や経営についての教育や訓練を始められます。

⑦　相続時精算課税の適用を受けて納税した贈与税は、相続税に充当され、充当しきれなかった税額は還付される

　　特別控除額2,500万円を超えた場合の贈与税は、特定贈与者の相続税の計算において、相続税額から控除されます。控除しきれなかった贈与税は還付されます。特定贈与者の相続財産が基礎控除以下であり、相続税の申告が不要な場合であっても、相続税の申告をすることにより贈与税が還付されます。つまり、贈与税の負担が全くなくして贈与ができます（相法33の2）。

3　相続時精算課税制度のデメリット

　相続時精算課税は、デメリットも多くあります。デメリットの検討なくして選択なしです。

①　相続時に、財産の価額が下降している場合

　　土地や株式のように、価額が将来変動するような財産の場合、その価額が下落することも考慮する必要があります。相続財産に加算される価額は受贈時の価額です（相法21の15）。贈与者が死亡するまで長

期間の場合、価額変動リスクも考慮しなければなりません。特に平成27年1月1日以後の贈与は、特定贈与者の年齢が65歳から60歳まで下がりました。日本人男性の平均寿命は80歳を超えています（厚生労働省資料）。単純に言うと、平均的な相続開始年齢まで15年であったものが20年に延び、この間のリスクを全て負うことになります。ただし、近年の気候変動等の情勢から土地建物について、2024年（令和6年）1月1日以後に生ずる災害による被害があった場合、贈与を受けた時の価額から被害を受けた金額を控除した残額を課税価格に加算します。

② 相続時精算課税の適用を受けた財産は、すべて相続税の課税価格に加算される

　相続時精算課税を選択した場合、選択した年分以降の贈与財産は、基礎控除を除き全て相続財産として、贈与者の相続税の課税価格に加算されます。贈与税の申告の有無にかかわらず、受贈財産は相続財産として加算します。暦年課税の場合、相続開始前7年以内の贈与財産を加算するため、この点が大きく異なります。相続の時に精算を必ずすることを、十分に認識しなければなりません。

③ 換金困難な財産の場合、納税資金に窮する場合がある

　不動産や非上場株式等の贈与の場合、特定贈与者の財産がほとんどなく相続時精算課税適用分だけの財産価額が加算されると納税資金に窮することがあります。また、相続時精算課税を適用して贈与を受けた財産は、物納財産となりません。

④ 特定贈与者、又は受贈者の相続開始があった場合に、課税関係手続きが必要となる

　課税庁は、どちらかが相続開始するまで常に動向を監視することになります。数千万円の贈与ができるのは、相応の財産を保有する資産

家です。「相続時精算課税選択届出書」の提出により、半永久的に税務署の管理下に置かれることになります。

⑤　相続時精算課税を選択したら暦年課税に戻ることはできない

　　相続時精算課税は特定贈与者が死亡するまでの基礎控除を除いた贈与財産の価額をすべて加算して相続税の計算を行う制度です。受贈者が、今年は相続時精算課税、翌年は暦年課税でという具合に申告すると、特定贈与者、受贈者及び課税当局にとっては贈与税の申告を一元管理することができず、煩雑な制度となってしまいます。そのこともあり、一旦相続時精算課税を選択した場合、暦年課税に戻ることができません（相法21の9）。

　　暦年課税に戻ることができないことを、関係者が確実に認識しないと、将来のトラブルになります。

⑥　小規模宅地等の特例が適用できない

　　相続税緩和策のキモは小規模宅地等の特例をいかにうまく使うかです。相続時精算課税を適用した財産は、相続税の課税価格に加算されますが、小規模宅地等の特例は適用できません。生前良かれと思って自宅を贈与した結果、小規模宅地等の特例の対象とならないことで、相続税の課税対象となるケースがあります。

⑦　高額な特別控除だけに、遺留分を侵害する恐れがある

　　相続時精算課税の特別控除を適用する目的で特定の推定相続人に、高額な財産を贈与した場合、相続の時に揉める可能性があります。

⑧　受贈者は、課税方式を選択できるが、相続税の計算の時に揉める可能性がある

　　受贈者は、贈与税の申告方式を全く自由に選択できます。ただし、相続時精算課税を選択した相続人は、受贈財産価額を相続財産に加算することで、相続税の税率が上がることがあります。暦年課税の加算

年分を超えた相続人は、相続財産に加算しなくて済むため、贈与財産
は、相続税に反映されません。相続時精算課税を選択した相続人がい
ることが、相続開始後に判明することがあります。もはや、後戻りは
できませんが、暦年課税で申告した相続人の不快感が想像できます。
暦年課税の加算が相続開始前7年に延長されたことに伴う現行の相続
税の課税方式である「法定相続分課税方式」の不都合が見直される可
能性が高くなりました。

申告及び調査の対応のポイント

① 相続時精算課税は、財産の帰属を生前に明確にしておけることから
死因贈与契約と同等の効果があります。しかし、受贈財産価額をその
まま相続税の課税価額に加算する制度であることから、相続税対策に
はなりませんでした。2023年（令和5年）の改正により毎年110万
円の基礎控除が適用できるとすると60歳から男性の平均寿命である
約80歳まで20年間贈与すると、2,200万円が相続税の課税対象とな
りません。

② 資産移転の時期の選択に中立的な税制の制度設計は、全贈与財産の
相続時精算課税適用にあることに尽きるでしょう。相続時精算課税の
基礎控除110万円は、そのための誘導の一環とも考えられます。一長
一短ある両制度が併存することになりました。むしろ使い勝手が悪く
なった側面もあります。十分に検討しなければなりません。長期的対
応なら、原則通り暦年課税をうまく活用することも十分検討します。

③ 2,500万円もの金額を贈与できるのは相応の資産家です。資産家が
最も嫌うのは税務署でしょう。受贈者の一人が相続時精算課税を適用
したことによって、資産家が税務署の管理下に置かれることになりま
す。

④　相続時精算課税は後戻りができない制度です。相続が開始してから後悔することもあります。アドバイスをするときは、2,500万円の特別控除や110万円の基礎控除に惑わされず、メリット及びデメリットを十分に説明します。

4-3 「相続時精算課税選択届出書」の提出の失念と撤回

ポイント

　「相続時精算課税選択届出書」をいったん税務署に提出した場合、贈与税の課税は、相続時精算課税の適用を受け、それを撤回することはできません。財産承継に影響が大きいので慎重に検討します。

【 解　説 】

1　相続時精算課税の選択

　相続時精算課税を選択しようとする受贈者は、次の要件を充足して申告しなければなりません（相法21の9②、相令5①②、相規10①）。

① 　贈与税の申告期限内であること

② 　「贈与税の申告書第1表」及び「贈与税の申告書第2表（相続時精算課税の計算明細書）」を提出すること

　　相続時精算課税の基礎控除110万円以下の場合、申告書の提出は不要です。初年度の場合「相続時精算課税選択届出書」及び④の書類を提出します。

③ 　「相続時精算課税選択届出書」を提出すること

　　後掲国税庁様式を参照してください。

④ 　次の書類を添付すること

　イ　受贈者の戸籍謄本

　ロ　相続時精算課税選択届出書を提出する者の氏名、生年月日、住所又は居所及び個人番号並びに贈与をした者との続柄

　ハ　贈与をした者の氏名、生年月日及び住所又は居所

　ニ　年の中途に贈与をした者の推定相続人となった場合、推定相続
　　人となった事由及びその年月日

　ホ　申告書を提出しない場合には、その旨

　ヘ　その他参考となるべき事項

2　贈与税の申告書等の提出が期限内になかった場合

　この特例は「…この節の規定の適用を受けることができる」（相法21
の9①）として、納税義務者の選択により、申告することができる制度
です。納税義務者の選択は申告期限までに行わなければ、法的効果はあ
りません。申告期限を経過した場合、本則（暦年課税）による課税とな
ります。期限内に提出がない場合、提出しなかったことに対する宥恕規
定がないため、相続時精算課税の適用は認められません。

3　相続時精算課税選択届出書の撤回

　相続時精算課税適用者は、相続時精算課税選択届出書を撤回すること
ができません（相法21の9⑥）。相続時精算課税を選択して贈与税の申
告を行った場合、暦年課税に戻ることはできないことに留意します。

　相続時精算課税は、特定贈与者の死亡の時まで受贈財産及び納税額を
管理しなければならないため、納税者の都合で変更することは混乱を招
くことになります。そのため課税方式の変更はできません。

【相続税法第21条の9第2項、第3項（相続時精算課税の選択）】
2　前項の規定の適用を受けようとする者は、政令で定めるところにより、第
　28条第1項の期間内に前項に規定する贈与をした者からのその年中における
　贈与により取得した財産について同項の規定の適用を受けようとする旨その
　他財務省令で定める事項を記載した届出書を納税地の所轄税務署長に提出し
　なければならない。
3　前項の届出書に係る贈与をした者からの贈与により取得する財産について
　は、当該届出書に係る年分以後、前節及びこの節の規定により、贈与税額を
　計算する。
6　相続時精算課税適用者は、第2項の届出書を撤回することができない。

【相続税法施行令第5条第1項、第2項（相続時精算課税選択届出書の提出）】

1　法第21条の9第2項の規定による同項に規定する届出書（以下「相続時精算課税選択届出書」という。）の提出は、同条第1項の贈与をした者ごとに、法第28条第1項の規定による申告書に添付して納税地の所轄税務署長にしなければならない。

2　相続時精算課税選択届出書には、贈与により財産を取得した者の戸籍の謄本その他の財務省令で定める書類を添付しなければならない。

相 続 時 精 算 課 税 選 択 届 出 書

○「相続時精算課税選択届出書」は、必要な添付書類とともに**申告書第一表及び第二表**と一緒に提出してください。

（令和2年分以後用）	受贈者	住 所 又は 居 所	〒　　　　　　　電話（　　　−　　　−　　　　）
		フリガナ	
令和＿＿年＿＿月＿＿日 ＿＿＿＿＿＿税務署長		氏　名 （生年月日）	（大・昭・平　　　年　　　月　　　日）
		特定贈与者との続柄	

私は、下記の特定贈与者から令和＿＿年中に贈与を受けた財産については、相続税法第21条の9第1項の規定の適用を受けることとしましたので、下記の書類を添えて届け出ます。

記

1　特定贈与者に関する事項

住　所 又は居所	
フリガナ	
氏　名	
生年月日	明・大・昭・平　　　年　　　月　　　日

2　年の途中で特定贈与者の推定相続人又は孫となった場合

推定相続人又は孫となった理由	
推定相続人又は孫となった年月日	令和　　　年　　　月　　　日

（注）孫が年の途中で特定贈与者の推定相続人となった場合で、推定相続人となった時前の特定贈与者からの贈与について相続時精算課税の適用を受けるときには、記入は要しません。

3　添付書類

次の書類が必要となります。

なお、贈与を受けた日以後に作成されたものを提出してください。

（書類の添付がなされているか確認の上、□に✓印を記入してください。）

□　**受贈者や特定贈与者の戸籍の謄本又は抄本**その他の書類で、次の内容を証する書類
　（1）　受贈者の氏名、生年月日
　（2）　受贈者が特定贈与者の直系卑属である推定相続人又は孫であること

（※）1　租税特別措置法第70条の6の8（個人の事業用資産についての贈与税の納税猶予及び免除）の適用を受ける特例事業受贈者が同法第70条の2の7（相続時精算課税適用者の特例）の適用を受ける場合には、「(1)の内容を証する書類」及び「その特例事業受贈者が特定贈与者からの贈与により租税特別措置法第70条の6の8第1項に規定する特例受贈事業用資産の取得をしたことを証する書類」となります。
　　　2　租税特別措置法第70条の7の5（非上場株式等についての贈与税の納税猶予及び免除の特例）の適用を受ける特例経営承継受贈者が同法第70条の2の8（相続時精算課税適用者の特例）の適用を受ける場合には、「(1)の内容を証する書類」及び「その特例経営承継受贈者が特定贈与者からの贈与により租税特別措置法第70条の7の5第1項に規定する特例対象受贈非上場株式等の取得をしたことを証する書類」となります。

（注）この届出書の提出により、特定贈与者からの贈与については、特定贈与者に相続が開始するまで相続時精算課税の適用が継続されるとともに、その贈与を受ける財産の価額は、相続税の課税価格に加算されます（**この届出書による相続時精算課税の選択は撤回することができません。**）。

作成税理士		電話番号	
※　税務署整理欄	届 出 番 号　　　　−	名　簿	確認

※欄には記入しないでください。

（資5−42−A4統一）（令3.3）

4-4 期限後申告における特別控除の適用と繰越し

ポイント

　相続時精算課税の適用は、期限内申告が大前提です。相続時精算課税選択届出書を提出した後の年分において、適用しきれなかった特別控除額2,500万円の余裕枠は、その後の年分において適用することができます。ただし、この場合においても、期限内申告が要件となっています。

【 解　説 】

1　相続時精算課税適用のための贈与税の申告期限

⑴　期限内申告をしなかった場合

　相続時精算課税は、期限内申告書に控除を受ける金額、既に同項の規定の適用を受けて控除した金額がある場合の控除した金額その他財務省令で定める事項の記載がある場合に限り、適用ができます（相法21の12②）。期限内申告書が提出されない場合は認められません。

⑵　期限後申告

　当初申告に限らず、特別控除枠に余裕がある場合でも、その年分の期限内申告を行わない限り認められません。贈与税の期限内申告書の提出がなかった場合における宥恕規定は設けられていないことに留意します。

　期限後申告の場合、課税価格の20％の贈与税を納めます。期限後申告に対しては、無申告加算税及び延滞税が賦課されます。

2　相続時精算課税の特別控除の繰越し

　相続税法第21条の12第1項第1号かっこ書において「既にこの条の

規定の適用を受けて控除した金額がある場合には、その金額の合計額を控除した残額」と規定され、翌年以降、特定贈与者から財産の贈与を受けた場合の贈与税の計算は、前年以前において適用を受けなかった金額を含めて計算することとされています。

　期限後申告になったことにより適用を受けなかった特別控除の額は、翌年以降に繰り越すことができます。

申告及び調査の対応のポイント

① 　相続時精算課税を適用して申告した数年後に贈与を受け、贈与税の申告期限後に相続時精算課税を適用して期限後申告する事例があります。課税庁は、相続時精算課税の適用については数十年後であろうと厳格に管理していますので、相続時精算課税適用者であることは簡単に把握できます。期限後申告に対しては、特別控除の余裕枠が否認されます。相続時精算課税を適用していることを失念していることが多く、また、相続時精算課税を適用したことを全く知らなかったケースもあります。単に贈与税だけではなく、財産承継の問題であることを認識しなければなりません。

② 　期限後申告となって、贈与税を納税したとしても、この金額は特定贈与者に相続開始があった場合、特定贈与者の相続税の計算において相続税に充当され、充当し切れなかった額は還付されます。しかし、当面贈与税を負担しなくてはならず、また、いつ相続が開始するかわからないので、その間の税額相当額の逸失利益が生じます。

【相続税法第21条の12（相続時精算課税に係る贈与税の特別控除）】
1 　相続時精算課税適用者がその年中において特定贈与者からの贈与により取得した財産に係るその年分の贈与税については、特定贈与者ごとの前条第1項の規定による控除後の贈与税の課税価格からそれぞれ次に掲げる金額のう

ちいずれか低い金額を控除する。
① 　2,500万円（既にこの条の規定の適用を受けて控除した金額がある場合には、その金額の合計額を控除した残額）
② 　特定贈与者ごとの前条第1項の規定による控除後の贈与税の課税価格
2　前項の規定は、期限内申告書に同項の規定により控除を受ける金額、既に同項の規定の適用を受けて控除した金額がある場合の控除した金額その他財務省令で定める事項の記載がある場合に限り、適用する。
3　税務署長は、第一項の財産について前項の記載がない期限内申告書の提出があった場合において、その記載がなかったことについてやむを得ない事情があると認めるときは、その記載をした書類の提出があった場合に限り、第1項の規定を適用することができる。

【相続税法基本通達21の12-1（特別控除を適用する場合の申告要件）】

　法第21条の12第1項の規定は、贈与税の期限内申告書の提出がない限り、適用がないのであるから留意する。

（注）　贈与税の期限内申告書の提出がなかった場合におけるゆうじょ規定は設けられていない。

4-5 申告後に評価誤り又は申告漏れが判明した場合

ポイント

申告期限後に、受贈財産の評価誤り、又は申告漏れが判明することがあります。修正申告又は期限後申告となりますが、原則として、期限内に正しい申告をしなければ特別控除が適用できません。

【 解　説 】

1　申告後に、贈与財産の評価誤りが判明した場合

相続時精算課税の適用は、期限内申告に限られることは既述しました。申告した財産、特に土地等の評価誤りが判明することがあります。期限内申告に対してのみ適用される特例であることから、特別控除枠に余裕があるとしても、特例の適用ができません。しかし、期限後に評価誤りがわかり、そのことがやむを得ないと税務署長が判断した場合、修正する金額に対し特別控除の適用ができます（相法21の12③）。やむを得ない場合とは、規定がありませんが、一般的には、土地等の評価誤りを調査により指摘された場合などが考えられます。

2　評価誤りがあった場合に相続税の課税価格に算入される価額

⑴　課税処理ができる期間内に是正できる場合

財産の評価誤りが判明した場合、贈与税の申告の除斥期間内（6年）であれば、修正申告又は更正の請求により当初申告を是正します。課税処理（修正申告又は減額更正）が行われた場合、税額が変動します。特定贈与者の死亡に係る相続税から控除される贈与税は、課税処理後の金額です。

⑵　課税処理ができる期間内に是正できない場合

　除斥期間経過後は課税処理ができません。しかし、財産の価額が誤っていることが明白である場合、正しい価額に是正しなければなりません。その後、特定贈与者に相続開始があった場合、是正された財産の価額を相続税の課税価格に加算します。

　課税価格が増加した場合、本来は増加した金額に応じて贈与税額が増加しますが、修正申告による追加納税が行われていないことから、相続税から控除される贈与税額は増加しません。

　これは重要な取扱いです。いずれにせよ、正しい価額を相続財産に加算します。控除する贈与税額は、実際に納めた金額です。

3　申告漏れが判明した場合

　相続時精算課税を選択した申告後に、他の受贈財産の申告を失念している場合があります。単に申告漏れの財産は「やむを得ない場合」に該当しないので、特別控除の適用はできません。そのため、特別控除を適用せずに贈与税の修正申告及び納税（相続時精算課税の税率20％）をしなければなりません。

> 【相続税法基本通達21の15-1（相続税の課税価格への加算の対象となる財産）】
> 　法第21条の15第1項の規定による相続税の課税価格への加算の対象となる財産は、被相続人である特定贈与者からの贈与により取得した財産（相続時精算課税選択届出書の提出に係る財産の贈与を受けた年以後の年に贈与により取得した財産に限る（当該相続時精算課税選択届出書の提出に係る年の中途において特定贈与者の推定相続人となったときには、推定相続人となった時前に当該特定贈与者からの贈与により取得した財産を除く。）。）のうち、法第21条の3、第21条の4、措置法第70条の2第1項、第70条の2の2第1項、第70条の2の3第1項及び東日本大震災の被災者等に係る国税関係法律の臨時特例に関する法律（平成23年法律第29号）第38条の2第1項の規定の適用により贈与税の課税価格の計算の基礎に算入されないもの以外の贈与税の課税価格計算の基礎に算入される全てのものであり、贈与税が課されているかどうかを問わない

ことに留意する。
（注）　法第21条の12第 1 項に規定する相続時精算課税に係る贈与税の特別控
　　　　除の金額に相当する金額及び所得税法等の一部を改正する法律（平成22年
　　　　法律第 6 号）により廃止された措置法第70条の 3 の 2 第 2 項に規定する住
　　　　宅資金特別控除額に相当する金額についても法第21条の15第 1 項の規定
　　　　により相続税の課税価格に加算されることに留意する。

【相続税法基本通達21の15-2（相続時精算課税の適用を受ける財産の価額）】
　　法第21条の15第 1 項の規定により相続税の課税価格に加算される相続時精
算課税の適用を受ける財産の価額は、相続開始時における当該財産の状態にか
かわらず、当該財産に係る贈与の時における価額によるのであるから留意する。

相続時精算課税適用財産について評価誤り等が判明し修正申告を行う場合の特別控除の適用

【照会要旨】
　　特定贈与者から贈与を受けた財産に係る贈与税の期限内申告書に記載された
課税価格が、申告期限後に、申告漏れ財産を把握したことや申告した財産につ
いて評価誤りがあったことにより増加した場合には、修正申告により増加する
課税価格についても相続時精算課税に係る贈与税の特別控除の適用を受けるこ
とはできますか。

【回答要旨】
　　相続時精算課税の特別控除は、期限内申告書に控除を受ける金額その他必要
な事項の記載がある場合に限り適用を受けることができることとされていま
す。
　　また、相続時精算課税の適用を受ける財産について上記の事項の記載がない
贈与税の期限内申告書の提出があった場合において、その記載がなかったこと
についてやむを得ない事情があると税務署長が認めるときには、その記載をし
た書類の提出があった場合に限り、特別控除の適用を受けることができること
とされています。
　　したがって、申告期限後に申告漏れ財産を把握した場合には、期限内申告書
に特別控除の適用を受けようとする財産としてその申告漏れ財産の記載がない
ことから、特別控除の適用を受けることはできません。
　　一方、申告期限後に申告した財産について評価誤りがあった場合には、期限
内申告書に特別控除の適用を受けようとする財産として既に記載があることか

ら、正しい控除を受ける金額の記載がなかったことについてやむを得ない事情
があると税務署長が認める場合には、正しい控除金額を記載した修正申告書の
提出があったときに限り、修正申告により増加する課税価格についても特別控
除の適用を受けることができます。

（国税庁　質疑応答事例）

4-6 納付義務の承継

▶ポイント

相続時精算課税の適用を受けた受贈者が死亡した場合、その相続人が、相続時精算課税に係る権利又は義務を法定相続分で承継します。

【 解 説 】

1 国税の納付義務の承継

納税者とは、国税に関する法律の規定により国税を納める義務がある者をいいます（通則法2五）。納税者に相続があった場合には、相続人は、その被相続人に課されるべき、又はその被相続人が納付、若しくは徴収されるべき国税を納める義務を承継することとなっています（通則法5①）。つまり、相続があったとしても、一般の債務と同様、国税に係る債務も消滅することがなく、相続人に引き継がれます。これを「納付義務の承継」といいます。

相続人が複数いる場合、積極財産は遺産分割を経て相続人に配分されます。しかし、債務は遺産分割の対象とならず、法律上当然に分割され、相続人が相続分に応じて承継すべきであるとしています（最高裁判決1960年（昭和34年）6月19日）。被相続人である納税者が負っている国税の債務も同様、民法第900条から第902条まで（法定相続分・代襲相続人の相続分・遺言による相続分の指定）の規定による相続分により按分して計算した額を承継します（通則法5②）。債務は、相続人が相続放棄をしない限り、法定相続分で徴求されます。この規定は、債務を引き受ける相続人を遺産分割により決めたとしても、法定相続分で負担すべきであることを明確にしたものです。資力のない相続人に債務の

負担をさせるケースも想定されることからこのような規定となったものでしょう。民法の取扱いでは、債務は遺産分割の対象にならないというのが大原則です。

2 相続時精算課税における権利と義務の承継

⑴ 相続時精算課税適用者の相続税の納付義務

相続時精算課税制度とは、字の如く、贈与で受けた利得を相続が開始した時に精算することを本旨としています。特定贈与者から相続又は遺贈により財産を取得した相続時精算課税適用者は、特定贈与者に相続が開始した時に、特定贈与者の相続財産に相続時精算課税の適用を受けた財産の価額を加算して、相続税の計算をします（相法21の15①）。特定贈与者の相続財産を取得しなかった相続時精算課税適用者であっても、贈与財産を相続により取得したものとみなして相続財産に加算します（相法21の16①）。つまり、相続時精算課税を選択して贈与税の申告をした者は、必ず特定贈与者の相続税の納税義務者となります。相続財産を取得しなかった場合でも、相続税の納税義務者になる点は、暦年課税の取扱いと異なります。相続時精算課税を選択して申告する場合の覚悟が必要になります。

⑵ 権利と義務の承継

国税通則法は、納税の義務の承継を規定しています。相続税法における相続時精算課税適用者の義務の承継は国税通則法と異なることはありませんが、相続税法に「…納税に係る権利又は義務を承継する（相法21の17①）」とあります。この場合の権利とは相続時精算課税に係る贈与税の還付のことを指すと考えられます。相続税の納税の義務のみならず、相続税の還付を受ける権利も当然相続時精算課税適用者の承継者に引き継がれます。

3　受贈財産の帰属

　贈与を受けた財産は、受贈者に帰属します。受贈者はその財産を自由に処分することができます。費消せず所有している財産は、受贈者の相続財産として相続税の課税対象となります。

　特定贈与者が相続時精算課税適用者より後に死亡した場合、相続時精算課税適用財産の価額は特定贈与者の相続財産に加算されます。

　相続時精算課税は、特定贈与者の相続において贈与財産の価額を特定贈与者の相続財産に加算して計算する税制です。そのため、同じ財産が相続税の対象となります。これは特に不合理な制度ではなく、暦年課税の場合で受贈者が先に亡くなり、受贈者の相続人が贈与者である場合にも同様の取扱いとなります。ただし、相続時精算課税適用財産は、特定贈与者の相続財産に必ず加算される制度であり、そのことを十分に知ったうえで覚悟して適用していることが大前提です。納税者が十分に理解しないまま勧めると、数年後数十年後に思わぬトラブルとなります。

4　納付義務の承継の事例

事例1　相続人ではない者が相続税の納税義務を負う

① 相続関係

　・Aから2,500万円の贈与を受けたBは、相続時精算課税を選択して

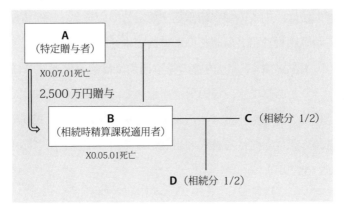

贈与税の申告をしました。

・Bは X 0 年 5 月 1 日に死亡し、同年 7 月 1 日に A が死亡しました。

・Bの相続人は、配偶者 C 及び子 D です。

② 　納付義務の承継

・相続時精算課税適用者の相続人が 2 人以上いる場合、その相続人の承継は民法第900条から第902条に規定する割合で按分します（通則法 5 ②、相法21の17③）。

　例えば、相続時精算課税適用者が死亡してその相続人が配偶者と子供 1 人であれば、相続財産のうち受贈財産のすべてを遺産分割によって配偶者が取得していたとした場合でも相続割合は配偶者 1/2、子1/2です。

　その後、特定贈与者が死亡した場合、特定贈与者の相続税の納税額又は還付を受ける税額についてもその按分割合によります。

・上記の例で、Bの相続財産にAからの贈与財産があり、相続開始日に残っていた金額をBの相続税の課税価格に加算します。直後に特定贈与者に相続開始があった場合、贈与により取得した財産の価額をAの相続税の課税価格に加算し、相続税が課税された場合の納付義務はC及びDが法定相続分で負います。

・CはAの相続人ではないことから、Aの相続財産は取得できませんが、納付義務を負うことに留意します。

事例 2　相続時精算課税適用者、子及び孫も死亡した場合

① 　相続関係

・Aから2,500万円の贈与を受けたBは、相続時精算課税を選択して贈与税の申告をしました。

・Bは X 0 年 5 月 1 日に死亡し、同年 7 月 1 日に A が死亡しました。

・Bの相続人は、Bの子Cですが Cも死亡していました。

・Cの相続人は、Cの子Dですが、Dも死亡していました。

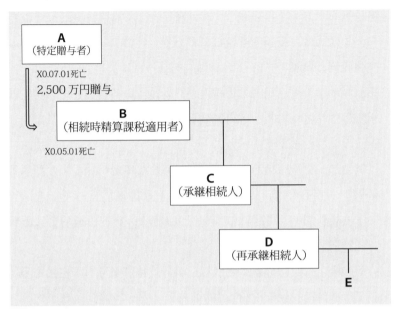

② 納付義務の承継

・特定贈与者の相続開始前に相続時精算課税適用者が死亡することは十分想定されます。また、特定贈与者の死亡前に相続時精算課税適用者及びその子が死亡することも想定できるでしょう。さらに、相続時精算課税適用者の孫が死亡していた場合等、この権利と義務がどの世代まで承継されるのかが問題となります。実務的には多くはないでしょうが、延々と承継されるのでは課税関係が複雑になり、相続人の手続きが煩雑となることから、孫の相続開始で終了となっています（相基通21の17-1）。

・事例において、相続時精算課税の適用に伴う権利義務は、適用者本人であるBが死亡した場合、その子C（承継相続人）が承継します。

・Cが死亡した場合は、Bの孫であるD（再承継相続人）が承継します。ここで打ち止めです。Dが死亡した場合、その相続人であるE

には引き継がれません。

・この事例の場合、承継相続人及び再承継相続人を1人としています
が、それぞれ複数の者がいる場合や配偶者がいると承継関係が相当
複雑になります。

事例3　相続人に特定贈与者が含まれる場合

① 相続関係

・父Aから2,500万円の贈与を受けたCは、相続時精算課税を選択し
て贈与税の申告をしました。

・CはX0年5月1日に死亡し、同年7月1日にAが死亡しました。

・Cの相続人は配偶者D、特定贈与者A及び母Bです。

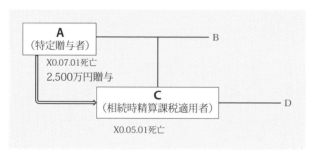

② 納付義務の承継

・相続時精算課税適用者が死亡し、その相続人に特定贈与者が含まれ
る場合が想定されます。この場合、相続時精算課税適用者に係る権
利と義務は特定贈与者に相続されません（相法21の17①ただし書
き）。贈与した者にその権利及び義務が跳ね返って来ない取扱いで
す。

・事例において、Cの相続時精算課税に伴う権利義務は、Cの相続人
が引き継ぎます。ただし、相続人の中に特定贈与者がいる場合は、
その者を除きます。負担割合は法定相続分ですが、除かれた者の負
担は同列の相続人が引き受けることになります。

・Cの相続人はA、B及びDであり、相続分はA及びBは各1/6、D
は2/3です。AはCの相続時精算課税に伴う権利義務を引き継がな
いので、その権利及び義務は同列の相続人であるBが引き受けます。
割合は次の通りです。

Cの相続人	法定相続分	権利と義務の承継割合
A	1/6	承継しない
B	1/6	1/3
D	2/3	2/3

事例 4　相続時精算課税適用者の相続人が、特定贈与者だけである場合

① 相続関係

・Aから2,500万円の贈与を受けたBは、相続時精算課税を選択して
贈与税の申告をしました。

・BはX 0 年 5 月 1 日に死亡し、同年 7 月 1 日にAが死亡しました。

・Bの相続人は、特定贈与者Aです。

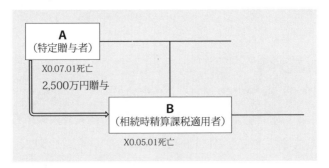

② 納付義務の承継

・特定贈与者のみが相続人であるときは、その権利義務は後順位の相
続人となる者には相続されず消滅します。その相続人、例えば相続
時精算課税適用者の兄弟姉妹には相続されません（相基通21の17-
3）。

事例5　相続時精算課税適用者の相続人が、特定贈与者が2人いる場合

① 相続関係

・父A及び母Bからそれぞれ2,500万円の贈与を受けた子Cは、相続時精算課税を選択して贈与税の申告をしました。

・CはX0年5月1日に死亡し、同年7月1日にAが死亡しました。

・Cの相続人は、特定贈与者A及びBです。

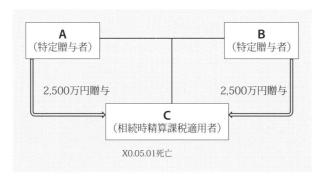

② 納付義務の承継

・ABそれぞれから贈与を受けており、子の相続人がABのみで、先にCが死亡した場合、Aから贈与を受けたことに伴う納税に係る権利義務はCの相続人であるBが承継し、Bからの分はAが承継します。

（申告及び調査の対応のポイント）

　相続時精算課税の適用を受けて贈与税の申告をした場合、特定贈与者の相続財産についての手続きを中心に検討されることが多いですが、受贈者も高齢である場合、受贈者が先に死亡することが十分考えられます。

　相続時精算課税適用財産は受贈者が死亡した場合、その受贈者の相続人に引き継がれることの認識が薄いようです。その財産の帰属と特定贈与者が死亡した時の相続財産への加算と相続税の負担についても十分説

明をしておく必要があります。課税関係を孫子の代まで引きずらせるこ
ととなります。場合によっては相続時精算課税を選択しないことが有利
なこともあり得ます。

『**参考法令通達等**』

【国税通則法第5条（相続による国税の納付義務の承継）】

1　相続（包括遺贈を含む。以下同じ。）があった場合には、相続人（包括受
遺者を含む。以下同じ。）又は民法第951条（相続財産法人の成立）の法人は、
その被相続人（包括遺贈者を含む。以下同じ。）に課されるべき、又はその
被相続人が納付し、若しくは徴収されるべき国税（その滞納処分費を含む。
中略）を納める義務を承継する。この場合において、相続人が限定承認をし
たときは、その相続人は、相続によって得た財産の限度においてのみその国
税を納付する責めに任ずる。

2　前項前段の場合において、相続人が2人以上あるときは、各相続人が同項
前段の規定により承継する国税の額は、同項の国税の額を民法第900条から
第902条まで（法定相続分・代襲相続人の相続分・遺言による相続分の指定）
の規定によるその相続分により按分して計算した額とする。

3　前項の場合において、相続人のうちに相続によって得た財産の価額が同項
の規定により計算した国税の額を超える者があるときは、その相続人は、そ
の超える価額を限度として、他の相続人が前2項の規定により承継する国税
を納付する責めに任ずる。

【相続税法第21条の17（相続時精算課税に係る相続税の納付義務の承継等）】

1　特定贈与者の死亡以前に当該特定贈与者に係る相続時精算課税適用者が死
亡した場合には、当該相続時精算課税適用者の相続人（包括受遺者を含む。
以下この条及び次条において同じ。）は、当該相続時精算課税適用者が有し
ていたこの節の規定の適用を受けていたことに伴う納税に係る権利又は義務
を承継する。ただし、当該相続人のうちに当該特定贈与者がある場合には、
当該特定贈与者は、当該納税に係る権利又は義務については、これを承継し
ない。

2　前項本文の場合において、相続時精算課税適用者の相続人が限定承認をし
たときは、当該相続人は、相続により取得した財産（当該相続時精算課税適
用者からの遺贈又は贈与により取得した財産を含む。）の限度においてのみ
同項の納税に係る権利又は義務を承継する。

3　国税通則法第5条第2項及び第3項（相続による国税の納付義務の承継）

の規定は、この条の規定により相続時精算課税適用者の相続人が有することとなる第1項の納税に係る権利又は義務について、準用する。

4　前3項の規定は、第1項の権利又は義務を承継した者が死亡した場合について、準用する

【相続税法第21条の18第1項】

1　贈与により財産を取得した者（以下この条において「被相続人」という。）が第21条の9第1項の規定の適用を受けることができる場合に、当該被相続人が同条第2項の規定による同項の届出書の提出期限前に当該届出書を提出しないで死亡したときは、当該被相続人の相続人（当該贈与をした者を除く。以下この条において同じ。）は、その相続の開始があったことを知った日の翌日から10月以内（相続人が国税通則法第117条第2項（納税管理人）の規定による納税管理人の届出をしないで当該期間内にこの法律の施行地に住所及び居所を有しないこととなるときは、当該住所及び居所を有しないこととなる日まで）に、政令で定めるところにより、当該届出書を当該被相続人の納税地の所轄税務署長に共同して提出することができる。

【相続税法基本通達21の17-1（承継される納税に係る権利又は義務)】

相続時精算課税適用者の相続人（包括受遺者を含み、特定贈与者を除く。以下21の18-1までにおいて同じ。）が特定贈与者の死亡前に死亡した場合には、第21条の17第4項の規定により、当該相続時精算課税適用者が有していた相続時精算課税の適用を受けていたことに伴う納税に係る権利又は義務（以下「相続時精算課税の適用に伴う権利義務」という。）は、当該相続人の相続人（以下21の17-1において「再承継相続人」という。）に承継されるが、再承継相続人が当該特定贈与者の死亡前に死亡した場合には、当該相続時精算課税の適用に伴う権利義務は当該再承継相続人の相続人には承継されず消滅することになるのであるから留意する。

【相続税法基本通達21の17-2（承継の割合)】

相続時精算課税適用者の相続人が2人以上あるときに各相続人が承継する相続時精算課税の適用に伴う権利義務の割合について、基本的な設例を基に示せば、次のとおりである。

設例 1

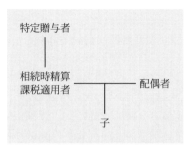

　上記の場合において、特定贈与者の死亡前に相続時精算課税適用者が死亡したときには、配偶者及び子が相続時精算課税の適用に伴う権利義務を承継することになり、その割合は、配偶者と子がそれぞれ 2 分の 1 ずつとなる。

設例 2

　上記の場合において、特定贈与者の死亡前に相続時精算課税適用者が死亡したときには、母及び配偶者が相続時精算課税の適用に伴う権利義務を承継することになり（特定贈与者には承継されない。）、その割合は、母が 3 分の 1、配偶者が 3 分の 2 となる。

【相続税法基本通達21の17-3（相続人が特定贈与者のみである場合）】

　相続時精算課税適用者の相続人が特定贈与者のみである場合には、相続時精算課税の適用に伴う権利義務は当該特定贈与者及び当該相続時精算課税適用者の民法第889条《直系尊属及び兄弟姉妹の相続権》の規定による後順位の相続人となる他の者には承継されないのであるから留意する。

　したがって、この場合には、当該特定贈与者の死亡に係る当該相続時精算課税適用者の相続税の申告は必要がないこととなる。

【相続税法基本通達21の18-2（相続人が 2 人以上いる場合）】

　法第21条の18第 1 項の規定による相続時精算課税選択届出書を提出しようとする相続人（贈与者を除く。以下21の18-2において同じ。）が 2 人以上いる場合の当該相続時精算課税選択届出書の提出は、一の相続時精算課税選択届出書に当該相続人全員が連署して行うのであるが、当該相続人のうち 1 人でも欠けた場合には、相続時精算課税の適用を受けることはできないのであるから留意する。

4-7 孫への贈与と 相続時精算課税

▶ポイント

　祖父母からの贈与について、相続時精算課税を選択して贈与税の申告をしている場合は、必ず、祖父母の相続税の納税義務者となります。

【 解　説 】

1　相続時精算課税を孫が選択した場合

⑴　孫は、特定贈与者の相続税の納税義務者となる

　孫が、特定贈与者（ここでは、祖父母のことをいいます。）から、相続により財産を取得した場合はもちろん、取得しなかった場合でも「相続により財産を取得したとみなし」て、相続時精算課税に係る贈与財産の価格を、相続税の課税価格に加算します。

　相続時精算課税は、特定贈与者に相続の開始があったときに、相続財産に相続時精算課税を適用して贈与を受けた財産の価格を加算して、相続税の計算をします。日本人の平均寿命は、80歳を超えています。特定贈与者の相続開始まで、数十年に及ぶことも想定されます。その時に、孫に対する贈与が浮かび上がってくることになります。

⑵　孫は、特定贈与者の相続人ではない

　孫は、原則として特定贈与者の相続人ではありません。特定贈与者の相続財産に、相続時精算課税の適用を受けた財産の価額を加算して相続税の計算を行った結果、その財産に対する相続税の負担が生じる場合があります。孫は、相続税の納税義務者ですから、相続税を負担することになりますが、数十年後に相続税を納めることまで想定していないで

しょう。もし、相続税を納められない場合、孫の親（特定贈与者の子等、法定相続人）が、孫に代わり相続税を納税すると、贈与税の問題が生じます。

(3)　孫は、相続税の 2 割加算の対象である

　相続税の計算において、相続又は遺贈により財産を取得した者が、被相続人の一親等の血族、代襲相続人である直系卑属及び配偶者以外の相続人は算出された相続税額の 2 割を加算した金額を納付することとなっています（相法18）。孫は、相続税額の 2 割加算の対象者です。

(4)　孫は、最大 6 人から贈与を受けた財産について、相続時精算課税を適用して申告することができる

　孫が、祖父母から贈与を受けた財産については、相続時精算課税を選択して贈与税の申告ができます。祖父母であるから当然父方及び母方の 4 人から贈与を受けることができます。また、相続時精算課税は両親のからの贈与にも適用できるため、一般的には最大 6 人からの贈与について適用を受けることができます。養子縁組をした場合は、更に増えます。

　両親を含めると 6 人から2,500万円ずつ、合計 1 億5,000万円の贈与を受けても贈与税の特別控除の範囲内です。ただし、6 人に相続が開始した場合、それぞれの相続において納税義務者となります。相続税の課税対象となった場合、その都度、相続税の申告書を提出しなければならないことにもなります。極端な事例かもしれませんが、可能性は十分にあります。

〔申告及び調査の対応のポイント〕

　1　相続時精算課税の適用が孫にまで拡大したことにより、積極的に適用を進める向きがありますが、特定贈与者に相続が開始した時の加算について、必ず検討しなければなりません。

2　相続時精算課税を適用した場合、その事実を、特定贈与者の相続開始の時まで管理しておかなければなりません。

『**参考法令通達等**』

【租税特別措置法第70条の2の6第1項（相続時精算課税適用者の特例）】

1　平成27年1月1日以後に贈与により財産を取得した者がその贈与をした者の孫（その年1月1日において18歳以上である者に限る。）であり、かつ、その贈与をした者がその年1月1日において60歳以上の者である場合には、その贈与により財産を取得した者については、相続税法第21条の9の規定を準用する。

【相続税法第18条第1項（相続税額の加算）】

1　相続又は遺贈により財産を取得した者が当該相続又は遺贈に係る被相続人の一親等の血族（当該被相続人の直系卑属が相続開始以前に死亡し、又は相続権を失ったため、代襲して相続人となった当該被相続人の直系卑属を含む。）及び配偶者以外の者である場合においては、その者に係る相続税額は、前条の規定にかかわらず、同条の規定により算出した金額にその100分の20に相当する金額を加算した金額とする。

【相続税法第21条の16第1項】

1　特定贈与者から相続又は遺贈により財産を取得しなかった相続時精算課税適用者については、当該特定贈与者からの贈与により取得した財産で第21条の9第3項の規定の適用を受けるものを当該特定贈与者から相続（当該相続時精算課税適用者が当該特定贈与者の相続人以外の者である場合には、遺贈）により取得したものとみなして第1節の規定を適用する。

4-8 養子縁組と相続時精算課税

▶ポイント

　養子は養子縁組の日から養親の嫡出子の身分を取得します（民法809）。その日以後に贈与を受けた財産について、相続時精算課税を選択して贈与税の申告をすることができます。いったん相続時精算課税を選択すると、養子縁組を解消した場合であっても、特定贈与者である養親の相続開始があった場合、贈与財産の価額を相続財産に加算します。

【 解　説 】

1　年の途中で推定相続人となった場合

⑴　年の途中で養子となった場合

　年の途中に、その年の1月1日において18歳以上の者が60歳以上の者の推定相続人になったこと（その者の養子になった場合など）から、相続税法第21条の9第4項の規定により相続時精算課税が適用されない贈与により取得した財産に係る贈与税額は、暦年課税により計算することとなり、同法第21条の5（措置法第70条の2の4を含みます。）の規定（暦年課税の基礎控除）の適用ができます（相基通21の9-4）。

　推定相続人でない期間に贈与を受けた財産については暦年課税で、推定相続人となった以後の贈与については相続時精算課税を適用できます。推定相続人でないときも含めて、相続時精算課税を適用することは制度の趣旨からいって不合理となるからです。

　推定相続人となったとき以後に贈与を受けた財産についても暦年課税で申告することができるのは当然です。

(2)　事例

　叔父からＸ１年３月に200万円の贈与を受けた。同年８月に叔父と養子縁組をし、12月に3,000万円の贈与を受けた。

　この場合、養子縁組前の贈与200万円を暦年課税、縁組後の贈与3,000万円を相続時精算課税を選択して申告できます。

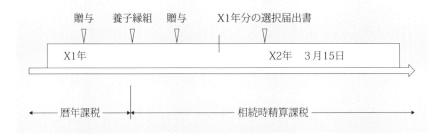

2　年の途中で養子縁組を取り消した場合

(1)　養子縁組の取消し

　いったん、法定要件を満たして相続時精算課税の適用を受けて贈与税の申告をした場合、養子縁組の解消等で親子関係が切れ、推定相続人でなくなったとしても、相続時精算課税を選択して贈与税の申告をした事実を取り消すことはできません（相続税法21の９⑤）。相続時精算課税の適用は生涯付いて回ることの納税者の自覚及びアドバイスが必要です。

(2)　事例

　養父であった叔父から５年前に2,000万円の贈与を受けて、相続時精算課税を適用して贈与税の申告をした。昨年、養子縁組を取り消した。今年叔父から100万円の贈与を受けた。

　この場合、親子関係は解消されていることから、暦年課税の基礎控除以下なので申告をしなくても良さそうですが、相続時精算課税の適用が切れたわけではありません。100万円の贈与税の申告をします。

3　特定贈与者との縁

　相続時精算課税選択届出書を提出した後は、特定贈与者との縁は生涯切れません。養子縁組を解消した後に、特定贈与者の相続開始があったとしても特定贈与者の相続財産に贈与財産を加算して相続税の計算をします。相続人ではないため相続税の申告をする必要がないということにはなりません。

　養子縁組中に相続時精算課税を受けて申告し、その後養子縁組を解消したが、復縁したような場合、復縁後の贈与も、継続して相続時精算課税の適用を受けます。

4　相続財産に加算した場合の2割加算

(1)　相続税額の2割加算

　被相続人の一親等の血族（被相続人の直系卑属が相続開始以前に死亡し、又は相続権を失ったため、代襲して相続人となった被相続人の直系卑属を含みます。）又は配偶者以外で相続財産を取得した者は、相続税額の2割を加算した金額を納税します（相法18①）。

(2)　養子と2割加算

　養子縁組中の者は子と同等の権利があるので、2割加算は不要ですが、養子縁組解消後は親子関係は切れることから、取得した財産に対応する相続税額の2割を加算して相続税額とします。

　一親等の血族であるかどうかは、相続時精算課税適用者が死亡した時

の状況により判定します（相基通18-2）。

⑶　養子縁組中に相続時精算課税を適用した財産とそれ以外で取得した財産がある場合

相続時精算課税選択届出書の提出後に特定贈与者と相続時精算課税適用者が離縁した場合など、相続開始の時において被相続人の一親等の血族に該当しないことから相続税額が加算される相続時精算課税適用者の相続税額のうち、相続時精算課税適用により加算の対象とされないこととなる部分の金額の算出は次によります（相基通18-5）。

$$A \times \frac{C}{B}$$

記号	記号の説明
A	相続時精算課税適用者の相続税額
B	相続時精算課税適用者に係る特定贈与者の死亡に係る相続税法第21条の15第2項又は第21条の16第2項の規定により読み替えて適用される同法第19条及び第21条の14から第21条の18までの規定により計算された課税価格に算入された財産の価額 具体的には、次の額の合計額 ①　相続又は遺贈により取得した財産の価額の合計額 ②　相続時精算課税適用者が被相続人からの贈与により取得した相続時精算課税の適用を受ける財産価額の合計額
C	相続時精算課税適用者の相続時精算課税の適用を受ける財産で特定贈与者の一親等の血族（相続税法第18条第1項に規定する一親等の血族に限ります。）であった期間内に特定贈与者から取得したものの取得の時の価額

（申告及び調査の対応のポイント）

養子縁組を解消することは稀ではないようです。養子が相続時精算課税を選択した場合、その課税関係は一生涯付いて回ります。養子縁組を解消した数十年後に突然相続税の申告と納付を求められる可能性があります。

　そこまでの認識と覚悟が必要な制度であることを納税者が知っておか
なければなりません。

【相続税法第21条の９（相続時精算課税の選択）】

3　前項の届出書に係る贈与をした者からの贈与により取得する財産について
　　は、当該届出書に係る年分以後、前節及びこの節の規定により、贈与税額を
　　計算する。

4　その年１月１日において20歳以上の者が同日において60歳以上の者から
　　の贈与により財産を取得した場合にその年の中途においてその者の養子と
　　なったことその他の事由によりその者の推定相続人となったとき（配偶者と
　　なったときを除く。）には、推定相続人となった時前にその者からの贈与に
　　より取得した財産については、第一項（＊）の規定の適用はないものとする。

　（＊）　相続時精算課税の選択

5　第２項の届出書を提出した者（以下「相続時精算課税適用者」という。）が、
　　その届出書に係る第１項の贈与をした者（以下「特定贈与者」という。）の
　　推定相続人でなくなった場合においても、当該特定贈与者からの贈与により
　　取得した財産については、第３項の規定の適用があるものとする。

**【相続税法基本通達18-2（特定贈与者よりも先に死亡した相続時精算課税適用
者が一親等の血族であるかどうかの判定時期）】**

　　法第18条第１項の規定に該当するかどうかは、被相続人の死亡の時の状況に
より判定するのであるが、特定贈与者の死亡に係る当該特定贈与者よりも先に
死亡した相続時精算課税適用者の相続税額の計算において、当該相続時精算課
税適用者が法第18条第１項に規定する被相続人の一親等の血族であるかどうか
は、当該相続時精算課税適用者が死亡した時の状況により判定するものとする。

（注）　当該特定贈与者と当該相続時精算課税適用者が離縁している場合などに
　　　　おいて、当該相続時精算課税適用者が同項に規定する被相続人の一親等の
　　　　血族であるかどうかの判定は、上記により行うのであるが、同項の規定に
　　　　よる相続税額の加算の対象とならない部分の金額については、18-5により
　　　　計算することに留意する。

【相続税法基本通達18-5（相続税額の加算の対象とならない相続税額）】

　　相続時精算課税選択届出書の提出後に特定贈与者と相続時精算課税適用者が
離縁した場合など、相続開始の時において法第18条第１項に規定する被相続人
の一親等の血族に該当しないことから同項の規定により相続税額が加算される
相続時精算課税適用者の相続税額のうち、法第21条の15第２項又は第21条の

16第2項の規定により当該加算の対象とされないこととなる部分の金額の算出方法を算式で示せば次のとおりである。

$$A \times \frac{C}{B}$$

（注）　算式中の符号は、次のとおりである。

　Aは、当該相続時精算課税適用者に係る法第17条の規定により算出した相続税額

　Bは、当該相続時精算課税適用者に係る特定贈与者の死亡に係る相続税の法第21条の15第2項又は第21条の16第2項の規定により読み替えて適用される法第19条及び第21条の14から第21条の18までの規定により計算された課税価格に算入された財産の価額

　Cは、当該相続時精算課税適用者の相続時精算課税の適用を受ける財産で特定贈与者の一親等の血族（法第18条第1項に規定する一親等の血族に限る。）であった期間内に当該特定贈与者から取得したものの当該取得の時の価額

【相続税法基本通達21の9-4（年の中途において贈与者の推定相続人になった場合）】

　年の中途において、その年の1月1日において18歳以上の者が同日において60歳以上の者の推定相続人になったこと（その者の養子になった場合など）から、法第21条の9第4項の規定により相続時精算課税が適用されない贈与があるときにおける当該贈与により取得した財産に係る贈与税額は、暦年課税により計算することとなり、法第21条の5（措置法第70条の2の4を含む。）の規定の適用があることに留意する。

4-9 贈与者が死亡した場合の申告

> **▶ポイント**
>
> 贈与者が贈与した年中に死亡した場合、贈与事実がありますので贈与税の申告が必要です。しかし、贈与税の課税方式により、また相続財産の取得の有無により、取扱いが異なります。

【 解 説 】

1 贈与者が死亡した場合の申告

贈与者が贈与した年中に死亡した場合の贈与税及び相続税の申告は次の通りです（相法28①④、相基通11の2-5）。

	相続時精算課税適用を受ける場合		相続時精算課税適用を受けない場合	
相続財産の取得	有	無	有	無
贈与税の申告	贈与税の申告は不要である。ただし、○前年以前に相続時精算課税を適用している場合「相続時精算課税選択届出書」の提出は不要 ○前年以前に相続時精算課税を適用していない場合「相続時精算課税選択届出書」の提出が必要		贈与税の申告は不要である。	贈与により取得した財産の価額は、暦年課税の課税価格に算入し、翌年贈与税の申告をする（相基通21の2-3）。
相続税の申告	贈与を受けた財産の価額を、相続税の課税価格に加算する（相法21の15①）。	贈与を受けた財産は、相続又は遺贈により取得したものとみなす（相法21の16①）。	贈与を受けた財産の価額を、相続税の課税価格に加算する（相法19①）。	相続税の課税対象とならない。

2　贈与者が死亡した場合の申告書等の提出先

⑴　贈与者が死亡した場合

　相続時精算課税の適用を受ける場合、納税者は所轄税務署に、贈与税の申告書、相続時精算課税選択届出書他必要書類を添付して申告します（相法28①、相令５①）。

　しかし贈与者が年の途中で死亡した場合の相続時精算課税選択届出書は、贈与者（被相続人）の住所地の税務署に届け出ます（相令５③）。

区分		提出先	提出期限
⑴　贈与者が贈与をした年の中途で死亡した場合 （注）　相続時精算課税選択届出書に係る受贈財産については、贈与税の申告を要しない。	①　受贈者に係る贈与税の申告書の提出期限（相続税法第28条第１項又は第２項に規定する期限）以前に贈与者の死亡に係る相続税の申告書の提出期限（同法第27条第１項又は第２項に規定する期限）が到来するとき	贈与者に係る相続税の納税地を所轄する税務署長	贈与者に係る相続税の申告書の提出期限
	②　贈与者の死亡に係る相続税の申告書の提出期限（相続税法第27条第１項又は第２項に規定する期限）前に受贈者に係る贈与税の申告書の提出期限（同法第28条第１項又は第２項に規定する期限）が到来するとき		受贈者に係る贈与税の申告書の提出期限
⑵　贈与により財産を取得した者が相続時精算課税選択届出書の提出期限前に届出書を提出しないで死亡した場合（上記⑴に該当する場合を除く。）		受贈者に係る贈与税の納税地を所轄する税務署長	受贈者に係る贈与税の申告書の提出期限

⑵　父母からの贈与を受けたが一方が死亡した場合の届出

　同一年内に父母から贈与を受け、相続時精算課税を選択して申告する

場合の届出書の提出先が異なることに留意します。例えば、父Ａ、母Ｂ（甲税務署管内）から子Ｃ（乙税務署管内）がＸ１年に贈与を受け、両者の贈与について相続時精算課税を選択したいと考えている。この場合、贈与を受けたＸ１年中にＡが死亡した場合の届出書の提出先は次の通りです。

贈与者	贈与年	届出書の提出先
A	Ｘ１年。ただしＸ１年に死亡	甲税務署
B	Ｘ１年	乙税務署

【相続税法施行令第 5 条（相続時精算課税選択届出書の提出）】
1　法第21条の 9 第 2 項の規定による同項に規定する届出書（以下「相続時精算課税選択届出書」という。）の提出は、同条第 1 項の贈与をした者ごとに、法第28条第 1 項の規定による申告書に添付して納税地の所轄税務署長にしなければならない。
2　相続時精算課税選択届出書には、贈与により財産を取得した者の戸籍の謄本その他の財務省令で定める書類を添付しなければならない。
3　贈与をした者が年の中途において死亡した場合には、相続時精算課税選択届出書の提出は、第 1 項の規定にかかわらず、当該贈与をした者の死亡に係る相続税の納税地の所轄税務署長にしなければならない。
【相続税法第28条：贈与税の申告書】
1　贈与により財産を取得した者は、その年分の贈与税の課税価格に係る第21条の 5 、第21条の 7 及び第21条の 8 の規定による贈与税額がある場合、又は当該財産が第21条の 9 第 3 項の規定の適用を受けるものである場合（第21条の11の 2 第 1 項の規定による控除後の贈与税の課税価格がある場合に限る。）には、その年の翌年 2 月 1 日から 3 月15日まで（同年 1 月 1 日から 3 月15日までに国税通則法第117条第 2 項（納税管理人）の規定による納税管理人の届出をしないでこの法律の施行地に住所及び居所を有しないこととなる場合には、当該住所及び居所を有しないこととなる日まで）に、課税価格、贈与税額その他財務省令で定める事項を記載した申告書を納税地の所轄税務署長に提出しなければならない。

4-10 相続税と相続時精算課税

＞ポイント

　贈与税は単独で完結する税目ではありません。必ず相続税に絡みます。とりわけ相続時精算課税の適用を受けた場合、特定贈与者の相続に影響があります。贈与は当面の金銭の授受に目が向き勝ちですが、相続があった場合の検討は必須です。

【 解　説 】

1　相続財産に加算される金額

　特定贈与者から相続等により財産を取得した相続時精算課税適用者は、相続時精算課税の適用を受けたものの価額から基礎控除110万円を控除した残額を相続税の課税価格に加算した価額を相続税の課税価格とします（相法21の15①）。そして、加算するときの価額は、相続開始時におけるその財産の状態にかかわらず、贈与の時における価額によります（相基通21の15-2）。

　相続時精算課税の特徴は、贈与を受けた時の価額を相続財産に加算することです。そのため、相続開始の時に受贈財産の価額が上昇していれば、相続税対策としては有効です。ただし、受贈財産の価額が下落している場合や費消して財産がなくなった場合でも、贈与があった時の価額によるため相続税対策としてのリスクが生じることを十分検討します。

　受贈財産を使い果たしてしまったとしても相続財産に加算することから、相続時精算課税財産に相当する相続税額は、相続財産の中から支払うしかありません。相続財産で支払えない場合、自己の財産から納税することになります。

　なお、令和5年度の税制改正において、贈与を受けた土地建物が災害

により一定の被害を受けた場合、被害額を控除した金額を加算することとなりました。

2 相続財産の取得の有無による加算の相違

暦年課税では、相続財産を取得しなかった場合は相続開始前3年又は7年以内の加算をしません。

相続時精算課税の適用を受けている場合、相続財産の取得の有無にかかわらず次の通り加算します。

財産の取得	相続税の課税価格	条文
相続又は遺贈により財産を取得した相続時精算課税適用者	相続時精算課税の規定の適用を受ける財産の価額を相続税の課税価格に加算する。	相法21の15①
相続又は遺贈により財産を取得しなかった相続時精算課税適用者	相続時精算課税の規定の適用を受ける財産の価額を相続により取得したものとみなして相続税の課税価格に加算する。	相法21の16①

相続時精算課税を適用した場合、特別控除額が大きいため相続時点で十分財産の贈与をすでに受けたとして、相続財産を取得しないケースも出てくる可能性があります。このため、相続財産を取得しない場合でも相続税の納税義務が生じるとしたものです。加算しないでよいとすると、この特例の存在意義がなくなります。富裕層が相続時精算課税を適用すると必ず相続税の納税義務者となってしまいます。相続税対策としては不都合が生じることでしょう。

3 相続開始前3年以内の贈与と相続時精算課税の贈与があった場合

相続時精算課税の選択届出書を提出して相続時精算課税の適用を受けている受贈者は、特定贈与者の申告において相続開始前3年以内の贈与加算の適用はありません。

　ただし、相続時精算課税適用者であっても、適用を受ける以前に贈与を受けた財産については、相続開始前3年以内に取得した財産に該当する場合は、相続財産に加算します。贈与税の申告の有無には関係がありません。基礎控除以下であっても加算となることに留意します。

　改正により令和6年1月1日以後に贈与を受けるものについては、相続開始前7年の贈与となりましたが、適用は変わらないでしょう。

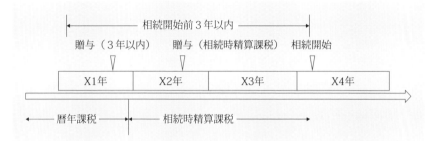

4　相続財産を取得しない場合の相続開始前3年以内の贈与財産

　相続開始前3年以内の贈与加算は、相続等により相続財産を取得した者に適用されます（相法19）。相続時精算課税の適用を受けた財産は、相続等により取得したものとみなされることから、相続時精算課税適用者が、適用を受ける前に贈与により取得し、相続開始前3年以内に該当する財産は、特定贈与者の相続財産に加算する必要があります。

　令和6年1月1日以後であっても、相続時精算課税適用者は相続開始前7年以内の贈与により取得した財産の価額を特定贈与者の相続財産に

加算します（相法19①）。

5　債務控除

　総遺産価額から債務及び葬式費用を控除できるのは、「相続又は遺贈により財産を取得した者」であり、遺贈により財産を取得した者であっても「包括受遺者及び被相続人から相続人に対する遺贈」に限られます（相法13①②）。相続人等に該当しない者は、債務控除できません。孫などが該当します。

　相続時精算課税適用者は特定贈与者の相続税の計算に当たって、債務及び葬式費用の額を控除できます（相法21の15②）。ただし、財産の取得の状況により控除できる債務の範囲が異なります。下表を参考にしてください。

　なお、暦年課税における相続開始前3年（令和6年1月1日より7年）以内の贈与を受けた財産から、債務控除はできないことに留意します（相基通19-5）。

相続財産の取得の有無	財産を取得した者	控除できる債務の範囲
相続又は遺贈により財産を取得した（相法21の15①）	無制限納税義務者である場合	相法13①に規定する債務
	制限納税義務者である場合	相法13②に規定する債務
	相続人に該当せず、かつ、特定遺贈のみで財産を取得した者	控除できない
相続又は遺贈により財産を取得しない（相法21の16①）	相続開始の時において法施行地に住所を有する者	相法13①に規定する債務
	相続開始の時において法施行地に住所を有しない者	相法13②に規定する債務
	相続人又は包括受遺者に該当しない者	控除できない

【 申告及び調査の対応のポイント 】

　暦年課税又は相続時精算課税の申告は、受贈者は任意に選択できます。

しかし、選択したことの効果は、贈与者に相続が開始した時に思わぬ形
で現れます。例えば次の事例で解説します。

①　X1年分の贈与税の申告

　　父Aは、X1年に子B、C及びDにそれぞれ2,000万円を贈与し
ました。Bは暦年課税で贈与税585万円を納税し、C及びDは相続
時精算課税を選択して申告しました。

受贈者	受贈金額	贈与税の申告	贈与税額
B	2,000万円	暦年課税	585万円（特例税率）
C	2,000万円	相続時精算課税	0
D	2,000万円	相続時精算課税	0

②　X10年分相続税の申告

　　X10年にAが死亡しました。Aの総遺産価額は4,500万円である
ため、本来の相続財産のみであれば、相続税の基礎控除額が4,800
万円なので相続税の課税対象となりません。C及びDが、X1年の
贈与財産について相続時精算課税を選択していたことから、受贈財
産価額を相続財産に加算して、相続税の計算をします。その結果、
相続税額の総額が405万円となりました。Bは、すでに暦年課税の
贈与税を納めていますが、C及びDの受贈財産価額を加算したこと
により、相続税額が算出されました。

相続人	総遺産価額	贈与加算額	相続税額	納付する相続税額
B		0	135万円	71万円
C	4,500万円	2,000万円	135万円	167万円
D		2,000万円	135万円	167万円
総額	4,500万円	4,000万円	405万円	405万円

　　暦年課税の贈与税を納めたBは不満が残ることでしょう。

③　B、C及びDが贈与税を暦年課税で申告した場合

受贈者全員が暦年課税で申告をしていれば、相続税に加算する贈与財産がないため、相続税の負担はありません。しかし、贈与税の負担は大きいです。

どの方式で申告することが適切であるかは、贈与者の財産額、受贈者の思惑等様々な要因が絡みますので、正解はないのかもしれません。しかし、贈与税の申告の時に、相続財産に加算した場合の影響を知っているかどうかで、相続人の感情が大きく異なるでしょう。

【相続税法第21条の15】
1　特定贈与者から相続又は遺贈により財産を取得した相続時精算課税適用者については、当該特定贈与者からの贈与により取得した財産で第21条の9第3項の規定の適用を受けるもの（第21条の2第1項から第3項まで、第21条の3、第21条の4及び第21条の10の規定により当該取得の日の属する年分の贈与税の課税価格計算の基礎に算入されるものに限る。）の価額から第21条の11の2第1項の規定による控除をした残額を相続税の課税価格に加算した価額をもって、相続税の課税価格とする。
2　特定贈与者から相続又は遺贈により財産を取得した相続時精算課税適用者及び他の者に係る相続税の計算についての第13条、第18条、第19条、第19条の3及び第20条の規定の適用については、第13条第1項中「取得した財産」とあるのは「取得した財産及び被相続人が第21条の9第5項に規定する特定贈与者である場合の当該被相続人からの贈与により取得した同条第3項の規定の適用を受ける財産」と、「当該財産」とあるのは「第21条の11の2第1項の規定による控除後のこれらの財産」と、同条第2項中「あるもの」とあるのは「あるもの及び被相続人が第21条の9第5項に規定する特定贈与者である場合の当該被相続人からの贈与により取得した同条第3項の規定の適用を受ける財産」と、…後略…
【相続税法第21条の16】
1　特定贈与者から相続又は遺贈により財産を取得しなかった相続時精算課税適用者については、当該特定贈与者からの贈与により取得した財産で第21条の9第3項の規定の適用を受けるものを当該特定贈与者から相続（当該相続時精算課税適用者が当該特定贈与者の相続人以外の者である場合には、遺贈）

により取得したものとみなして第1節の規定を適用する。

【相続税法基本通達19-11（相続時精算課税適用者に対する法第19条（＊）の規定の適用）】

　相続時精算課税適用者が特定贈与者からの贈与により取得した相続時精算課税の適用を受ける財産については法第19条の規定の適用はないが、当該特定贈与者に係る相続の開始前3年以内で、かつ、相続時精算課税の適用を受ける年分前に当該相続時精算課税適用者が、特定贈与者である被相続人からの贈与により取得した財産（年の中途において特定贈与者の推定相続人となったときには、推定相続人となった時前に当該特定贈与者からの贈与により取得した財産を含む。）については、同条第1項の規定により当該財産の価額を相続税の課税価格に加算することとなるのであるから留意する。

　また、当該被相続人から相続又は遺贈により財産を取得しなかった者であっても、その者が当該被相続人を特定贈与者とする相続時精算課税適用者であり、かつ、当該被相続人から相続開始前3年以内に贈与により取得した財産（相続時精算課税の適用を受ける財産を除く。）がある場合においては、その者については、同条の規定の適用があることに留意する。

【相続税法基本通達21の15-2（相続時精算課税の適用を受ける財産の価額）】

　法第21条の15第1項の規定により相続税の課税価格に加算される相続時精算課税の適用を受ける財産の価額は、相続開始時における当該財産の状態にかかわらず、当該財産に係る贈与の時における価額によるのであるから留意する。

【相続税法第13条第1項、第2項（債務控除）】

1　相続又は遺贈（包括遺贈及び被相続人からの相続人に対する遺贈に限る。以下この条において同じ。）により財産を取得した者が第1条の3第1項第1号又は第2号の規定に該当する者である場合においては、当該相続又は遺贈により取得した財産については、課税価格に算入すべき価額は、当該財産の価額から次に掲げるものの金額のうちその者の負担に属する部分の金額を控除した金額による。

　一　被相続人の債務で相続開始の際現に存するもの（公租公課を含む。）

　二　被相続人に係る葬式費用

2　相続又は遺贈により財産を取得した者が第1条の3第1項第3号又は第4号の規定に該当する者である場合においては、当該相続又は遺贈により取得した財産でこの法律の施行地にあるものについては、課税価格に算入すべき価額は、当該財産の価額から被相続人の債務で次に掲げるものの金額のうちその者の負担に属する部分の金額を控除した金額による。

　一　その財産に係る公租公課
　二　その財産を目的とする留置権、特別の先取特権、質権又は抵当権で担保
　　　される債務
　三　前2号に掲げる債務を除くほか、その財産の取得、維持又は管理のため
　　　に生じた債務
　四　その財産に関する贈与の義務
　五　前各号に掲げる債務を除くほか、被相続人が死亡の際この法律の施行地
　　　に営業所又は事業所を有していた場合においては、当該営業所又は事業所
　　　に係る営業上又は事業上の債務

【相続税法基本通達13-9（相続時精算課税適用者の債務控除）】

　法第21条の9第5項に規定する相続時精算課税適用者（以下「相続時精算課税適用者」という。）に係る法第13条第1項及び第2項の規定の適用については、当該相続時精算課税適用者の相続又は遺贈による財産の取得の有無に応じて、それぞれ次に掲げるとおりとなるのであるから留意する。

（1）　相続又は遺贈により財産を取得した相続時精算課税適用者（法第21条の15第1項に該当する者）　無制限納税義務者である場合には第13条第1項の規定、制限納税義務者である場合には同条第2項の規定が適用される。

　（注）　当該相続時精算課税適用者が、相続人に該当せず、かつ、特定遺贈のみによって財産を取得した場合には、同条の規定は適用されないのであるから留意する。

（2）　相続又は遺贈により財産を取得しなかった相続時精算課税適用者（法第21条の16第1項に該当する者）　当該相続に係る被相続人の相続開始の時において法施行地に住所を有する者である場合には第13条第1項の規定、法施行地に住所を有しない者である場合には同条第2項の規定が適用される。

　（注）　当該相続時精算課税適用者が、相続人又は包括受遺者に該当しない場合には、同条の規定は適用されないのであるから留意する。

4-11 相続時精算課税の適用を受けた土地等に対する小規模宅地等の特例

ポイント

　相続時精算課税を適用した財産は、相続又は遺贈により取得した財産ではないので、相続財産に加算する場合、小規模宅地等の特例を受けることができません。

【 解　説 】

1　小規模宅地等の特例

　小規模宅地等についての相続税の課税価格の計算の特例は、被相続人の居住又は事業の用に供されていた宅地等を一定の要件の下、80％又は50％を減じて計算することができます。この場合の宅地等は「個人が相続又は遺贈により取得した」ことが大前提です（措法69の4①）。

2　贈与財産

　贈与は贈与者と受贈者との契約行為であり、契約の成立と実行により完結します。贈与により取得した財産の所有権は受贈者に帰属し、贈与税の課税対象となります。

　暦年課税又は相続時精算課税のどちらを選択した場合でも、相続財産に加算する財産は、既に贈与により取得した財産であり、相続又は遺贈により被相続人から取得したものではありません。そのため、贈与により取得した財産は、相続税の課税価格に加算されるとしても、小規模宅地等の特例の適用を受けることはできません。ただし、死因贈与により取得した財産は、遺贈と同様、相続税の対象となりますので、小規模宅地等の特例を適用することができます（措法69の2、69の4、措通69

の4-1）。

3 事例

　父Aは、老後の事を考え、相続時精算課税を適用して同居している子Bに居住用家屋及びその敷地（評価額2,500万円）を贈与しました。その後Aが死亡しました。相続税の申告に当たって、Aから贈与を受けた居住用家屋の敷地はAの居住用財産であるとしても小規模宅地等の特例を適用できません。相続税の課税価格は次の通りです。Aの純資産価額は4,000万円で相続人は配偶者と子2名です。

- ・課税価格

　4,000万円＋2,500万円（贈与財産）＝6,500万円

- ・課税遺産総額

　6,500万円－4,800万円（基礎控除額）＝1,700万円

　もし、この家屋及びその敷地を贈与していなかった場合、小規模宅地等の特例を適用できますので、課税価格は、次の通りです。

- ・課税遺産総額

　4,000万円＋(2,500万円－(2,500万円×0.8))＝4,500万円
　　　　　　　　　　　　（小規模宅地等の特例）

　4,500万円－4,800万円（基礎控除額）＝0

（申告及び調査の対応のポイント）

1　居住用土地等を贈与し、相続時精算課税を選択して贈与税の申告をする場合は、相続税の申告における小規模宅地等の特例の適用について十分検討します。家庭の事情等で贈与せざるを得ないような止むを得ないときは別として、小規模宅地等の特例の方が、税負担が少なく済みます。

2　相続時精算課税を適用した財産は、相続財産に加算されますが、相続税の物納財産になりません（相法41②）。相続財産の構成内容によ

り、換金困難資産の割合が高く納税資金に窮する場合もあります。

『**参考法令通達等**』

【**租税特別措置法第69条の4第1項（小規模宅地等についての相続税の課税価格の計算の特例）**】

1　個人が相続又は遺贈により取得した財産のうちに、当該相続の開始の直前において、当該相続若しくは遺贈に係る被相続人又は当該被相続人と生計を一にしていた当該被相続人の親族（第3項において「被相続人等」という。）の事業（事業に準ずるものとして政令で定めるものを含む。同項において同じ）の用又は居住の用（居住の用に供することができない事由として政令で定める事由により相続の開始の直前において当該被相続人の居住の用に供されていなかつた場合（政令で定める用途に供されている場合を除く。）における当該事由により居住の用に供されなくなる直前の当該被相続人の居住の用を含む。同項第2号において同じ。）に供されていた宅地等（土地又は土地の上に存する権利をいう。同項及び次条第5項において同じ。）で、財務省令で定める建物又は構築物の敷地の用に供されているもののうち政令で定めるもの（特定事業用宅地等、特定居住用宅地等、特定同族会社事業用宅地等及び貸付事業用宅地等に限る。以下この条において「特例対象宅地等」という。）がある場合には…（以下省略）。

【**租税特別措置法通達69の4-1（相続開始前3年以内の贈与財産及び相続時精算課税の適用を受ける財産）**】

　措置法第69条の4第1項に規定する特例対象宅地等（以下69の5-11までにおいて「特例対象宅地等」という。）には、被相続人から贈与（贈与をした者の死亡により効力を生ずべき贈与（以下「死因贈与」という。）を除く。以下同じ。）により取得したものは含まれないため、相続税法（昭和25年法律第73号）第19条《相続開始前3年以内に贈与があった場合の相続税額》の規定の適用を受ける財産及び相続時精算課税（同法第21条の9第3項《相続時精算課税の選択》の規定（措置法第70条の2の6第1項、第70条の2の7第1項（第70条の2の8において準用する場合を含む。）又は第70条の3第1項において準用する場合を含む。）をいう。以下70の7の2-3までにおいて同じ。）の適用を受ける財産については、措置法第69条の4第1項の規定の適用はないことに留意する。

【**相続税法第41条第2項（物納の要件）**】

2　前項の規定による物納に充てることができる財産は、納税義務者の課税価

格計算の基礎となった財産（当該財産により取得した財産を含み、第21条の
9第3項の規定の適用を受ける財産を除く。）でこの法律の施行地にあるも
ののうち次に掲げるもの（管理又は処分をするのに不適格なものとして政令
で定めるもの（第45条第1項において「管理処分不適格財産」という。）を
除く。）とする。

（以下、省略）

第5章

配偶者控除

5-1 配偶者控除の適用要件

▶ポイント

　婚姻期間20年以上の配偶者に居住用土地家屋を贈与した場合に、2,000万円まで贈与税の対象にしない特例です。近年、配偶者居住権の創設に代表される配偶者の地位向上のための方策が打ち出されています。贈与税の配偶者控除は適用要件が非常に明確で、利用価値の高い特例です。

【 解　説 】

1　贈与税の配偶者控除の特例の概要

⑴　概要

　贈与税の配偶者控除は、贈与配偶者が死亡した場合に受贈配偶者の生活基盤を確保するという大きな目的があります。特に近年、相続税の改正に合わせて相続そのものに対する世間の関心が高くなり、また、様々な情報媒体から相続人としての権利を知る機会が増え、それに伴い財産争いも増加しています。相続財産に対する相続人の権利は制限されるものではなく、遺言による場合であっても遺留分相当額は確保されています。主な相続財産が被相続人及び配偶者の居住する不動産の場合、配偶者以外の相続人の強硬な主張に対応できないことがあります。結局自宅を換金したうえで分割するということにもなりかねません。

　2018年７月の民法改正で、配偶者居住権及び配偶者短期居住権が創設されました。この制度は、配偶者の安定した居住権を確保することが目的ですが、遺産分割又は調停等を経ることにより設定できるものです。

　居住権の確保は、建物の所有権に勝るものはありません。

(2) 特例の内容及び適用状況

① 配偶者控除の変遷

　　贈与税の配偶者控除は、長年連れ添ってきた配偶者の生活基盤を安定させる目的で、1966年（昭和41年）に創設されました。当初は控除額が160万円でしたが、相続税の改正や地価の高騰などにより改定されてきました。控除額の変遷は次の通りです。

【配偶者控除の変遷】

改正年	婚姻期間	控除額
1966年（昭和41年）創設	25年以上	160万円
1971年（昭和46年）		360万円
1973年（昭和48年）	20年以上	560万円
1975年（昭和50年）		1,000万円
1988年（昭和63年）		2,000万円

② 適用件数の変遷

　　配偶者控除を適用した贈与税の申告件数及び控除金額は、次の通りです（国税庁統計情報）。平成3年分をピークとして、近年はかなり低調なようです。

【近年の配偶者控除の適用件数】

適用年分	件数　（件）	金額（百万円）
1991年（平成3年）	41,748	公表データなし
1997年（平成9年）	23,218	
2006年（平成18年）	16,385	208,336
2008年（平成20年）	13,462	168,914
2012年（平成24年）	13,538	172,595
2014年（平成26年）	16,660	222,282
2021年（令和3年）	15,846	99,866

（国税庁：統計情報）

2　特例の適用要件

　　婚姻期間が20年以上の贈与した配偶者（以下「贈与配偶者」といい

ます。）から、一定の居住用不動産又は居住用不動産を取得するための金銭の贈与を受けた配偶者（以下「受贈配偶者」といいます。）は、贈与を受けた価額から2,000万円までの金額を控除できる特例です（相法21の6）。

　基本的な要件は次の通りです。

①　婚姻期間が20年以上の贈与配偶者からの贈与であること
②　受贈財産は、次の要件を満たすものであること
　イ　土地若しくは土地の上に存する権利（以下「土地等」といいます。）又は家屋（以下土地等及び家屋を合わせて「居住用不動産」といいます。）
　ロ　居住用不動産を取得するための金銭
　　　居住用不動産を取得するために贈与を受けた金銭をもって信託財産を取得した場合のその信託に関する一定の権利を含みます（相令4の6③）。
③　居住用不動産は次の要件を満たすこと
　イ　専ら居住の用に供すること
　ロ　国内にあること
④　同一の贈与配偶者から以前に贈与を受けた財産について、この特例を適用していないこと
⑤　贈与を受けた日の属する年の翌年3月15日までに居住の用に供すること
⑥　金銭の贈与を受けた場合、贈与を受けた日の属する翌年3月15日までに居住用不動産を取得して居住の用に供すること
⑦　⑤⑥以後も引き続き居住の用に供する見込みであること
⑧　贈与を受けた年の翌年に贈与税の申告をすること

⑴ 居住用不動産の要件

① 居住用不動産とは、日本国内にあるもので、次のものをいいます（相法21の6①）。

イ 専ら居住の用に供する土地若しくは土地の上に存する権利

ロ 専ら居住の用に供する家屋

この場合の取得には家屋の増築も含みます（相基通21の6-4）。

ハ 居住用不動産を取得するための金銭

⑵ 土地等のみを取得した場合

居住用家屋又は居住用家屋の敷地の贈与を受けた場合でも適用できますが、居住用家屋の敷地のみを取得した場合の配偶者控除の適用は、次のいずれかに当てはまることが必要です。なお、この場合における土地等には、受贈配偶者の配偶者又は受贈配偶者と同居するその者の親族の有する借地権の設定されている土地（いわゆる底地）及び配偶者居住権の目的となっている家屋の敷地の用に供される土地等を含みます（相基通21の6-1⑵）。

① 家屋の所有者が受贈配偶者の配偶者である

つまり、夫か妻の所有であること。

② 家屋の所有者が受贈配偶者と同居するその者の親族である

⑶ 居住の用に供する期限

イ 取得した居住用不動産は、次の区分に応じて居住の用に供します。

贈与財産の区分	居住の用に供する期限
不動産	贈与を受けた年の翌年3月15日までに、居住用不動産を受贈者の居住の用に供し、かつ、その後引き続き居住の用に供する見込みであること。

金銭	贈与を受けた翌年の３月15日までに居住用不動産の取得に充て、その日までに居住の用に供し、かつ、その後引き続き居住の用に供する見込みであること。

ロ　贈与を受けた年の翌年３月15日までに居住の用に供すればいいのであって、３月15日に居住していなければいけないということではありません。ただし、居住後引き続き居住を継続する見込みであることが要件です。転勤等やむを得ない場合があります。２月に婚姻期間が20年となったので居住用財産の贈与を受けたが、11月に離婚したような場合であっても、引き続き居住するつもりであれば適用できるでしょう。ただし、譲渡を前提とした適用はできないことは、いうまでもありません。

ハ　配偶者控除の特例は、受贈配偶者が居住すること又は居住する見込みであることが要件です。贈与配偶者と同居しなければならない規定はありません。次のような事情で贈与配偶者と同居できない場合もあります。

・贈与配偶者が転勤で遠方に居住している場合

・老人ホームに入所している場合

⑷　受贈配偶者の要件

受贈配偶者は、次の者をいいます。

①　婚姻期間が20年以上であること

・婚姻期間は、民法に規定する婚姻の届出のあった日から、贈与の日までの期間をいいます。

・婚姻期間に１年未満の端数がある時は切り捨てます。切り捨てた結果、婚姻期間が20年未満となった場合は適用できません（相基通21の6-7）。

② 同一配偶者からは、一生に一回だけの贈与にしか適用を受けられないこと。

・相続税法第21条の6第1項に「その年の前年以前のいずれかの年において贈与により当該配偶者から取得した財産に係る贈与税につきこの条の規定の適用を受けた者を除く。」と規定されています。ここにおける当該配偶者とは贈与配偶者のことをいいます。そこで、同一配偶者からの贈与について、以前に配偶者控除の特例を適用している場合、もはや適用が受けられません。もちろん、同一配偶者でなければ適用を受けることができますので、長寿社会となっている近年は、複数人からの贈与による適用もあることでしょう。

(5) 婚姻期間の判定

① 基本的な判定基準

婚姻期間が20年以上である配偶者に該当するか否かの判定は、財産の贈与の時の現況によります（相令4の6①）。

② 婚姻期間の基準

婚姻期間の判定は、具体的には民法第739条第1項（婚姻の届出）の届出があった日から、居住用不動産又は金銭の贈与があった日までの期間によります（相令4の6②）。

ただし、判定期間中に配偶者でなかった期間がある場合、その期間は除いて20年をカウントします。同一相手の離婚再婚がありますが、実質的に20年間夫婦でいることが必要です。

③ 婚姻期間に端数がある場合

婚姻期間に1年未満の端数があるときであっても、その端数を切り上げません。したがって、その婚姻期間が19年を超え20年未満であるときは、贈与税の配偶者控除の適用がありません。満年齢で数えます。数え年齢で20年と計算し、20年に満たないまま贈与登記していた

事例や20年に達するまでにあと数日で贈与していた事例があります。

⑹　贈与税申告の提出要件

　配偶者の特別控除は、贈与があった年の翌年2月1日から3月15日までの間に、贈与税の申告書及び次の書類を添付して申告することとなっています（相法21の6②、相規9）。

　なお、財務省令で定める書類の添付がない申告書又は更正請求書の提出があった場合、その添付がなかったことについてやむを得ない事情があると税務署長が認めるときは、書類の提出があった場合に限り、配偶者の特別控除を適用することができます（相法21の6③、相規9）。

①　贈与税申告書

②　控除を受けようとする年の前年以前に同一配偶者からの適用を受けていない旨を記載した書類

　　贈与税申告書欄にチェックすることで対応します。

③　受贈者の戸籍の謄本又は抄本

　　居住用不動産又は金銭の贈与を受けた日から10日を経過した日以後に作成されたものに限ります。

④　受贈者の戸籍の附表の写し

　　居住用不動産又は金銭の贈与を受けた日から10日を経過した日以後に作成されたものに限ります。

　　税務署は配偶者控除に係る申告を、KSKシステムで永年管理しています。過去の適用は簡単に調べることができます。そのために戸籍の附表の提出を求めています。

⑤　不動産の取得を証明する書類

　　居住用不動産を取得したことを証明する必要があるため、次の書類が必要です（相規9）。

　イ　居住用不動産に関する登記事項証明書その他の書類

　　　その他の書類とは、贈与を受けたことを証する書類であること
　　から贈与契約書等の写しでも構いません。

　ロ　申告書への不動産番号等の記入又は登記事項証明書の写しなど
　　の不動産番号等の記載のある書類を提出することにより、登記事
　　項証明書の原本の添付を省略することができます。

　ハ　居住用不動産の贈与を受けた場合は、上記の書類の他に、居住
　　用不動産を評価するための書類（固定資産評価証明書など）が必
　　要です。現金の贈与を受けた場合、評価を証明する書類は必要あ
　　りません。

3　贈与税の計算における控除金額の順序

(1)　配偶者控除額

　贈与税の配偶者控除額は、次の①②に掲げる金額のうちいずれか低い
金額です。

---

　①　2,000万円
　②　贈与により取得した居住用不動産の価額＋贈与により取得した
　　金銭のうち居住用不動産の取得に充てた部分の金額

---

(2)　贈与税の計算

　贈与税の計算は、基礎控除に先立って配偶者控除をします（相基通
21の6-6）。配偶者控除を優先的に適用して、それでも課税価格が生じ
る場合、基礎控除を適用します。

　贈与税額＝（贈与を受けた財産の合計額－配偶者控除額（2,000万
円）－基礎控除額（110万円））×税率

---

(3)　居住用不動産と同時に居住用不動産以外の財産を取得した場合

　配偶者から贈与により取得した金銭及び金銭以外の資金をもって、居

住用不動産と同時に居住用不動産以外の財産を取得した場合には、その
金銭はまず居住用不動産の取得に充てられたものとして取り扱うことが
できます（相通21の6-5）。

4 贈与配偶者に相続が開始した場合

⑴ 相続開始前3（7）年以内に贈与を受けた財産

相続等により財産を取得した者が相続開始前3年以内に贈与を受けた
財産がある場合、その価額を相続財産に加算します（相法19①）

贈与税の配偶者控除は、相続開始前3（7）年以内に配偶者控除の適
用を受けた贈与財産（「特定贈与財産」といいます。）は、相続財産に加
算する必要はありません（相法19①）。

⑵ 贈与配偶者が贈与した年中に相続が開始した場合

相続等によって財産を取得した者が、相続開始の年に財産の贈与を受
けていた場合には、その贈与を受けた財産の価額は、贈与税の課税価格
に算入せず、相続税の課税価格に加算されます（相法21の2④）。

居住用財産の贈与を受け、同年中に贈与配偶者に相続開始があった場
合、その財産について贈与税の配偶者控除を適用する場合、相続財産に
加算しません（相法19②）。

この特例を適用することにより、相続財産に対して一線を引くことに
なります。

5 信託財産である居住用不動産の適用

受贈配偶者の取得した信託に関する権利で、信託財産に属する資産が
次に掲げるいずれかのものである場合、信託に関する権利は、居住用
不動産に該当することから、配偶者控除が適用できます（相基通21の
6-9）。

① 信託財産に属する土地等又は家屋が居住用不動産に該当するもの

② 信託の委託者である受贈配偶者が信託した金銭により、受託者が、

信託財産として取得した土地等又は家屋が居住用不動産に該当する
もの

　相続税法第9条の2第6項に「第1項から第3項までの規定によ
り贈与又は遺贈により取得したものとみなされる信託に関する権利
又は利益を取得した者は、当該信託の信託財産に属する資産及び負
債を取得し、又は承継したものとみなして、この法律の規定を適用
する。」とあり、信託受益権を贈与により取得した場合は、相続税
法が適用されます。居住用財産を贈与により取得したものとみなさ
れることから、配偶者控除が適用できます。

6　配隅者居住権の創設

　2018年の相続法（民法）の改正で、配偶者居住権（民法1028）及び
配偶者短期居住権（民法1037）が創設されました。これは、夫婦の一
方が死亡したことにより、生存配偶者の生活権が脅かされている実態が
あるためです。

　配偶者居住権の設定は非常に煩雑であり、かつ権利が消滅するまで配
偶者居住権者及び建物所有者の権利に対して、身動きが取れない状態と
なります。居住建物の一部でも所有権があることにより居住権を主張で
きます。

　申告及び調査の対応のポイント

1　贈与税の配偶者控除の適用で、多い誤りは次の通りです。

　①　婚姻期間が20年に満たない

　　婚姻した日から、贈与を受けた日までの実年数で20年以上であ
ることを戸籍謄本でしっかり確認します。婚姻期間に1年未満の端
数があるときは切り捨てますので、19年11か月は19年となり適用
は受けられません（相基通21の6-7）。

②　居住用以外の部分がある

　　非常に多い誤りです。「共同住宅」、「店舗」、「事務所」等に使用されている部分は、原則として特例の適用はできません。居住用として利用している割合を適切に判断します（5-2参照）。

③　同一配偶者から一生に一度しか適用できない

　　同一配偶者からは一生に一度しか適用を受けられないため、結婚してから40年後に再度適用することはできません。ただし、配偶者が異なれば、適用できます（相法21の６、相基通21の6-8）。

④　申告事実の管理

　　贈与税の配偶者控除の申告事実は、課税庁は永年に管理しています。同一配偶者から一生に一度しか適用できないという特殊な要件があるためです。前回の特例適用から20年過ぎたからもう一度贈与してもいいか、という相談を受けたことがあります。

⑤　同居は要件となっていない

　　配偶者の税額軽減の適用は、同居が要件であるとの説明を受けた事例があります。同居要件規定はありません。

2　相続税の基礎控除が大幅に減額となりました。相続税の基礎控除額に対する贈与税の配偶者控除額の比重が高まります。相続税対策の点から、もっと活用されてもいい制度です。相続対策及び相続税対策としての贈与税の配偶者控除の適用を見直してはいかがでしょうか。ただし、小規模宅地等の特例と比較考量して判断します。

『参考法令通達等』
【相続税法第21条の６第１項（贈与税の配偶者控除）】
1　その年において贈与によりその者との婚姻期間が20年以上である配偶者から専ら居住の用に供する土地若しくは土地の上に存する権利若しくは家屋でこの法律の施行地にあるもの（以下この条において「居住用不動産」という。）

又は金銭を取得した者（その年の前年以前のいずれかの年において贈与により当該配偶者から取得した財産に係る贈与税につきこの条の規定の適用を受けた者を除く。）が、当該取得の日の属する年の翌年3月15日までに当該居住用不動産をその者の居住の用に供し、かつ、その後引き続き居住の用に供する見込みである場合又は同日までに当該金銭をもって居住用不動産を取得して、これをその者の居住の用に供し、かつ、その後引き続き居住の用に供する見込みである場合においては、その年分の贈与税については、課税価格から2千万円（当該贈与により取得した居住用不動産の価額に相当する金額と当該贈与により取得した金銭のうち居住用不動産の取得に充てられた部分の金額との合計額が2千万円に満たない場合には、当該合計額）を控除する。

【相続税法基本通達21の6-7（贈与税の配偶者控除の場合の婚姻期間の計算）】

　法第21条の6に規定する婚姻期間を計算する場合において、その計算した婚姻期間に1年未満の端数があるときであっても、その端数を切り上げないのであるから留意する。したがって、その婚姻期間が19年を超え20年未満であるときは、贈与税の配偶者控除の適用がない。

【相続税法基本通達21の6-9（信託財産である居住用不動産についての贈与税の配偶者控除の適用）】

　受贈配偶者の取得した信託に関する権利（法第9条の2第6項ただし書に規定する信託に関する権利及び法第9条の4第1項又は第2項の規定により贈与により取得したものとみなされる信託に関する権利を除く。）で、当該信託の信託財産に属する資産が次に掲げるいずれかのものである場合には、当該信託に関する権利（次に掲げるいずれかのものに対応する部分に限る。）は、居住用不動産に該当することに留意する。

　⑴　当該信託の信託財産に属する土地等又は家屋が居住用不動産に該当するもの

　⑵　当該信託の委託者である受贈配偶者が信託した金銭により、当該信託の受託者が、信託財産として取得した土地等又は家屋（当該信託の委託者である受贈配偶者が信託した金銭（法第21条の6第1項に規定する配偶者から贈与により取得した金銭に限る。）により取得したもので、かつ、当該金銭に対応する部分に限る。）が居住用不動産に該当するもの

　この場合において、受贈配偶者が、法第21条の6第2項の規定により贈与税の申告書に添付すべき法施行規則第9条第2号に掲げる居住用不動産に関する登記事項証明書その他の書類で当該贈与を受けた者が当該居住用不動産を取得したことを証するものについては、上記⑴の場合には、当該土地等又は家屋に

係る信託目録が含まれた登記事項証明書その他の書類で不動産登記法（平成16年法律第123号）第97条第1項各号に掲げる事項を明らかにするもの、上記(2)の場合には、当該信託の受託者が信託財産として当該土地又は家屋を取得したことを明らかにするものが必要であることに留意する。

5-2 居住の用に供していない部分がある場合

ポイント

　贈与税の配偶者控除の対象となるのは「専ら居住の用に供する」土地等若しくは家屋です。店舗や事務所として使用している部分は、配偶者控除の適用対象となりません。
　しかし、店舗や事務所と登記されていても実態は居住用として利用していることもあります。居住用として利用しているのか、又は店舗等かは事実認定の問題です。

【 解　説 】

1　居住用不動産の範囲

　居住用部分は、贈与税の課税対象としないという趣旨から、居住用不動産が居住専用ではない場合等は次により判定します（相基通21の6-1）。

　①　取得の日の属する年の翌年３月15日現在において、店舗兼住宅及び店舗兼住宅の敷地の用に供されている土地等（以下「店舗兼住宅等」といいます。）のように、専ら居住の用に供している部分と居住の用以外の用に供されている部分がある場合、居住の用に供している部分の土地等及び家屋

　　この場合の判定の日は、取得の日の属する年の翌年３月15日です。贈与を受けた時点で、非居住用部分があっても、翌年３月15日までに居住用に改装した場合は、改装した部分を含めてを居住用と判断します。

　②　店舗兼住宅等で、居住の用に供している部分の面積が、その土地等又は家屋の面積のそれぞれのおおむね10分の９以上であるとき

は、その全部を居住用不動産に該当します。

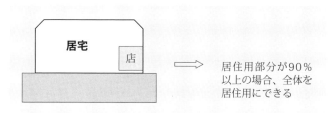

③　受贈配偶者が専ら居住の用に供する家屋の存する土地等のみを取
　得した場合で、家屋の所有者が贈与配偶者又は受贈配偶者と同居す
　るその者の親族である場合のその土地等
　　家屋の持分が贈与配偶者及び受贈配偶者それぞれ1/2で、その敷
　地を贈与配偶者が全体を所有しています。その敷地のみの贈与を受
　けた場合、贈与配偶者が所有している1/2に相当する部分について
　も、宅地の上の家屋が贈与配偶者であることから配偶者控除の適用
　を受けられます（相基通21の6-1(2)）。
④　受贈配偶者が店舗兼住宅の用に供する家屋の存する土地等のみを
　取得した場合で、受贈配偶者がその家屋のうち住宅の部分に居住し、
　かつ、家屋の所有者が贈与配偶者又は受贈配偶者と同居するその者
　の親族である場合、居住の用に供している部分の土地等
⑤　家屋の増築
　　家屋の取得には増築があった場合も含まれます（相基通21の
　6-4）。

2　店舗兼住宅等の居住用部分の判定

　居住の用に供している家屋のうちに非居住用部分のある家屋及び家屋
の敷地の用に供されている土地等で、居住の用に供している部分は、次
により判定します（相基通21の6-2）。

(1)　家屋のうちその居住の用に供している部分は、次の算式により計算した面積に相当する部分

$$
\begin{array}{l}
\text{家屋のうち居住用} \\
\text{に専ら供している} \\
\text{部分の床面積(A)}
\end{array}
+
\begin{array}{l}
\text{家屋のうち居住用と居住} \\
\text{用以外の用とに併用され} \\
\text{ている部分の床面積(B)}
\end{array}
\times
\frac{A}{\text{家屋の床面積} - B}
$$

(2)　土地等のうちその居住の用に供している部分は、次の算式により計算した面積に相当する部分

$$
\begin{array}{l}
\text{土地等のうち居住} \\
\text{用に専ら供して} \\
\text{いる部分の面積}
\end{array}
+
\begin{array}{l}
\text{土地等のうち居住} \\
\text{用と居住用以外の} \\
\text{用とに併用されて} \\
\text{いる部分の面積}
\end{array}
\times
\frac{\begin{array}{c}\text{家屋の面積うち(1)に}\\\text{より計算した面積}\end{array}}{\text{家屋の床面積}}
$$

3　店舗兼住宅等の居住用部分の判定の特例的取扱い

(1)　店舗兼住宅等の持分の贈与があった場合

　配偶者から店舗兼住宅等の持分の贈与を受けた場合、相続税法基本通達21の6-2により求めた店舗兼住宅等の居住の用に供している部分の割合に、その贈与を受けた持分の割合を乗じて計算した部分を、居住用不動産に該当するものとします（相基通21の6-3）。特例対象は居住用部分に限られることから、非居住用部分はそもそも検討の対象になりません。

　ただし、その贈与を受けた持分の割合が相続税法基本通達21の6-2により求めた店舗兼住宅等の居住の用に供している部分（居住の用に供している部分に受贈配偶者とその配偶者との持分の割合を合わせた割合を乗じて計算した部分をいいます。）の割合以下である場合、その贈与を受けた持分の割合に対応する店舗兼住宅等の部分を居住用不動産に該当するものとして申告することができます。また、贈与を受けた持分の割合が同通達21の6-2により求めた店舗兼住宅等の居住の用に供している部分の割合を超える場合における居住の用に供している部分についても同様です（相基通21の6-3ただし書き）。

⑵　店舗兼住宅等の計算例

① 計算の前提

婚姻期間20年を超えるAからBに対して、次の家屋及び土地の贈与があった。

贈与前の家屋及び敷地の所有者		A
贈与持分		家屋及び土地の持分の3分の1
家屋	床面積	300㎡
	価額	600万円
宅地	面積	300㎡
	価額	3,000万円
家屋の利用状況		150㎡をA及びBの居住用、150㎡を事業用（店舗）として利用している。

② 原則的取扱い

贈与を受けた持分のうち、居住用以外に相当する分は特例の対象となりません。この考え方は、贈与された持分の中には非居住用部分が必ず含んでいるとするものです。持分贈与があった場合の基本的取扱いです。

配偶者控除が適用できる部分は次のとおりです。

区分	計算
家屋	$600万円 \times \dfrac{150㎡}{300㎡} \times \dfrac{1}{3} = 100万円$
宅地	$3,000万円 \times \dfrac{150㎡}{300㎡} \times \dfrac{1}{3} = 500万円$

課税される部分は、受贈価額1,200万円から配偶者控除を適用した600万円を除いた600万円となります（$(3000万円+600万円) \times \dfrac{1}{3} -$（100万円＋500万円））。

③ 特例的取扱い

イ　家屋の利用状況で居住用部分を優先的に適用します。

区分	計算
ⅰ　家屋	① 贈与を受けた持分及び価額 $600万円 \times \dfrac{1}{3} = 200万円$ ② 居住用部分の割合にA及びBの持分の割合を乗じて計算した割合 $600万円 \times \dfrac{150㎡}{300㎡} \times \left(\dfrac{2}{3} + \dfrac{1}{3} \right) = 300万円$ ③ 配偶者控除の対象となる居住用建物の価額 $600万円 \times \dfrac{1}{3} = 200万円$（①＜②）
ⅱ　宅地	① 贈与を受けた持分及び価額 $3,000万円 \times \dfrac{1}{3} = 1,000万円$ ② 居住用部分の割合にA及びBの持分の割合を乗じて計算した割合 $3,000万円 \times \dfrac{150㎡}{300㎡} \times \left(\dfrac{2}{3} + \dfrac{1}{3} \right) = 1,500万円$ ③ 配偶者控除の対象となる居住用建物の価額 $3,000万円 \times \dfrac{1}{3} = 1,000万円$（①＜②）

　ロ　贈与財産の価額

　　家屋　　　200万円

　　宅地　　1,000万円

　　合計　　1,200万円

　ハ　贈与税の配偶者控除額

　　200万円（建物ⅰ③）＋1,000万円（宅地ⅱ③）＝1,200万円

　ニ　贈与税の対象となる課税価格

　　1,200万円－1,200万円＝0

4　特例的取扱いがあった場合の他の税目への影響

(1)　居住用土地建物を譲渡した場合の居住用部分

　特例的取扱いは非居住用部分がある場合の居住用部分を、優先的に配

偶者控除を適用する計算に限られます。贈与後の居住用非居住用につい
ての取扱いは原則通りの持分によることに留意します。租税特別措置法
第35条第1項等、居住用財産を譲渡した場合の取扱いは、各所有者の
持分には居住用部分及び非居住用部分があることになります。次の(2)に
ついても同様です。

(2)　店舗等部分の所得税の取扱い

　非居住用部分が賃貸等で家賃収入がある場合、持分に応じて申告しま
す。この特例は20年以上連れ添った配偶者に対する居住用財産の贈与
について、贈与部分をできるだけ適用するように配慮したものです。し
かし、不動産所得を生ずる場合の計算においては、その持分によります。

5　居宅と貸家が同一敷地内にある場合

(1)　居宅と貸家が同一敷地内にある場合の取扱い

　一の建物が店舗兼住宅である場合、3(2)の計算が適用されます。居宅
と店舗等非居住用建物が同一敷地内にある場合、原則的に持分及び利用
割合を按分します。

(2)　居宅と貸家が同一敷地内にある場合の計算例

①　計算の前提

　贈与者が所有する1筆の宅地（1,000㎡）のうち居宅とその敷地の
1/4の贈与を受けました。居宅及びアパートの敷地として利用してお
り、利用割合は次の通りです。

利用区分	適用面積	敷地の利用割合
居住用部分（特例対象）	1,000㎡	4分の1
居住用以外の部分		4分の3

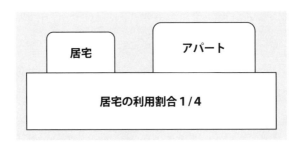

② 配偶者控除の適用となる面積

　　配偶者控除の適用となる面積は次の通りです。贈与を受けた持分の
うち、居住用部分と非居住用部分があることを前提に計算します。

利用区分	適用面積	計算
居住用部分（特例対象）	62.5㎡	1,000㎡×1/4（持分）×1/4（利用割合）
居住用以外の部分	187.5㎡	1,000㎡×1/4×3/4

『**参考法令通達等**』

【相続税法基本通達21の6-1（居住用不動産の範囲）】

　　法第21条の6第1項の規定による贈与税の配偶者控除の適用を受けられる者
（以下21の6-9までにおいて「受贈配偶者」という。）が取得した次に掲げる土
地若しくは土地の上に存する権利（以下21の6-1、21の6-2及び21の6-9におい
て「土地等」という。）又は家屋は、同項に規定する居住用不動産（以下21の
6-9までにおいて「居住用不動産」という。）に該当するものとして取り扱うも
のとする。

⑴　受贈配偶者が取得した土地等又は家屋で、例えば、その取得の日の属する
　年の翌年3月15日現在において、店舗兼住宅及び当該店舗兼住宅の敷地の用
　に供されている土地等のように、その専ら居住の用に供している部分と居住
　の用以外の用に供されている部分がある場合における当該居住の用に供して
　いる部分の土地等及び家屋

　　なお、この場合において、その居住の用に供している部分の面積が、その
　土地等又は家屋の面積のそれぞれのおおむね10分の9以上であるときは、そ
　の土地等又は家屋の全部を居住用不動産に該当するものとして差し支えな
　い。

(2)　以下省略（別途解説）

【相続税法基本通達21の6-2（店舗兼住宅等の居住用部分の判定）】

　受贈配偶者の居住の用に供している家屋のうちに居住の用以外の用に供されている部分のある家屋及び当該家屋の敷地の用に供されている土地等（以下21の6-3において「店舗兼住宅等」という。）に係る21の6-1に定めるその居住の用に供している部分は、次により判定するものとする。

(1)　当該家屋のうちその居住の用に供している部分は、次の算式により計算した面積に相当する部分とする。

$$\left(\begin{array}{c}\text{当該家屋のうちその居}\\\text{住の用に専ら供して}\\\text{いる部分の床面積(A)}\end{array}+\begin{array}{c}\text{当該家屋のうちその居住の用}\\\text{と居住の用以外の用途に併用}\\\text{されている部分の床面積(B)}\end{array}\right)\times\dfrac{A}{\begin{array}{c}\text{当該家屋}\\\text{の床面積}\end{array}-B}$$

(2)　当該土地等のうちその居住の用に供している部分は、次の算式により計算した面積に相当する部分とする。

$$\left(\begin{array}{c}\text{当該土地等のうちそ}\\\text{の居住の用に専ら供}\\\text{している部分の面積}\end{array}+\begin{array}{c}\text{当該土地等のうちその}\\\text{居住の用と居住の用}\\\text{以外の用とに併用さ}\\\text{れている部分の面積}\end{array}\right)\times\dfrac{\begin{array}{c}\text{当該家屋の面積のうち(1)の}\\\text{算式により計算した面積}\end{array}}{\text{当該家屋の床面積}}$$

【相続税法基本通達21の6-3（店舗兼住宅等の持分の贈与があった場合の居住用部分の判定）】

　配偶者から店舗兼住宅等の持分の贈与を受けた場合には、21の6-2により求めた当該店舗兼住宅等の居住の用に供している部分の割合にその贈与を受けた持分の割合を乗じて計算した部分を居住用不動産に該当するものとする。

　ただし、その贈与を受けた持分の割合が21の6-2により求めた当該店舗兼住宅等の居住の用に供している部分（当該居住の用に供している部分に受贈配偶者とその配偶者との持分の割合を合わせた割合を乗じて計算した部分をいう。以下21の6-3において同じ。）の割合以下である場合において、その贈与を受けた持分の割合に対応する当該店舗兼住宅等の部分を居住用不動産に該当するものとして申告があったときは、法第21条の6第1項の規定の適用に当たってはこれを認めるものとする。また、贈与を受けた持分の割合が21の6-2により求めた当該店舗兼住宅等の居住の用に供している部分の割合を超える場合における居住の用に供している部分についても同様とする。

5-3 居住用宅地の底地を取得した場合

▶ポイント

借地上の家屋を居住用として使用しており、その底地を配偶者名義で取得した場合、配偶者の居住用家屋であることから、贈与税の配偶者控除の適用が受けられます。

【 解 説 】

1 居住用家屋の底地の取得

配偶者控除の特例が受けられる居住用不動産は、居住の用に供している家屋のみならず、その敷地である土地のみを取得した場合でも適用があります。また、借地権の設定されている土地（底地）を取得した場合でも、その借地権が、贈与配偶者又は受贈配偶者と同居する親族が所有するものであるときは、適用があります（相基通21の6-1(2)）。

2 借地権者以外の者が底地を取得した場合

借地権の目的となっている土地を借地権者以外の者が取得し、その後地代の授受が行われなくなった場合、土地の取得者は、借地権者から借地権部分の贈与を受けたものとして取り扱われます。ただし、土地の使用関係が使用貸借ではなく、借地権は依然として従前の借地権者にあるという「借地権者の地位に変更がない旨の申出書」を借地権者、及び底地取得者の連名で、納税者の住所地の所轄税務署長あてに提出した場合、借地権の贈与税の課税は行われません（1973年（昭和48年）11月1日付直資2-189「使用貸借に係る土地についての相続税及び贈与税の取扱いについて」5）。

(申告及び調査の対応のポイント)

　借地権の設定されている土地（底地）を、子や配偶者等親族が取得するケースは多いですが、原則として借地権部分が贈与税の課税対象となります。将来の相続の時のトラブルにもなりますので、借地権の権利関係は明確にしておきます。

『**参考法令通達等**』

【相続税法基本通達21の6-1（居住用不動産の範囲）】

　法第21条の6第1項の規定による贈与税の配偶者控除の適用を受けられる者（以下21の6-9までにおいて「受贈配偶者」という。）が取得した次に掲げる土地若しくは土地の上に存する権利（以下21の6-1、21の6-2及び21の6-9において「土地等」という。）又は家屋は、同項に規定する居住用不動産（以下21の6-9までにおいて「居住用不動産」という。）に該当するものとして取り扱うものとする。

(1)　省略

(2)　受贈配偶者がその者の専ら居住の用に供する家屋の存する土地等のみを取得した場合で、当該家屋の所有者が当該受贈配偶者の配偶者又は当該受贈配偶者と同居するその者の親族であるときにおける当該土地等

　　なお、この場合における土地等には、受贈配偶者の配偶者又は当該受贈配偶者と同居するその者の親族の有する借地権の設定されている土地（いわゆる底地）を含むものであるから留意する（(3)において同じ。）。

5-4 配偶者控除の適用を受ける 場合の贈与財産の判断

▶ポイント

　土地建物等を贈与する場合は、建物は固定資産税評価額、土地等は路線価等により評価しますが、土地建物を取得すると同時に名義変更を行った場合は取得資金の贈与とみなされます。

【 解　説 】

1　贈与財産の価額

　贈与により取得した財産の価額は、財産の取得の時の時価によります（相法22）。その価額は、土地については路線価又は倍率方式により計算した金額で評価し、家屋については固定資産税評価額によります（評基通13、21、89）。

2　物件贈与と金銭贈与

　贈与財産の価額は時価によりますが、金銭以外の財産については、財産評価基本通達に基づいて評価します。特に土地等の価額は公示価格の80％相当額であり、いわゆる時価とは乖離しています。贈与者が財産の所有権を一旦取得して、その後に贈与したのか、それとも所有権を取得するための資金を贈与したかにより贈与財産の価額が異なります。結果が同じでも贈与財産により、税負担も異なることになりますので、適切に判断する必要があります。

　　①　贈与者が所有する不動産を贈与する場合又は一旦取得したうえで贈与する場合（物件贈与）

　　　課税価格は、財産評価基本通達に基づいた評価額になります。

　　②　贈与者が不動産を取得すると同時に配偶者名義にする場合（金銭

　贈与）

　　取得資金の贈与となります。

申告及び調査の対応のポイント

　贈与税の配偶者控除は、同一配偶者間では一生に一度しか適用できません。多くの持分を贈与するためには、できるだけ土地家屋の贈与にします。土地は公示価格の80％程度の水準で評価され、家屋は固定資産税評価額によります。

5-5 居住用財産贈与の 持戻し免除

▶ポイント

　婚姻期間が20年以上の夫婦の一方が、他方に居住用財産を贈与又は遺贈した時は、特別受益とはみなさず、持戻し免除の意思表示したものと推定される民法の規定があります。相続財産に対する配偶者の取得分を多くするために2018年の民法改正において創設されました。贈与税の配偶者控除と近似する要件となっていますが、居住用財産を取得するための現金の贈与の場合、持戻し免除の推定規定は働きません。

【 解　説 】

1　特別受益

(1)　民法における特別受益

　特別受益とは、相続人の中に被相続人から生前に贈与を受けた者や遺贈を受けた者が得た利益のことです。具体的には、遺贈、婚姻、養子縁組、生計の資本としての贈与を受けた場合の、その贈与財産の価額のことをいいます（民法903）。

(2)　相続財産への加算

　特別受益は、贈与者の相続開始の時に有していた財産に加算して、相続財産の価額を算出します。これを持戻し計算といいます。持ち戻す期間は、相続開始前の 1 年間ですが、当事者双方が遺留分権利者に損害を加えると知って贈与をしたときは、 1 年以上前の贈与分も加算の対象となります。2018年（平成30年）の相続法改正により、相続人に対する贈与は相続開始前10年の贈与が対象となります（改正民法1044③）。

　また、持ち戻すときの価額は、贈与の時の価額ではなく、相続開始の

時の価額で計算します。その財産が滅失していた場合や、価額が増減していたとしても相続開始の時に原状のままであるものとみなされます（民法904）。相続開始前7年以内の贈与加算及び相続時精算課税の適用を受けた贈与財産の価額の加算とは異なります。

2　持戻し免除の推定

⑴　持戻し免除の要件

婚姻期間が20年以上の夫婦の一方が、他方に居住用建物及びその敷地（以下「居住用財産」といいます。）を贈与又は遺贈（以下「贈与等」といいます。）した時は、持戻し免除の意思表示したものと推定されます（民法903④）。この規定は2018年（平成30年）の相続法改正により新設されたものです。婚姻期間が20年以上の夫婦の一方が、他の一方に居住用財産を贈与等した場合、それまでの貢献に報い、今後の生活基盤の保証を図る目的であることが多いと思われます。結果として、遺留分侵害額請求の対象から外す意図も推認されることから、持戻し免除となったものです。

適用要件は次の通りです。

①　婚姻期間が20年以上であること

②　贈与又は遺贈によること

③　居住用家屋又はその敷地であること

⑵　施行日

この規定は、2019年（令和元年）7月1日に施行されました。施行日前にされた遺贈又は贈与については適用されません（平成30年民法改正法附則④）。施行日前に持戻し免除の意向で遺贈を行っている場合は、施行日以後に改めてその趣旨の遺贈を行う必要があります。

3　持戻し免除の効果

(1)　受贈配偶者のメリット

　持戻し免除の取扱いは、配偶者にとって大きなメリットがあります。

　例えば、相続財産が居住用財産2,000万円（持分1/2）、その他の財産6,000万円で、生前配偶者に対して2,000万円の居住用財産（持分1/2）を贈与していたとします。相続人が配偶者と子２人の場合で考えます。以前の制度であれば、相続財産に配偶者に対する贈与財産価額2,000万円を加算して１億円が相続財産となります。配偶者の相続分が２分の１ですから5,000万円（１億円×1/2）となり、2,000万円が既に贈与されていますので、相続財産からの取得額は3,000万円になります。

(2)　配偶者の取得分の計算例

①　計算の前提

相続人	3人	配偶者及び子２人
総遺産価額	8,000万円	・居住用財産の２分の１：2,000万円 ・その他の財産：6,000万円

②　旧制度での配偶者の取得額

　旧制度では、配偶者が生前贈与の配偶者控除を適用して居住用財産の贈与を受けていたとしても、贈与配偶者の相続財産に加算して配偶者の取得額を計算します。

相続人	3人	配偶者及び子２人
総遺産価額	8,000万円	①によります。
配偶者の取得額	3,000万円	・配偶者の取得額は次の通りです。 　（8,000万円＋2,000万円）×1/2－2,000万円＝ 　3,000万円 ・実際の取得額は、贈与財産を含めますので、法定相続分である5,000万円です。 　3,000万円＋2,000万円＝5,000万円

子1人の取得額	2,500万円	（8,000万円＋2,000万円）×1/2×1/2＝2,500万円

③　新制度での配偶者の取得額

　　新制度である持戻し免除の推定は、配偶者が生前贈与の配偶者控除を適用して居住用財産の贈与を受けていたとしても、贈与配偶者の相続財産に加算しないで配偶者の取得額を計算します。

相続人	3人	・配偶者及び子2人
総遺産価額	8,000万円	①によります。
配偶者の取得額	4,000万円	・配偶者の取得額は次の通りです。 　8,000万円×1/2＝4,000万円 ・実際の取得額は、贈与財産を含めますので、法定相続分である6,000万円です。 　4,000万円＋2,000万円＝6,000万円
子1人の取得額	2,000万円	8,000万円×1/2×1/2＝2,000万円

　　創設された制度では、居住用財産の2,000万円の贈与価額は相続財産に加算しないので、配偶者の法定相続分は4,000万円（8,000万円×1/2）となり、相続財産からの取得分が以前の制度と比して多くなります。

4　贈与税の配偶者控除との関連

　持戻し免除の推定は「居住の用に供する建物又はその敷地について遺贈又は贈与をしたとき」に適用されます。婚姻期間20年以上の夫婦間の居住用財産の贈与は、贈与税の配偶者控除（相法21の6）とほぼ同一の規定となります。ただし、贈与税の配偶者控除は、居住用財産を取得するための金銭の贈与についても適用を受けられます（相法21の6①）。金銭の贈与は居住用建物及びその敷地ではないので持戻し免除の推定はされず、特別受益となります。

贈与財産	配偶者控除の適用	持戻し免除の適用
土地若しくは建物	可	可
居住用財産の取得資金	可	不可

　一般的な居住用財産の贈与は、金銭贈与で配偶者控除を適用しません。土地建物の贈与は、評価額が時価に比して低いことから、贈与面積が多くなります。

（申告及び調査の対応のポイント）

① 　贈与税の配偶者控除の適用件数は、1990年（平成2年）の60,158件をピークに、近年は15,000件程度で推移していますが、一定数の適用があります。配偶者に対する居住用不動産等の贈与をすることにより、期せずして持戻し免除の適用を受けることになります。今後の活用が見込まれます。

② 　積極的な生前贈与による相続税対策は効果的です。しかし、生前贈与分を持ち戻す相続人と持戻しのない相続人がいる場合、遺産分割の対象となる財産の偏りが生じるため、相続対策を誤る可能性があります。

　　例えば、相続財産が1億円である被相続人が、生前に事業承継対策で子に非上場株式を1億円贈与し、配偶者には居住用不動産等0.5億円を贈与していた場合、相続財産に加算されるのは、子に対する贈与1億円です。配偶者に対する居住用不動産の贈与0.5億円は持戻し免除の推定が働くため、2億円が分割対象財産となり配偶者は相続財産の2分の1の1億円を取得できます。子は既に1億円の贈与を受けていることから、相続財産は取得できないことになります。

『参考法令通達等』
【民法第903条第1項、第2項（特別受益者の相続分）】
1　共同相続人中に、被相続人から、遺贈を受け、又は婚姻若しくは養子縁組

のため若しくは生計の資本として贈与を受けた者があるときは、被相続人が相続開始の時において有した財産の価額にその贈与の価額を加えたものを相続財産とみなし、第900条から第902条までの規定により算定した相続分の中からその遺贈又は贈与の価額を控除した残額をもってその者の相続分とする。

4　婚姻期間が20年以上の夫婦の一方である被相続人が、他の一方に対し、その居住の用に供する建物又はその敷地について遺贈又は贈与をしたときは、当該被相続人は、その遺贈又は贈与について第1項の規定を適用しない旨の意思を表示したものと推定する。

第6章

借地権の設定と
贈与税

6-1　贈与税における借地権

▶ポイント

　重要な財産権である借地権は、その設定時から解消時まで課税関係を避けるわけにはいきません。有償の場合はともかく、借地権の無償の移転は必ず贈与税の検討を必要とします。

【　解　説　】

1　借地権

⑴　借地権の概念

　財産を所有している者は、その財産に対して自由な処分権があります。売却や無償による移転もありますが、その財産を効果的に活用して、多大な収益を上げることもできます。民法に規定される所有権です（民法206）。土地所有者は、その土地を処分することも事業を行うことも自由であり、他人に貸し付けることにより、賃料という名目で確実な収益を上げることもできます（民法207）。

　一般的に土地の貸借の多くは、建物を所有することが目的となっています。移設することが困難な建物の所有を目的とした借用契約の場合、賃貸借では賃借人の立場が脆弱です。建物を所有していても、その敷地に対する権利がないとすれば、地主の意向により理不尽な立ち退きを迫られることもあります。そこで、1991年（平成３年）に、以前の借地法、借家法を整備し、「借地借家法」が制定され、借地権者の保護をさらに強めました。

⑵　借地借家法の借地権

　借地権とは、建物の所有を目的とする地上権又は土地の賃借権のことをいいます（借地借家法２）。土地の賃貸借契約は必ずしも借地権が付

随するわけではありません。土地所有者と借地人との契約の内容や、その地域の慣行によって異なりますし、借地権がある場合でもその権利の割合が地域によって大きく異なります。

(3) 税法上の借地権

土地所有者が、その土地を単に賃貸するだけではなく、借地権を設定する行為は、他人に土地の使用及び収益する権利を譲り渡すということです。土地所有者にとっては財産権の減少となります。そのため借地権の設定に際し、借地権相当額の金銭の授受があるか、借地権の額に見合う地代の調整が行われます。対価の授受があることは、当然のことながら、不動産所得や譲渡所得の課税関係が発生します。対価の授受がない場合、つまり無償による借地権の設定が行われることもありますが、この場合は贈与税の課税関係が発生します。いずれにせよ借地権の設定や移転に際しては何らかの課税関係から免れられません。

税務において、借地権はその契約内容、権利関係、金銭の授受等々を総合勘案して判断する必要があります。

権利の移転が課税の対象になるということは、その権利が財産権であることの証左です。

2 借地権の設定から解消まで

借地権の課税関係は「設定時」「保有時」そして「消滅時」に区分して検討する必要がありますが、ここでは贈与税サイドで考えます。

(1) 設定時課税

他人に土地を使用させることにより、土地所有者はその土地に対する使用収益が制限されます。この不都合を解消するためには土地利用者から対価を受け取ります。対価については所得税の問題です。しかし、土地を無償で貸し付けて、借地権を設定した場合、土地所有者から使用者に対する財産権の移動となり、贈与税の課税対象です。一般的に、借地

権の認識がなく無償使用で親の土地に子が家を建てることが多くあります。次の6-2で解説しますが、現行の取扱いでは、使用貸借として借地権課税は発生しません。かつては土地の無償使用があった場合、使用する者（以下「使用借権者」といいます。）に対して贈与税の課税がありました。しかも、課税関係が時代により変遷していました。納税者にとっては、建築資金の他に贈与税の負担を強いられるという、非常に酷な取扱いでした。課税の変遷は次の通りです。

時　期	贈与税課税上の取扱い
昭和22年5月2日以前	借地権相当額の贈与税の課税は行われていなかった。
昭和22年5月3日 ～昭和33年12月31日	借地権相当額の贈与税の課税は行われていたものとして取り扱う。
昭和34年1月1日 ～昭和39年12月31日	イ．夫と妻、親と子、祖父母と孫等特殊関係のある者相互間における居住用の建物の所有を目的とした土地の無償借受けがあった場合には、借地権相当額の課税は行われなかったものとして取り扱う。 ロ．イ以外の土地の無償借受けがあった場合には借地権相当額の贈与税の課税は行われていたものとして取り扱う。 ハ．土地の使用貸借の開始時において贈与税を課税した事案に係る建物等を相続又は贈与により取得した場合における相続税又は贈与税の課税は行われていたものとして取り扱う。
昭和40年1月1日 ～昭和42年12月31日	イ．配偶者、直系血族及び推定相続人である直系血族の配偶者など特別近親関係者で、かつ、自己の居住の用に供する家屋の所有を目的とした土地の無償借受け(借地権の一部について無償借受けがあった場合を含む)があった場合には、借地権相当額の贈与税の課税は行われなかったものとして取り扱う。 ロ．イに掲げる特別近親関係者に該当する場合であっても、建物とその建物に係る敷地を併せ所有する者から建物のみの贈与を受け、土地の使用貸借の開始があったものについては借地権相当額の贈与税の課税が行われていたものとして取り扱う。

	ハ．イ及びロ以外の土地の無償借受けがあった場合には、借地権相当額の贈与税の課税を行ったかどうかにかかわらず、全て贈与税の課税は行われていたものとして取り扱う。
昭和43年1月1日 〜昭和46年12月31日	イ．全て借地権相当額の贈与税の課税は行われていなかったものとして取り扱う。 ロ．例外として、土地の無償使用開始時に借地権相当額の贈与税を課税した事案に係る建物等を相続又は贈与により取得した場合における相続税又は贈与税の課税は行われていたものとして取り扱う。
昭和47年1月1日 以降	使用貸借通達による取扱い

(2)　保有時課税

　借地権者は地代の支払い、使用借権者は無償で使用していることから、贈与税の問題は生じないでしょう。

(3)　消滅時課税

　借地権が消滅することは、借地権者に帰属する財産権が消滅することです。有償による消滅は、所得税の問題ですが、無償返還は財産権の贈与に他なりません。贈与税の対象です。

　所得税法第59条第1項（贈与等の場合の譲渡所得等の特例）に規定する「譲渡所得の基因となる資産の移転」には、借地権等の設定は含まれませんが、財産的価値のある借地権を返還する場合、譲渡所得の起因となる資産の移転と取り扱われ、課税関係が生じます。有償の場合は所得税（譲渡所得）、無償の場合は贈与税の課税関係が起きます。しかし、地主、借地人が個人の場合、借地契約の内容や借地関係が数十年単位であり、様々な事情が生じていること等から譲渡所得の対象とならないこともあります。所得税法では、次のような場合は、譲渡所得の課税関係が生じないとしています（所基通59-5）。

　①　当初設定した借地契約で、将来の無償返還が定められている場合

② 土地の使用目的が、物品置場や駐車場等更地のまま使用する場合や、仮店舗のような簡易な建物の敷地として使用する場合

③ 借地上の建物が著しく老朽化したこと等により、借地権が消滅するなど、存続させることが困難であると認められる事情が生じた場合

『**参考法令通達等**』

【所得税法第59条第1項（贈与等の場合の譲渡所得等の特例）】

1　次に掲げる事由により居住者の有する山林（事業所得の基因となるものを除く。）又は譲渡所得の基因となる資産の移転があった場合には、その者の山林所得の金額、譲渡所得の金額又は雑所得の金額の計算については、その事由が生じた時に、その時における価額に相当する金額により、これらの資産の譲渡があったものとみなす。

一　贈与（法人に対するものに限る。）又は相続（限定承認に係るものに限る。）若しくは遺贈（法人に対するもの及び個人に対する包括遺贈のうち限定承認に係るものに限る。）

二　著しく低い価額の対価として政令で定める額による譲渡（法人に対するものに限る。）

【所得税基本通達59-5（借地権等の設定及び借地の無償返還）】

　法第59条第1項に規定する「譲渡所得の基因となる資産の移転」には、借地権等の設定は含まれないのであるが、借地の返還は、その返還が次に掲げるような理由に基づくものである場合を除き、これに含まれる。

(1)　借地権等の設定に係る契約書において、将来借地を無償で返還することが定められていること。

(2)　当該土地の使用の目的が、単に物品置場、駐車場等として土地を更地のまま使用し、又は仮営業所、仮店舗等の簡易な建物の敷地として使用していたものであること。

(3)　借地上の建物が著しく老朽化したことその他これに類する事由により、借地権が消滅し、又はこれを存続させることが困難であると認められる事情が生じたこと。

6-2 土地の使用貸借

▶ポイント

　個人間で、使用貸借による土地の借受けがあった場合、借地権の認定による課税関係は発生しません。

【 解　説 】

1　使用貸借

　使用貸借とは、当事者の一方が、ある物を引き渡すことを約し、相手方がその受け取った物について無償で使用及び収益をして契約が終了したときに返還することを約することによって、効力を生ずる契約行為です（民法593）。この規定の主旨は、借用物をその性質によって定まった用法に従って使用収益をし、原状回復して返還することにあります。

2　使用貸借通達

　使用貸借は動産に限らず、土地等不動産についても活用されます。個人間の課税関係を整理し、シンプルにするために1973年（昭和48年）に「使用貸借に係る土地についての相続税及び贈与税の取扱いについて（昭和48年11月1日直資2-189。以下「使用貸借通達」といいます。）」が公表されました。通達の公表以前は、使用貸借があった場合に借地権相当額に対して贈与税の課税が行われていた時期があり、また、配偶者又は親子等、特殊関係者間の使用貸借の場合は課税しない時期がありました。納税者にとって不明朗不確実な取扱いでした。この通達は借地権課税の詳細な取扱いが示されていますが、基本的に民法の使用貸借の概念を、自用地や底地に適用したものです。

　なお、使用貸借通達は公表以後、様式の改正以外一切改正がありません。

3 使用貸借による土地の借受けがあった場合

　土地を借用するに際して、権利金又はその他の一時金（以下「権利金等」といいます。）を支払う取引上の慣行がある地域（以下「借地権取引慣行地域」といいます。）においては、その設定の対価として、その借地権の額に見合った権利金等の授受が行われます。金銭の授受により、土地の借用者は、確定的にその土地を使用収益する権利が生じ、土地所有者は地代収入に甘んじます。しかし、個人間、とりわけ夫婦、親子、兄弟等親族間では権利金等の授受がなく、無償による土地の貸借が行われることが多いのが現状です。この場合に、借地権の存在を認定して借地権の認定課税を行うことは、当事者の認識と大きくかけ離れることになり、また、経済合理性もありません。そこで、使用貸借により契約が行われた場合は、民法の使用貸借の概念を取り入れて、土地の使用貸借ととらえることとしています。つまり、建物又は構築物（以下「建物等」といいます。）を所有するにあたって、その土地を借用することは、使用貸借契約によるものであり、将来その土地は更地のままの状態、つまり、自用地として返還するということになります（使用貸借通達1、3、4）。

　建物等の利用状況は問われません。借地人の居住用でも、貸家やアパートとして利用した場合でも使用貸借の取扱いが適用されます。

　この取扱いは、個人間の土地貸借における現行制度の基本です。個人間であることから、親族姻族にかかわらず適用されることに留意します。

4 使用貸借により家屋を建築した場合の相続税の課税関係

　使用貸借による土地の借受けがあった場合とは、具体的に次のような場合をいいます。

　Aの宅地の上に、Bが使用貸借により建物を建築しました。Bは地代を支払わないが、Aの土地に係る固定資産税を支払うことになりました。

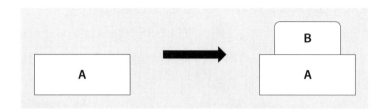

　使用貸借による土地の借受けがあった場合、建物等の所有者に何らの権利が発生しないため、借地権相当額の贈与税の課税は行われません。その結果、建物等の所有者には借地権はないので、相続税の取扱いは次のようになります。

権利者	財産の価額
建物等を相続等により取得した場合	・建物等の価額 　（使用貸借通達4）
土地を相続等により取得した場合	・土地の自用地としての価額 　（使用貸借通達3）

　なお、建物の利用状況は問われません。建物が貸家である場合、固定資産税評価額から借家権割合（30％）を控除して評価しますが、土地は自用地評価となることに留意します。使用貸借により借用している物に係る通常の経費は、借用者の負担となります（民法595）。土地を借用している場合においても、土地の固定資産税等に相当する金額以下の金銭の授受があったとしても、賃貸借とみなされることはありません（使用貸借通達1）。ましてや、権利金とみなされることはありません。

『**参考法令通達等**』
【民法第593条（使用貸借）】
　使用貸借は、当事者の一方がある物を引き渡すことを約し、相手方がその受け取った物について無償で使用及び収益をして契約が終了したときに返還をすることを約することによって、その効力を生ずる。

【民法第595条第1項（借用物の費用の負担）】
1 借主は、借用物の通常の必要費を負担する。
【使用貸借通達1 （使用貸借による土地の借受けがあった場合）】
　建物又は構築物（以下「建物等」という）の所有を目的として使用貸借による土地の借受けがあった場合においては、借地権（建物等の所有を目的とする地上権又は賃借権をいう。以下同じ）の設定に際し、その設定の対価として通常権利金その他の一時金（以下「権利金」という）を支払う取引上の慣行がある地域（以下「借地権の慣行のある地域」という）においても、当該土地の使用貸借に係る使用権の価額は、零として取り扱う。
　この場合において、使用貸借とは、民法第593条に規定する契約をいう。したがって、例えば、土地の借受者と所有者との間に当該借受けに係る土地の公租公課に相当する金額以下の金額の授受があるにすぎないものはこれに該当し、当該土地の借受けについて地代の授受がないものであっても権利金その他地代に代わるべき経済的利益の授受のあるものはこれに該当しない。
【使用貸借通達3 （使用貸借に係る土地等を相続又は贈与により取得した場合）】
　使用貸借に係る土地又は借地権を相続（遺贈及び死因贈与を含む。以下同じ。）又は贈与（死因贈与を除く。以下同じ。）により取得した場合における相続税又は贈与税の課税価格に算入すべき価額は、当該土地の上に存する建物等又は当該借地権の目的となっている土地の上に存する建物等の自用又は貸付けの区分にかかわらず、すべて当該土地又は借地権が自用のものであるとした場合の価額とする。
【使用貸借通達4 （使用貸借に係る土地等の上に存する建物等を相続又は贈与により取得した場合）】
　使用貸借に係る土地の上に存する建物等又は使用貸借に係る借地権の目的となっている土地の上に存する建物等を相続又は贈与により取得した場合における相続税又は贈与税の課税価格に算入すべき価額は、当該建物等の自用又は貸付けの区分に応じ、それぞれ当該建物等が自用又は貸付けのものであるとした場合の価額とする。

6-3 借地権を転貸した場合

▶ポイント

　借地上の建物を第三者が取得した場合、それが借地権の使用貸借によるものであり、借地人が依然として借地権者であるという「借地権の使用貸借に関する確認書」を提出することにより、借地権相当額の贈与税の課税は行われません。ただし、土地所有者の了解が必要です。

【 解　説 】

1　借地権の転借とは

　借地権を所有する者の、その借地権を借用して建物等を建築することがあります。一般的には転貸借となり、転貸借に伴う権利金等の授受があり、建物等の所有者に転借権が生じます。

　親族間では、親の借地上の老朽化した建物等を取り壊して、子が建物等を建築するような場合や、親の借地上の建物等を、子に贈与する場合などがあり、転貸借を認識していないケースもあります。借地権は建物等の所有と密接不可分なものと考えれば、親の借地権の上に子が建物等を建築することにより、その借地権が子に移転すると考えられます。その場合、借地権相当額の対価の授受がなければ、借地権の贈与となり、贈与税の課税の問題が起きます。

2　使用貸借による借地権の転借があった場合

　借地権を有する者から、その借地権の目的となっている土地の全部又は一部を使用貸借により借り受けて、その土地の上に建物等を建築した場合、借地権の転借ではなく、借地権の使用貸借と取り扱うことができます。この場合、借地権取引慣行地域においても、借地権の使用貸借に

係る使用権の価額は、零として取り扱われます（使用貸借通達２）。土地の使用貸借同様、借地権の使用貸借と考えればわかりやすいです。借地権の使用貸借ですから、当然、転借権は発生しません。

この事実を証するために、国税庁様式「借地権の使用貸借に関する確認書」（後掲）を建物等所有者、借地権者及び底地所有者３者が連名で税務署長に提出します（使用貸借通達２）。

3　使用貸借による借地権の転借があった場合の、相続税の課税関係

使用貸借による借地権の転借があった場合とは、具体的に次のような場合をいいます。

Aの借地の上に、Bが使用貸借により建物を建築した。その時点で、「借地権の使用貸借に関する確認書」を、所轄税務署長に提出している。

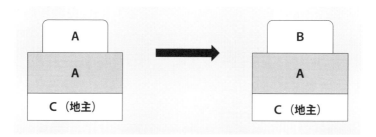

借地権の借用者、借地権者及び土地所有者（地主）に相続が開始した場合の、各人の権利関係は次の通りです。

権利者	財産の価額
建物等を相続等により取得した場合	・建物等の価額
借地権を相続等により取得した場合	・借地権の価額
土地を相続等により取得した場合	・底地の価額

なお、この場合の建物等の利用状況は問われません。

（ 申告及び調査の対応のポイント ）

1　「借地権の使用貸借に関する確認書」の提出期限は定められていませんが、将来の課税関係に対する影響が大きいため、事実が生じた時点で速やかに提出すべきものです。

2　権利金の支払いや通常の地代の支払いがある場合は、借地権の使用貸借として認められません。その実態に応じて、借地権又は転借権の贈与として、贈与税の課税関係が生ずる場合があることに注意してください。

借地権の使用貸借に関する確認書

① （借地権者）　　　　　（借受者）

_____ は、_____ に対し、令和___年___月___日にその借地

している下記の土地 { に建物を建築させることになりました。 _____ } しかし、その土地の使用
　　　　　　　　　　 { の上に建築されている建物を贈与（譲渡）しました。 }

（借地権者）

関係は使用貸借によるものであり、_____ の借地権者としての従前の地位には、何ら変

更はありません。

記

土地の所在_____

地　　　積_____ ㎡

---

② 　上記①の事実に相違ありません。したがって、今後相続税等の課税に当たりましては、建物の所有者はこ

の土地について何らの権利を有さず、借地権者が借地権を有するものとして取り扱われることを確認します。

令和　　　年　　　月　　　日

借 地 権 者（住所）_____（氏名）_____

建物の所有者（住所）_____（氏名）_____

---

③ 　上記①の事実に相違ありません。

令和　　　年　　　月　　　日

土地の所有者（住所）_____（氏名）_____

◎

上記①の事実を確認した。

令和　　　年　　　月　　　日

（確認者）_____ 税務署　　　_____ 部門　担当者_____

（注）◎印欄は記入しないでください。

『**参考法令通達等**』

【**使用貸借通達2（使用貸借による借地権の転借があった場合）**】

2　借地権を有する者（以下「借地権者」という。）からその借地権の目的となっている土地の全部又は一部を使用貸借により借り受けてその土地の上に建物等を建築した場合又は借地権の目的となっている土地の上に存する建物等を取得し、その借地権者からその建物等の敷地を使用貸借により借り受けることとなった場合においては、借地権の慣行のある地域においても、当該借地権の使用貸借に係る使用権の価額は、零として取り扱う。

　　この場合において、その貸借が使用貸借に該当するものであることについては、当該使用貸借に係る借受者、当該借地権者及び当該土地の所有者についてその事実を確認するものとする。

（注）

1　上記の確認に当たっては、別紙様式1「借地権の使用貸借に関する確認書」を用いる。

2　上記確認の結果、その貸借が上記の使用貸借に該当しないものであるときは、その実態に応じ、借地権又は転借権の贈与として贈与税の課税関係を生ずる場合があることに留意する。

6-4 底地を取得し借地権者に貸し付けた場合

▶ポイント

　借地権の目的となっている土地（底地）を、借地権者以外の者が取得し、地代の授受がなくなった場合、借地権の贈与があったものと取り扱われます。ただし、「借地権者の地位に変更がない旨の申出書」を提出することにより課税関係は起きません。

【 解　説 】

1　借地権の目的となっている土地の取得とは

　借地権の目的となっている土地（以下「底地」といいます。）を、借地権者以外の者が取得し、その底地の取得者と借地権者との間に、地代の授受が行われなくなることがあります。父親の借地している宅地の底地を、子が買い取るなどが典型的な例です。その場合、底地の取得者は、借地権者から、借地権の贈与を受けたものとして取り扱います。

　ただし、借地権者が以前の地主との間の土地の賃貸借契約に基づく、借地権者としての地位を放棄していないとする取扱いができます。この事実を確認するために、国税庁様式「借地権者の地位に変更がない旨の申出書」（後掲）を、借地権者と底地所有者が連署で届け出た場合は、贈与税の課税は行われません（使用貸借通達5）。底地部分を使用貸借により、地主から借用していると考えれば分かりやすいです。

2　底地の取得があった場合の相続税の課税関係

　底地の取得があった場合とは、具体的に次のような場合をいいます。

　Aの借地権の底地を、Bが売買等により地主から取得しました。Bが地主になることによって、Aがあたかも使用貸借でBの土地の上に建物

を保有した形になります。そこで、Aの借地権がBに贈与によって移転すると考えられ、贈与税の課税関係が起きます。Bが底地だけの所有で、Aが依然として借地権を所有していることを確認するためには「借地権者の地位に変更がない旨の申出書」を提出します。

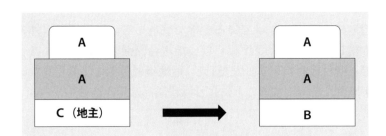

　借地権者及び土地所有者（地主）に相続が開始した場合の、各人権利関係は、次の通りです。

権利者	財産の価額
建物及び借地権を相続等により取得した場合	・建物及び借地権の価額
土地を相続等により取得した場合	・底地の価額

　なお、この場合の建物等の利用状況は問われません。

申告及び調査の対応のポイント

1　土地の使用貸借の場合に適用される取扱いです。使用貸借とは無償で使用することをいいますが、借用物の通常の経費を負担することまで否定していません（民法593、595）ので、使用者が固定資産税相当額を負担することは容認されます。しかし、権利金や地代に代わる経済的利益がある場合は、この取扱いは適用できませんので注意します。

2　6-3で解説した、使用貸借による借地権の転借があった場合の取扱いが行われ、その後、建物所有者が底地を取得する場合も考えられます。いわゆるサンドウィッチ状態です。この場合でも、「借地権者の

地位に変更がない旨の申出書」を提出して、権利関係を明確にしておきます。

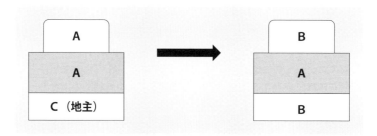

3　近年、「借地権の使用貸借に関する確認書」又は「借地権者の地位に変更がない旨の申出書」の取扱いに、あまり重きを置かないようです。この取扱いは、借地権という目に見えない財産権の、税務上の帰属の問題です。将来、借地権者に相続があった時又は借地権の贈与等があったときに、必ず問題となります。権利関係を明確にしておくためにも、事実が生じたら速やかに提出します。

4　相続税の申告に当たって借地権の有無を確認しないと、多大な財産の申告漏れを調査により指摘されます。土地の権利関係を、相続人からしっかり聞き取り、過去に、「借地権の使用貸借に関する確認書」又は「借地権者の地位に変更がない旨の申出書」を税務署に提出している可能性があるときは、税務署にそれらの提出の有無を確認します。

『参考法令通達等』
【使用貸借通達5（借地権の目的となっている土地を当該借地権者以外の者が取得し地代の授受が行われないこととなった場合）】
　借地権の目的となっている土地を当該借地権者以外の者が取得し、その土地の取得者と当該借地権者との間に当該土地の使用の対価としての地代の授受が行われないこととなった場合においては、その土地の取得者は、当該借地権者から当該土地に係る借地権の贈与を受けたものとして取り扱う。ただし、当該土地の使用の対価としての地代の授受が行われないこととなった理由が使用貸

借に基づくものでないとしてその土地の取得者からその者の住所地の所轄税務署長に対し、当該借地権者との連署による「当該借地権者は従前の土地の所有者との間の土地の賃貸借契約に基づく借地権者としての地位を放棄していない」旨の申出書が提出されたときは、この限りではない。
（注）
1　上記の「土地の使用の対価としての地代の授受が行われないこととなった場合」には、例えば、土地の公租公課に相当する金額以下の金額の授受がある場合を含み、権利金その他地代に代わるべき経済的利益の授受のある場合は含まれないことに留意する（以下7において同じ。）
2　上記の申出書は、別紙様式2「借地権者の地位に変更がない旨の申出書」を用いる。

『参考裁決事例』

　借地権の目的となっている土地をその借地権者以外の者が取得した場合において、その土地の所有者（借地権者以外の者）とその借地権者との間で地代の授受が行われない貸借関係になったときにおけるその貸借関係は、地代の支払がないという外見からみても、また、借地権者と土地の所有者との関係が通常、夫婦、親子間等の特殊関係者間であるという貸借当事者の関係からみても、使用貸借とみるべきであるのが一般的である。このため、本件通達5は、このような場合には原則として、その土地所有者がその借地権者からその土地に係る借地権の贈与を受けたものとして取り扱うこととしたものと解される。ただし、貸借当事者間において、その土地の使用の対価としての地代の授受が行われないこととなった理由が使用貸借に基づくものではないとして、借地権者の地位に変更がない旨の申出書の提出があった場合には贈与税を課税しないこととされている。これは、理論上、将来の全賃料債権の放棄や免除がなされたとしてもそれによって賃貸借が使用貸借となるわけではないとされていることを前提として、貸借当事者間の法律関係はいまだ賃貸借であるということをその貸借当事者が積極的に税務署長に表明した場合には、その当事者の意思に従って課税関係を判断し、贈与税の課税要件を充足していないとして贈与税を課税しないこととされたものと解され、当審判所もこれを合理的な取扱いと認めるところである。

　ところで、本件通達5のただし書きは、借地権者の地位に変更がない旨の申出書の提出時点での当事者間の意思に従ってその時点における贈与税課税の有無が定められたものであるが、外部からはその意思が窺い知れない夫婦、親子間等といった特殊関係者間が一般的である貸借当事者からのその意思の積極的

な表明を前提とした以上、その提出時点後その借地権者に相続が開始したとき
には、その借地権は相続財産として相続税の課税対象とされることが当然に予
定されていると解すべきであるし、同申出書を提出した貸借当事者の意思の積
極的な表明は、この点につき当然に了承し、こうした将来の予定を前提として
申し出られたものと解すべきである。そうすると、貸借当事者において、借地
権者の地位に変更がない旨の申出書の提出時点後、その借地権はその土地所有
者に返還されたなどその借地権が存在しないとの主張が認められるのは、同申
出書の提出時点において貸借当事者間の意思を尊重した課税庁（税務署長）と
の関係を考慮すれば、同申出書の提出後における借地権の消滅につき贈与税の
申告をする、又は、借地権の消滅の対価を土地所有者が借地権者に支払った事
実が存するなど、借地権が存在しないことを外形上明確に示す特段の行為の存
在が立証されることが必要であると解するのが相当である。

（2006年（平成18年）12月22日　裁決）

借地権者の地位に変更がない旨の申出書

令和　　年　　月　　日

_____税務署長

(土地の所有者)

_____は、令和　　年　　月　　日に借地権の目的となっている

(借地権者)

下記の土地の所有権を取得し、以後その土地を_____に無償で貸し

付けることになりましたが、借地権者は従前の土地の所有者との間の土地の賃貸借契約に

基づく借地権者の地位を放棄しておらず、借地権者としての地位には何らの変更をきたす

ものでないことを申し出ます。

記

土地の所在_____

地　　積_____㎡____

土地の所有者（住所）_____　（氏名）_____

借地権者（住所）_____　（氏名）_____

第7章

事業承継・財産承継に係る特例

7-1 事業承継等に使える特例

▶ポイント

　近年、事業承継や財産承継（以下「事業承継等」といいます。）に当たって、贈与税や相続税の負担が重いため、遺留分に関する民法の特例や、非上場株式等についての贈与税及び相続税の納税猶予等種々の特例が創設されています。財産の多寡や会社の規模に応じて、適切な特例が適用できます。

【 解　説 】

1　近年の贈与税の傾向

　贈与は第1章で解説したように、契約行為です。贈与契約当事者の制限はありません。わが国では、贈与行為は、相続対策として行われることが多く、また、究極的には相続税対策の一環として活用されます。相続税の負担が予想される場合、贈与により財産を減少させることは、相続税対策の基本です。しかし、贈与者の財産を生前に次世代に移転することは、贈与税の課税を免れません。相続税を負担したくないが、贈与税も負担したくないという、いいとこ取りの相続税対策はありません。

　近年は、高額な資産を所有していない場合でも、相続税が課税される時代となっています。また、事業経営者の高齢化が進み、事業承継が社会問題となっています。そこで、事業承継等をスムーズに行うことができるよう、様々な特例が創設されています。本来、贈与税は受贈価額から基礎控除後の金額に税率を乗じるだけの非常にシンプルな税目でした。申告書もわずか1枚だけの時代もありました。しかし、近年は特例の乱発により、特例の数が増加の一途となり、しかも特例適用要件が非常に難しくなっています。

2 贈与税、相続税の特例

　事業承継等に活用できる特例を、相続税の特例も含めて次の表にまとめました。

区分 特例等	特　例	◎贈与税 ○相続税	条文	概　　要	創設年
基本	暦年課税	◎	相法21の5	暦年課税の税率で計算する。 基礎控除110万円である。	1975年 （昭和50年）
	相続時精算課税	◎	相法21の9	特定贈与者の年齢60歳以上、受贈者が特定贈与者の子（推定相続人）又は孫で、18歳以上の場合選択できる。特別控除2,500万円及び各年の基礎控除110万円である。	2003年 （平成15年）
	直系尊属からの贈与の場合の税率の特例	◎	措法70の2の5	直系尊属から受けた贈与に対する暦年課税の贈与税の税率が緩和される。	2015年 （平成27年）
一般的特例	小規模宅地等の課税価格の計算の特例	○	措法69の4	特定居住用宅地330㎡、特定事業用宅地400㎡まで、評価額の80％が減額される。	1975年 （昭和50年）
	贈与税の配偶者控除	◎	相法21の6	婚姻期間20年以上の配偶者から、居住用財産又は居住用財産を取得するための金銭の贈与を受けた場合、2,000万円を控除する。	1966年 （昭和41年）

	教育資金の一括贈与の特例	◎	措法70の2の2	直系尊属から教育資金の一括贈与を受け、信託等した場合。1,500万円まで非課税となる。	2013年（平成25年）
	結婚・子育て資金の一括贈与の特例	◎	措法70の2の3	直系尊属から結婚・子育て資金の一括贈与を受け、信託等した場合。1,000万円まで非課税となる。	2015年（平成27年）
	直系尊属から住宅取得等資金の贈与を受けた場合の非課税の特例	◎	措法70の2	直系尊属から住宅を取得するための資金を贈与された場合。1,000万円又は500万円まで非課税となる。	1984年（昭和59年）
	特定の贈与者から住宅取得等資金の贈与を受けた場合の相続時精算課税の特例	◎	措法70の3	60歳未満の直系尊属から住宅を取得するための資金を贈与された場合、相続時精算課税を選択することができる。	2003年（平成15年）
納税猶予の特例	農地等を贈与した場合の贈与税の納税猶予及び免除	◎	措法70の4	農業後継者が贈与を受けた農地等について、贈与者の死亡まで贈与税が猶予される。	1975年（昭和50年）
	農地等についての相続税の納税猶予及び免除等	○	措法70の6	農業相続人が相続した農地等の価額のうち、農業投資価格を超える部分に対応する相続税が猶予される。	1975年（昭和50年）
	山林についての相続税の納税猶予及び免除の特例	○	措法70の6の6	林業経営相続人が相続した、特定森林経営計画区域内の山林の課税価格の80％に対応する相続税が猶予される。	2012年（平成24年）

納税猶予の特例	特定の美術品についての相続税の納税猶予及び免除	○	措法70の6の7	重要文化財等特定の美術品を、美術館に寄託した場合、特定美術品の価額の80％相当の相続税の納税を猶予する。	2018年（平成30年）
	非上場株式等についての贈与税の納税猶予及び免除	◎	措法70の7	後継者が贈与を受けた非上場株式について、贈与者の死亡まで贈与税の納税が猶予される。	2009年（平成21年）
	非上場株式等についての相続税の納税猶予及び免除	○	措法70の7の2	後継者が相続した非上場会社の株式について、相続税が猶予される。	2009年（平成21年）
	非上場株式等の贈与者が死亡した場合の相続税の納税猶予及び免除	○	措法70の7の4	非上場株式の贈与をした者が死亡した場合、贈与税が免除される。相続税の納税猶予が適用できる。	2009年（平成21年）
	非上場株式等についての贈与税の納税猶予及び免除の特例	◎	措法70の7の5	後継者が贈与を受けた非上場株式について、贈与者の死亡まで贈与税の納税が猶予される。一定の要件の下、免除される10年限定の特例措置。	2018年（平成30年）
	非上場株式等についての相続税の納税猶予及び免除の特例	○	措法70の7の6	後継者が相続した非上場会社の株式について、相続税が猶予される。一定の要件の下、免除される10年限定の特例措置。	2018年（平成30年）

納税猶予の特例	非上場株式等の特例贈与者が死亡した場合の相続税の納税猶予及び免除の特例	○	措法70の7の8	非上場株式の贈与をした者が死亡した場合、相続税の納税猶予が適用できる。一定の要件の下、免除される10年限定の特例措置。	2018年（平成30年）
	医療法人の持分に係る経済的利益についての贈与税の納税猶予及び免除	◎	措法70の7の9	認定医療法人の持分所有者が、その持分を放棄したことによる経済的利益に対する贈与税が猶予される。	2014年（平成26年）
	医療法人の持分に係る経済的利益についての贈与税の税額控除	◎	措法70の7の10	認定医療法人の持分所有者が、その持分を放棄したことによる他の持分所有者の経済的利益の放棄に対する贈与税が控除される。	2014年（平成26年）
	医療法人の持分についての相続税の納税猶予及び免除	○	措法70の7の12	認定医療法人の持分を相続した相続人の持分に対応した相続税額が猶予される。	2014年（平成26年）
	医療法人の持分についての相続税の税額控除	○	措法70の7の13	認定医療法人の持分を相続した相続人が、持分を申告期限までに放棄した場合、その持分に対応した相続税が控除される。	2014年（平成26年）
	個人事業者の事業用資産についての贈与税の納税猶予制度	◎	措法70の6の8	18歳以上の認定受贈者が、贈与により事業用資産の贈与を受けた場合、納税が猶予される。	2019年（平成31年）

納税猶予の特例	個人事業用資産の贈与者が死亡した場合の相続税の課税の特例	○	措法70の6の9	個人の事業用資産を贈与した者が死亡した場合、特例受贈事業用資産は、相続により取得したものとみなされる。	2019年（平成31年）
	個人事業者の事業用資産についての相続税の納税猶予及び免除	○	措法70の6の10	認定相続人が、相続等で特定事業用資産を取得した場合、納税が猶予される。	2019年（平成31年）

7-2 遺留分に関する民法特例

▶ポイント

　会社を承継させる手段は、株式の譲渡、贈与、非上場会社の株式の贈与税の納税猶予等様々な手段があります。株式の贈与や遺贈の場合、事業を承継しない相続人の遺留分を侵害する恐れがあります。旧代表者が健在なうちにこの懸念を解決する手段として「遺留分に関する民法の特例」があります。

【 解　説 】

1　特例の概要

(1)　特例の趣旨

　遺留分に関する民法の特例（以下「民法特例」といいます。）は、一定の相続人に認められた遺留分に対して、生前に制限を加えることにより、事業承継を円滑に促進する目的で創設された特例です。

　遺留分制度は、兄弟姉妹を除く相続人の最低限の権利としてあったものですが、「中小企業における経営の承継の円滑化に関する法律(以下「経営承継円滑化法」といいます。)」に基づき、相続財産に対して遺留分の主張をしないという合意を行うことができます。

　後継者が旧代表者からの贈与等により取得した自社株式（完全無議決権株式を除きます。）又は持分について、旧代表者の推定相続人のうちの1人が後継者である場合、推定相続人全員の合意をもって、書面により次の「除外合意」又は「固定合意」を可能とする特例です。

(2)　特例の根拠法

　2008年（平成20年）に、中小企業の事業継続を円滑に行う支援として経営承継円滑化法が成立し、2009年（平成21年）3月1日に施行さ

れました。遺留分に関する民法の特例、事業承継の際の金融支援等、事業承継に対して総合的な支援ができるようになりました。

　なお、個人事業主の事業承継についても除外合意ができます。個人事業者の納税猶予制度の創設に合わせて「経営承継円滑化法」が改正され、2019年（令和元年）7月16日に施行されました。

2　遺留分

(1)　遺留分制度とは

　本来人は自らの財産を自由に処分する権利があります。死を契機とした財産の処分についても同様です。

　しかし、恣意的な財産の処分によって遺族の生活が不安定になり、相続財産に対する潜在的持分への正当な期待が裏切られる恐れがあります。そこで相続財産に対する被相続人の処分の自由と相続人の保護との調和のため、相続財産の一定の割合を、一定の範囲の相続人に留保するという制度が遺留分制度です。

(2)　遺留分権利者

　兄弟姉妹以外の相続人には遺留分があります（以下「遺留分権利者」といいます。）。遺留分権利者の遺留分の割合は、直系尊属のみが相続人の場合は被相続人の財産の1/3、その他の場合（配偶者及び子）は1/2です（民法1042）。

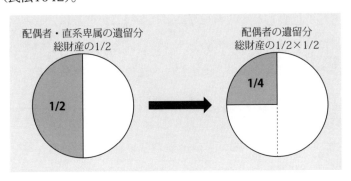

⑶　遺留分の計算

　遺留分の計算は、被相続人が推定相続人に対して生前に贈与した財産（特別受益）を加算します（民法1043①）。

　事業経営者が所有する自社株式を、相続人である事業承継者（以下「事業承継者」といいます。）に贈与した場合、事業経営者の相続財産に、贈与財産を相続時点での価額に置きなおして加算し、遺留分対象財産の計算をします。

　この場合、事業承継者が贈与されていた株式の価値を、経営努力により高めていたとしても遺留分減殺請求の対象となり、既に贈与済みの株式が他の相続人に分散される可能性が出てきます。

3　遺留分の事例

　遺留分は、被相続人が相続開始の時に保有している財産の価額に、過去に贈与した財産を相続時の価額に計算した価額を加え、債務を控除した額を基に計算します。

　この遺留分制度の、どの部分が事業承継を阻害しているか、次の事例で検討します。概要は、次頁の図を参照してください。

・家族関係は、次の通りです。

　　旧代表者A、推定相続人である後継者子B、同非後継者C及び同非後継者Dの3名です。

・Aの生前の財産は、甲株式会社株式（以下「自社株式」といいます。）3,000万円及び不動産、金融資産等（以下「不動産等」といいます。）3,000万円の合計6,000万円です。

・Aは生前、後継者であるBに対して、自社株式の全株を贈与しました。

・Aが死亡した時のAの財産は不動産等の合計額3,000万円でした。

・Aが死亡した時の、Bに贈与した自社株式の価額は1.2億円になっていました。

・C及びDの遺留分割合は次の通り、各自 6 分の 1 です。

　1 × 1/2（遺留分）× 1/3（法定相続分）＝ 1/6

・Aの相続開始時のAの財産は3,000万円ですが、生前にBに贈与した財産の相続開始時の時価を加えて遺留分の計算をします。

・C及びDの遺留分は次の通りです。

　（3,000万円＋12,000万円）× 1/6 ＝ 2,500万円

　2,500万円 × 2 ＝ 5,000万円

・C及びDの遺留分は、Aの相続財産価額を上回り、不足分はBに贈与した自社株式の一部を持ち戻すことになります。その結果、会社経営とは関係のないC又はDが株主となり、事業の遂行が阻害される可能性が生じます。

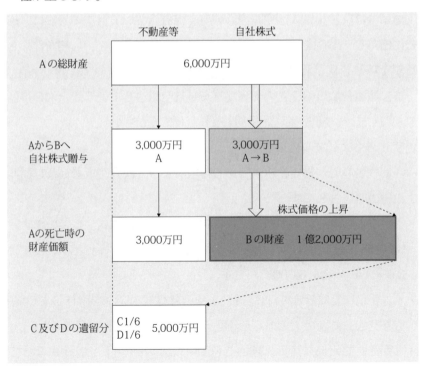

4　除外合意、固定合意、その他の合意

　遺留分制度が、スムーズな事業承継を阻害しているということで、次の「除外合意」又は「固定合意」契約をし、さらに「その他の合意」により事業承継者以外の者の了解を得やすくした制度です。

⑴　除外合意

　後継者と非後継者は、後継者が旧代表者から生前贈与等によって取得した自社株式について、「遺留分算定の基礎財産に算入しない」、という合意をすることができます（経営承継円滑化法4①一）。

　この合意の対象とした自社株式については、遺留分算定の基礎財産に算入されず、遺留分侵害の対象から外れるため、相続によって自社株式が分散することを防止することができます。概要は次の通りです。基本的な流れは、上記**3**と同じです。

・Aの生前、後継者であるBに対して、自社株式の全株を贈与しました。

　　この時に、将来Aの相続開始があった場合、贈与した自社株式については、遺留分算定の基礎財産にしないという合意をします。

・Aが死亡した時のAの財産は金融資産等の合計額3,000万円でした。

・Aが死亡した時の自社株式の価額は1.2億円になっていましたが、この価額は、遺留分算定に加算しません。

・C及びDの遺留分割合は次の通り、各自6分の1です。各自遺留分は500万円であるため、相続財産の範囲内で対応できます。

　3,000万円×1/2（遺留分）×1/3（法定相続分）＝500万円

　500万円×2＝1,000万円

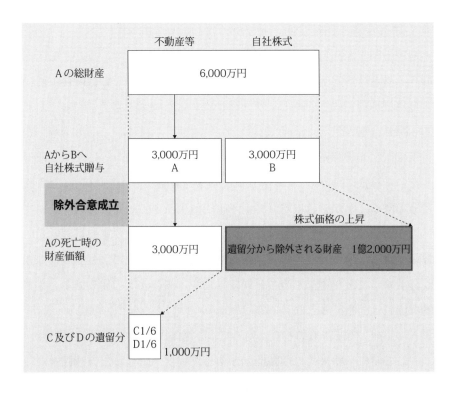

(2) 固定合意

　後継者と非後継者は、後継者が旧代表者から生前贈与等によって取得した自社株式について、遺留分算定の基礎財産に算入する価額を合意時点の価額とすることを、定めることができます（経営承継円滑化法4①二）。

　この合意の対象とした自社株式については、遺留分算定の基礎財産に算入する際、その価額がその合意の時における価額に固定されるので、後継者は、将来の価値上昇による遺留分の増大を心配することなく経営に専念することが可能となります。

　この合意する株式の価額は、その適正さを裏付けるために「合意の時における相当な価額」であることについて、弁護士、公認会計士又は税

理士の証明が必要となります。「経営承継法における非上場株式等評価ガイドライン」（2009年（平成21年）2月9日、中小企業庁）が参考になります。株式の贈与は贈与税の課税対象となりますので財産評価基本通達に基づいて評価しますが、この評価方式が基本となりその他の方式を同時に検討することになります。概要は次の通りです。基本的な流れは、上記**3**と同じです。

・Aの生前、後継者であるBに対して、自社株式の全株を贈与しました。この時に、贈与した自社株式について、将来Aに相続開始があった場合、遺留分算定の価額を、贈与した時の価額によるという合意をします。

・Aが死亡した時のAの財産は金融資産等の合計額3,000万円でした。

・Aが死亡した時の自社株式の価額は1.2億円になっていましたが、固定合意により相続財産に加算するのは、合意に達した時の価額3,000万円です。相続時の財産価額は、6,000万円です。

・C及びDの遺留分は次の通りです。下記の通り、各自の遺留分は1,000万円であるため、相続財産の範囲内で対応できます。

6,000万円×1/2（遺留分）×1/3（法定相続分）＝1,000万円

1,000万円×2＝2,000万円

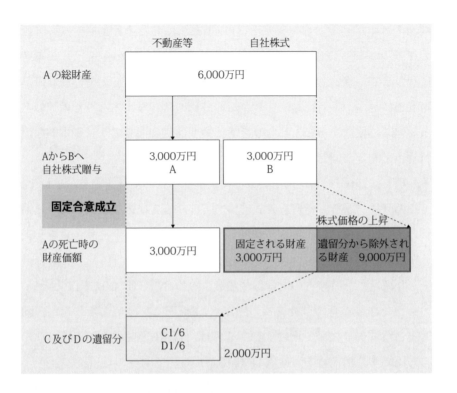

(3) 合意に付随するその他の事項

① 「除外合意」と「固定合意」の関係

遺留分に関する民法の特例制度を利用するためには、除外合意と固定合意の双方、又はいずれか一方の合意を必ず行う必要があります。

除外合意と固定合意は、二者択一ではなく、組み合わせることが可能です。例えば、後継者が旧代表者からの贈与等により取得した1,000株のうち600株を除外合意の対象とし、残りの400株を固定合意の対象とすることもできます。

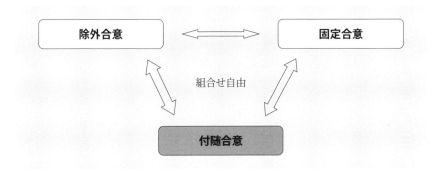

② 付随（追加）合意

　「除外合意」「固定合意」をした場合には、それと併せて付随合意
をすることができます（経営承継円滑化法6）。この合意は後継者
のみが利益を得ることの非後継者等の不満を解消するために行われ
ることが想定されます。比較的自由な合意ですが、贈与税等の対象
になるケースが考えられますので注意が必要です。

　この付随合意には、次のような例が考えられます。

後継者の付随合意の例	○贈与税の納税資金等を追加して贈与を受ける。 ○事業資金の追加贈与を受ける。
非後継者の付随合意の例	○非後継者が合意以前に受贈していた財産につい 　ても遺留分算定から除外する。 ○後継者の合意と同時に別途現金の贈与を受ける。

③ 合意ができない場合

　イ　除外合意や固定合意の対象とする株式等を後継者が所有してな
　　いと仮定してもなお、後継者が議決権の過半数を確保できる場合
　　には、合意はできません。

　ロ　価額について協議が整わない場合

　　民法特例は、相続人の固有の権利である遺留分を制限するもの
　　であるため推定相続人全員の合意を必要とします。そのため推定
　　相続人間で協議が整わない場合は、この特例の適用は受けられま

せん。

(4)　合意に反した場合の定め

　　相続が開始されるまでの長期間合意を守らなければなりません。その間に後継者が株式等を譲渡するなど、当初の合意に反する事態が生じることも考えられます。その場合の対処についても文書で明示の合意をしておかなければなりません。例えば、非後継者が合意を解除できる、金銭の支払いを請求することができる等があります。

5　手続き

(1)　確認の申請

　除外合意・固定合意を行った後継者は、合意をした日から1か月以内に経済産業大臣の確認を受けます（経営承継円滑化法7）。

　確認事項は次の通りです。

---

①　その会社の経営の承継の円滑化を図るためにされたものであること。

②　申請者がその合意をした日において後継者であったこと。

③　合意日において、後継者が所有する株式等のうち合意の対象とした株式等を除いたものに係る議決権の数が総株主又は総社員の議決権の100分の50以下であったこと。

④　旧代表者の推定相続人及び後継者は、合意をする際に、全員の合意をもって、書面により、次に掲げる場合に後継者以外の推定相続人がとることができる措置に関する定めをすること。

　イ　後継者が合意の対象とした株式等を処分する行為をした場合

　ロ　旧代表者の生存中に後継者が特例中小企業者の代表者として経営に従事しなくなった場合

(2)　家庭裁判所の許可

　上記の確認を受けた後継者は、その確認を受けた日から1か月以内に、旧代表者の住所地を管轄する家庭裁判所に許可の申立てを行います。

　家庭裁判所は、合意が当事者全員の真意に出たものであるとの心証を得なければ許可しません（経営承継円滑化法8）。

6　合意の効力と消滅

(1)　合意の効力

　家庭裁判所の許可があった場合は、民法の規定にかかわらず、その合意に係る株式や財産の価額を遺留分算定のための財産価額に算入しないことができます（経営承継円滑化法9）。

　合意をした当事者以外の第三者に対する遺留分減殺請求には影響しないので、通常の計算を行います。

(2)　合意の効力の消滅

　合意が成立し裁判所の許可を受けた場合でも、次の事実が生じたときはその合意は効力を失います（経営承継円滑化法10）。

　効力が消滅した場合は、民法の規定に則った遺留分の計算を行います。

①	経済産業大臣の確認が取り消されたこと。
②	旧代表者の生存中に後継者が死亡したこと。 後継者が後見開始若しくは保佐開始の審判を受けたこと。
③	合意当事者以外の者が新たに旧代表者の推定相続人となったこと。
④	合意当事者の代襲者が旧代表者の養子となったこと。

〔申告及び調査の対応のポイント〕

1 民法特例の基本は贈与行為であることから、贈与税の問題が必ず起きます。適正な株式評価、納税資金の確保、付随合意に伴う推定相続人の贈与税の負担等対応検討すべきことが多く、贈与後に税務調査の対象にならないようにしなければなりません。

2 民法特例は、推定相続人に民法上当然に認められた権利に制限を加えるものです。推定相続人各人が制度をしっかり理解し納得した上で合意することが必須です。まず、遺留分という相続人固有の権利があることを説明し、贈与者に相続の開始があったときに、遺留分の権利がなくなるということを十分に理解させなければなりません。それによる推定相続人の損得を、贈与するときの段階で天秤にかけなければなりません。

3 複雑な制度です。相続が開始するまで何年も経過することが当然考えられます。中途半端な理解と性急な説明や事業承継者に肩入れした一方的なスタンスで推し進めると、必ず将来のトラブルとなります。

7-3 納税猶予制度の概要

ポイント

　農地や非上場株式等の贈与又は相続には、納税を猶予する制度が設けられています。これらをうまく活用することにより、税負担を緩和することができます。適用要件が大変難しい特例がありますので注意してください。

【 解　説 】

1　相続税・贈与税の納税

(1)　納税猶予制度

　相続税及び贈与税は、納税額が高額となり一時に納税できないことがあります。被相続人が個人事業又は会社経営をしている場合、事業用財産又は株式等の価額が高額となり、相続税の負担が重くなり、事業承継が困難となる場合があります。また、効率の良い活力ある農業経営を営む目的で農地を贈与したとしても、贈与税の負担が重くなります。財産承継に当たって、税負担の緩和のために当面納税を猶予し、将来一定の要件を満たした場合、納税を免除する制度が「納税猶予制度」です。

(2)　納税猶予制度の種類

　納税猶予制度は対象財産が「農地等」「山林」「美術品」「非上場株式等」「医療法人」「個人の事業用財産」と多岐にわたっています。更に税目で「相続税」及び「贈与税」に区分されます。大まかな区分は本章7-1を参照してください。

(3)　贈与税の納税猶予適用件数の推移

　国税庁統計資料によりますと、近年の納税猶予制度の適用件数の推移は次の通りです。

贈与税 納税猶予適用件数の推移

年分	農地等		株式等		特例株式等		医療法人持分		個人事業用資産	
	件数	猶予金額 百万円	件数	猶予金額 百万円	件数	猶予金額 百万円	件数	猶予金額 百万円	件数	猶予金額 百万円
2021 (令和3)	17	339	23	925	892	78,264	15	35	3	14
2020 (令和2)	9	103	17	685	759	74,725	1	0	4	48
2019 (令和元)	13	397	8	188	771	43,275	0	0	0	0
2018 (平成30)	22	465	22	1,173	516	39,980	15	267	—	—
2017 (平成29)	14	12	141	10,221	—	—	5	561	—	—
2016 (平成28)	24	333	227	17,602	—	—	5	53	—	—
2015 (平成27)	35	447	270	26,567	—	—	3	530	—	—
2014 (平成26)	56	593	43	4,941	—	—	0	0	—	—
2013 (平成25)	77	772	78	4,754	—	—	—	—	—	—
2012 (平成24)	89	550	72	4,485	—	—	—	—	—	—
2011 (平成23)	72	846	77	7,654	—	—	—	—	—	—
2010 (平成22)	83	529	63	5,579	—	—	—	—	—	—
2009 (平成21)	120	3,942	—	—	—	—	—	—	—	—
2008 (平成20)	290	1,248	—	—	—	—	—	—	—	—
2007 (平成19)	170	1,586	—	—	—	—	—	—	—	—
2006 (平成18)	155	1,442	—	—	—	—	—	—	—	—
2005 (平成17)	195	2,402	—	—	—	—	—	—	—	—
2004 (平成16)	322	3,095	—	—	—	—	—	—	—	—
2003 (平成15)	484	3,877	—	—	—	—	—	—	—	—
2002 (平成14)	1,480	8,435	—	—	—	—	—	—	—	—
2001 (平成13)	1,646	6,988	—	—	—	—	—	—	—	—
2000 (平成12)	1,955	11,853	—	—	—	—	—	—	—	—
1999 (平成11)	2,346	12,664	—	—	—	—	—	—	—	—
合計	9,674	62,918	1,041	84,774	2,938	236,244	44	1,446	7	62

（申告及び調査の対応のポイント）

　農地等及び非上場株式等の納税猶予制度は、贈与税、相続税、及び贈与者が死亡した場合の相続税が猶予され、将来免除される制度です。ただし、後継者が連綿と事業を継続していくことが大前提です。数世代後の後継者が事業を引き継がない場合、その世代に高額な贈与税又は相続税の負担が生じます。適用者は将来世代に対する責任と覚悟が必要です。納税の判断を後世代に押し付けてしまうことにならないか、十分検討します。税金は自分の代ですっきり解決しておくことも視野に入れて検討します。

7-4 農地等の贈与税の納税猶予及び免除

ポイント

　農業を営んでいる人が、農地等をその農業を引き継ぐ推定相続人の1人に贈与した場合、一定の要件に該当するときは、贈与税のうち一定金額について、受贈者が農業を営んでいる限り、納税が猶予されます。贈与者に相続が開始した場合、納税猶予は打ち切られ、受贈農地は相続財産に加算されます。しかし、相続税の納税猶予制度の要件を満たすことによって、更に納税が猶予されるという長期的に農業を支援する制度です。

【 解　説 】

1　特例の概要

(1)　納税猶予制度

　農地等の贈与税の納税猶予制度は、1964年（昭和39年）に、農業経営の近代化、農地の細分化防止及び後継者の育成を税制面から支援するために納期限の延長の特例として創設されました。1975年（昭和50年）に、相続税の納税猶予制度が創設され、贈与税についても納税猶予制度として衣替えしたものです。

　農業を営んでいる人が、農業の用に供している農地、採草放牧地及び準農地（以下「農地等」といいます。）を、農業を引き継ぐ推定相続人の1人に贈与した場合、贈与税のうち一定金額について、受贈者が農業を営んでいる限り、納税が猶予されます（措法70の4①、措令40の6）。

　贈与者が死亡した場合、相続税の納税猶予制度に移行することにより、農地の移転に伴う税負担の緩和及び安定した農業経営が継続されるという長期的展望の下に構築されています。農業経営が途切れた時点で贈与

税又は相続税が課税されます。

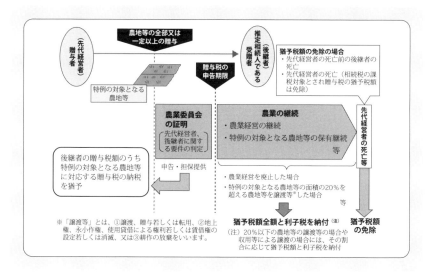

（国税庁「贈与税の申告のしかた」）

(2)　納税猶予制度の基本的なスキーム

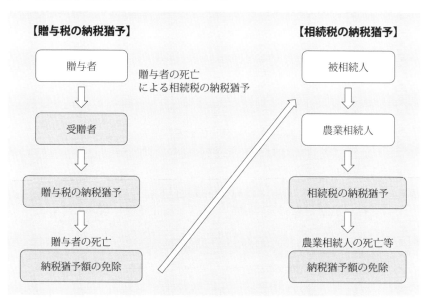

2 特例の要件

(1) 贈与者の要件

贈与者は次に該当する者であること（措法70の4①）

> 贈与の日まで3年以上引き続いて農業を営んでいた個人であること。

(2) 贈与者として不適格な者

贈与者が次に掲げる場合に該当しないこと（措令40の6①）。

> ① 贈与をした日の属する年（以下「対象年」といいます。）の前年以前において、推定相続人に対し相続時精算課税を適用する農地等の贈与をしている場合（措法70の4③）
> 過去の年分において、贈与者の推定相続人に農地を贈与し、その推定相続人が相続時精算課税の適用を受けている場合には、その贈与者のすべての推定相続人がこの特例を受けられません。
> ② 贈与した年に、今回の贈与以外に農地等の贈与をしている場合
> ③ 過去に農地等の贈与税の納税猶予の特例に係る一括贈与をしている場合

(3) 受贈者の要件

受贈者は次の要件をすべて満たしていること

> ① 贈与者の推定相続人のうちの1人であること。
> ② 次の要件のすべてに該当するものとして農業委員会が証明した個人であること。
> イ 贈与を受けた日において、年齢が18歳以上であること。
> ロ 贈与を受けた日まで引き続き3年以上農業に従事していたこと。
> ハ 贈与を受けた後、速やかにその農地及び採草放牧地によって農業経営を行うこと。
> ニ 農業委員会の証明の時において認定農業者等であること。

認定農業者等とは、次のいずれかに該当する者をいいます。
① 農業経営基盤強化促進法第12条に基づく農業経営改善計画に係る認定を受けた農業経営者（認定農業者）
② 新たに農業経営を営もうとする青年等で農業経営基盤強化促進法第14条の４で規定する青年等就農計画の認定を受けた者（認定新規就農者）
③ 農業経営基盤強化促進法第６条第１項に規定する基本構想に定められた効率的かつ安定的な農業経営の指標を満たしている者（基本構想水準到達者）

⑷ 贈与農地等の要件

贈与者が農業の用に供している農地等を一括贈与すること。

農地等	贈与面積
農地	全部
採草放牧地	３分の２以上
準農地	３分の２以上

3 申告の手続

この特例の適用を受けるためには、次の書類を税務署長に提出します（措法70の４㉖）。

① 贈与税申告書
② 次の書類（措法70の４㉖）
　イ 適用を受けようとする旨の書類
　ロ 農地等の明細
　ハ 納税猶予分の贈与税額の計算に関する明細
② 次の書類（措規23の７③）
　イ 提供しようとする担保の種類、数量、価額及びその所在場所の明細を記載した書類
　ロ 担保の提供に関する書類
　ハ 贈与者が贈与した日まで引き続き３年以上農業を営んでいた個人に該当する者である旨の農業委員会の証明書

　ニ　受贈者が贈与者の推定相続人に該当することを証する書類及び受贈者に係るハに規定する農業委員会の書類

　ホ　農地等の贈与に係る契約書その他その事実を証する書類

　ヘ　農地等の地目、面積及びその所在場所その他の明細を記載した書類並びに次に掲げる農地等がある場合には、それぞれ次に定める書類

　　①　農地法第43条第1項の規定により農作物の栽培を耕作に該当するものとみなして適用する同法第2条第1項に規定する農地

　　　農地が同法第43条第2項に規定する農作物栽培高度化施設の用に供されているものである旨を証する農業委員会の書類

　　②　措置法第70条の4第2項第4号に規定する都市営農農地等

　　　都市営農農地等が措置法第70条の4第1項に規定する農地又は採草放牧地に該当する旨を証する所在地を管轄する市長又は特別区の区長の書類の写し

　　③　措置法第70条の4第1項に規定する準農地
　　　市町村長の書類

　ト　贈与者が租税特別措置法施行令第40条の6第1項に規定する個人に該当する旨を明らかにする書類で次に掲げる事項の記載があるもの

　　①　贈与者が対象年（贈与の年）の前年以前に、その農業の用に供していた農地をその者の推定相続人に対し贈与をしていないこと

　　②　対象年において、贈与以外の贈与により農地及び採草放牧地並びに準農地の贈与をしていないこと。

　　③　次に掲げるものの面積並びに次のaの面積がbの面積及びcの面積の合計の3分の2以上となること。
　　　a　贈与した採草放牧地
　　　b　贈与者が贈与の日までその農業の用に供していた採草放牧地
　　　c　贈与者の従前採草放牧地

　　④　次に掲げるものの面積並びに次のaの面積がbの面積及び

> cの面積の合計の３分の２以上となること。
> a　贈与した準農地
> b　贈与者が贈与の日まで有していた準農地
> c　贈与者の従前準農地

4　納税猶予期間中の手続

　この特例の適用を受けた受贈者は、納税猶予の期限が確定するまで、又は納税が免除されるまでの間、贈与税の申告期限から３年目ごとに、引き続いてこの特例の適用を受ける旨及び特例農地等に係る農業経営に関する事項を記載した届出書「継続届出書」を提出しなければなりません（措法70の４㉗）。

　継続届出書の提出は必須の要件です。継続届出書の提出がない場合には、期限の翌日から２か月を経過する日をもってこの特例の適用が打ち切られ、農地等納税猶予税額と利子税を納付しなければなりません（措法70の４㉚）。

5　納税猶予額の確定

⑴　全額確定

　納税猶予を受けている贈与税額は、次に掲げる場合に該当するときは、その贈与税額の全部及び利子税を納付しなければなりません（措法70の４①㉟他）。これを「納税猶予額の確定」といいます。

> ①　贈与を受けた農地等を譲渡等した場合
> 　農地等の面積の20％を超える譲渡等の場合をいいます。譲渡等とは贈与、転用、賃借権の設定等をいいます。
> ②　贈与を受けた農地等に係る農業経営を廃止した場合
> ③　受贈者が贈与者の推定相続人に該当しないこととなった場合
> ④　継続届出書の提出がなかった場合
> ⑤　担保価値が減少したことなどにより、増担保又は担保の変更を求められた場合で、その求めに応じなかった場合

⑥　都市営農農地等について、生産緑地法の規定による買取りの申出があった場合(特定生産緑地の指定の解除があった場合を含む)

⑦　都市計画の変更等により特例農地等が特定市街化区域農地等に該当することとなった場合

⑧　準農地について、申告期限後10年を経過する日までに、農業の用に供されていない準農地がある場合

(2)　一部確定

次に掲げる場合に該当することとなったときは、その贈与税額の一部を納付しなければなりません。これを「納税猶予額の一部確定」といいます。

○　収用交換等による譲渡等をした場合

○　農地の面積の20%以下の譲渡、貸付、転用、耕作放棄をした場合

　譲渡等があった部分に対応する猶予額を納付する必要があります。

○　生産緑地地区内の農地について、買取申出をした場合

○　農用地区域内の農地等について、①特例事業(農地中間管理機構への譲渡)、②農地利用集積円滑化事業、③利用権設定等促進事業に基づき譲渡した場合

(3)　確定事由の例外

①　猶予適用農地等の譲渡や貸付け等の面積が20%を超えても全額確定とならない場合

○　収用交換等による譲渡等があった場合

○　生産緑地地区内の農地・採草放牧地が、地方公共団体等に買い取られた場合

○　農地所有適格法人に現物出資した場合(その出資した者が、その農地所有適格法人の常時従事者になる場合に限る。)

○　一定の要件を満たす受贈者[※1]が、農用地区域内の農地等を特定の事業[※2]により譲渡した場合

> ※1 贈与税の申告期限から農地等の譲渡までの期間が10年（譲渡時の年齢が65歳未満の場合は20年）以上の受贈者
> ※2 特例事業（農地中間管理機構への譲渡）、農地利用集積円滑化事業又は利用権設定等促進事業（農地利用集積計画）。

② 猶予適用農地等の譲渡に該当しない場合

> ○ 買換特例
> 　　譲渡等の日から1年以内に、その対価の額の全部又は一部をもって農地・採草放牧地を取得する場合
> ○ 付替特例
> 　　三大都市圏の農地等の収用交換等による譲渡等から1年以内に、猶予適用農地等以外の土地を猶予適用農地・採草放牧地とする場合

③ 猶予適用農地等の貸付け等に該当しない場合

> ○ 特定貸付け
> 　　一定の要件を満たす受贈者が特定の事業より貸し付けた場合
> ○ 営農困難時貸付け
> 　　身体障害等により営農継続が困難となった場合に、農地等を貸し付けた場合
> ○ 特例付加年金等受給のための権利の設定
> 　　特例付加年金又は経営移譲年金の受給資格を取得するため、その受贈者の推定相続人の1人に対し農業経営を移譲した場合
> ○ 借換特例
> 　　農業経営基盤強化促進法に規定する農用地利用集積計画に基づき一定の要件下で貸付け、併せて代替農地・採草放牧地を借り受ける場合
> ○ 一時的道路用地等に係る特例
> 　　一時的道路用地等の用に供するために、地上権等の設定に基づき、貸付けを行った場合に、貸付期限の到来後遅滞なく農地等を農業の用に供する場合

6 猶予税額の免除

納税猶予額は、次の事由により免除されます。

① 贈与者の死亡の際、受贈者が贈与者から相続又は遺贈により取得したものとみなされて相続税の課税の対象とされた場合
② 受贈者が贈与者より先に死亡した場合

7-5 非上場株式等の納税猶予

▶ポイント

　中小企業の事業承継をサポートする税制上の特例です。非上場株式の贈与があった場合、贈与者の相続開始まで贈与税の納税を猶予し、相続税の納税猶予に引き継がせるスキームです。2009年（平成21年）に創設されましたが、2018年（平成30年）に従前の一般措置に加え、期間限定の特例措置が加わりました。贈与税・相続税の納税が猶予されることにより、円滑な事業承継の一助となります。ただし、要件が細かいことと、納税猶予期間中は要件の充足について常に配意しなければなりません。

【解　説】

1　非上場株式等の納税猶予制度

(1)　非上場株式等の納税猶予制度の概要

　経営承継円滑化法では「民法特例」等中小企業者の円滑な事業承継について規定しており、それを受けて非上場株式等についての相続税等の納税猶予制度（以下、個人版の納税猶予制度と混同を避けるため「法人版事業承継税制」といいます。）が構築されています。後継者である受贈者・相続人等が、経営承継円滑化法の認定を受けている非上場会社の株式等を贈与又は相続により取得した場合、その非上場株式等に係る相続税等について、一定の要件のもと、その納税を猶予し、後継者の死亡等により、納税が猶予されている相続税等の納付が免除される制度です。

(2)　制度のスキーム

　非上場株式等の納税猶予制度は、次のように3つの適用関係があります。

　将来的に①と②を繰り返して、税負担無くして会社を存続させる制度

です。

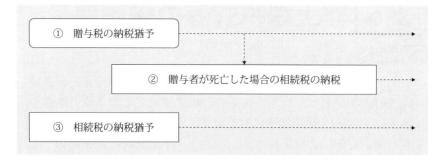

(3)　一般措置と特例措置

　非上場株式等の納税猶予制度は、次の通り 2 つの区分があります。特例措置は、一般措置の使い勝手が悪く、適用件数の伸びが思わしくないことから、期間限定の措置として創設されたもので、一般措置をベースとした緩和適用となっています。本稿でも、一般措置を解説し、上乗せで特例措置を解説します。

区分	内容
一般措置	2009年（平成21年）に施行された法人版事業承継税制の基本をいいます。
特例措置	2018年（平成30年）に一般措置をベースとして創設された事業承継税制をいいます。 2018年（平成30年） 1 月 1 日から2027年（令和 9 年）12月31日までの贈与・相続等に適用されます。

(4)　特例適用会社

　特例の適用を受けることができる株式等とは、非上場会社の株式又は出資で、議決権の制限のないものに限ります（以下「非上場株式等」といいます。）。なお、医療法人の出資は含まれません。

　特例の適用を受けることができる会社は経営承継円滑化法第 2 条に規定する中小企業です。

中小企業基本法上の中小企業の定義は次の通りです。事業承継税制の適用対象となる中小企業は、拡大されています。

業種分類	中小企業基本法の定義
製造業その他	資本金の額又は出資の総額が３億円以下の会社又は常時使用する従業員の数が300人以下の会社及び個人
卸売業	資本金の額又は出資の総額が１億円以下の会社又は常時使用する従業員の数が100人以下の会社及び個人
小売業	資本金の額又は出資の総額が5,000万円以下の会社又は常時使用する従業員の数が50人以下の会社及び個人
サービス業	資本金の額又は出資の総額が5,000万円以下の会社又は常時使用する従業員の数が100人以下の会社及び個人

【一般措置】

1　特例を受けるための要件

⑴　贈与者（先代経営者）の要件（措令40の８①）

贈与者の役員の退任要件はありません。役員として引き続き給与の支給を受ける場合でも納税猶予の適用を受けられます。

贈与の前のいずれかの日	①　認定贈与承継会社の代表者であったこと
贈与の直前	②　同族関係者で議決権数の50％超を保有していたこと
	③　議決権数が経営承継受贈者を除き同族関係者内で最も多く保有していたこと
贈与の時	④　認定贈与承継会社の代表権を有していないこと

⑵　経営承継受贈者（後継者）の要件（措法70の７②三）

制度創設時、後継者は先代経営者の親族であることが要件でしたが、親族以外の者であっても18歳以上であれば納税猶予の対象とすることができます。

贈与の時	①　18歳以上であること
	②　認定贈与承継会社の代表者であること
	③　同族関係者で総議決権数の50％超を保有していること

	④	議決権数を同族関係者内で最も多く保有していること
	⑤	経営贈与承継期間の末日までに贈与税の申告書の提出期限が到来する贈与であること
贈与の日	⑥	役員就任から 3 年以上経過していること
贈与の時から申告期限まで	⑦	贈与により取得した株式のすべてを保有していること
申告期限まで	⑧	措法70の 7 の 5 ①、70の 7 の 6 ①又は70の 7 の 8 ①の適用を受けていないこと

(3) 認定贈与承継会社の要件（措法70の 7 ②一他）

判定時期は、贈与の時です。

①	都道府県知事の認定を受けた非上場の中小企業者であること
②	常時使用する従業員数が 1 人以上（一定の外国会社株式等を保有している場合には 5 人以上）であること
③	一定の資産保有型会社又は資産運用型会社に該当しないこと
④	風俗営業会社に該当しないこと
⑤	特定特別関係会社が風俗営業会社に該当しないこと
⑥	贈与の日の属する事業年度の直前の事業年度における総収入金額が、零を超えていること
⑦	経営承継受贈者以外の者が、会社法第108条第 1 項第 8 号に規定する種類の株式（拒否権付き株式）を有していないこと
⑧	現物出資等資産の割合が、総資産の70%未満であること
⑨	認定贈与承継会社、及び認定贈与承継会社と密接な関係がある会社（特定特別関係会社）が、非上場会社であること
⑩	認定贈与承継会社と特別の関係がある会社が、中小企業者であること

(4) その他の要件

①	特例の適用を受けられるのは、1 社に 1 人である
②	同一贈与者から、同一非上場会社の贈与による特例の適用はできない

(5)　納税猶予適用対象株数

税目	対象株数	納税猶予額
贈与税	発行済議決権株式総数	適用対象株数にかかる贈与税の全額
相続税	の2/3に達するまで	適用対象株数にかかる相続税の8割相当額

2　都道府県知事の認定

　贈与後に会社の要件、後継者の要件、先代経営者の要件を満たしていることについて中小企業者の主たる事務所の所在地を管轄する都道府県知事（以下「都道府県知事」といいます。）の認定を受けます（経営承継円滑化法規則7②）。

【贈与税及び相続税の認定申請書の提出期限】

税目	提出期限
贈与税	認定申請書は、贈与認定基準日から、贈与を受けた年の翌年1月15日までに提出します。 贈与認定基準日とは、次の日をいいます。<table><tr><th>贈与の日</th><th>贈与認定基準日</th></tr><tr><td>①　1月1日から10月15日までの間</td><td>・10月15日</td></tr><tr><td>②　10月16日から12月31日までの間</td><td>・贈与の日</td></tr><tr><td>③　贈与の日の属する年の5月15日前に、後継者又は贈与者に相続が開始した場合</td><td>・相続開始の日の翌日から5か月を経過する日</td></tr></table>
相続税	相続開始日から8か月を経過する日まで

3　贈与税の申告と担保の提供

　贈与を受けた年の翌年2月1日から3月15日までに贈与税の申告をします。贈与税の申告書の他、贈与税額の計算書等一定の書類を添付します。納税が猶予される贈与税額及び利子税の額に見合う担保の提供が必要です（措法70の7①⑧）。

4　申告期限後５年間（経営贈与承継期間）の事業継続要件

(1)　継続届出書

① 都道府県知事に提出

　　贈与税申告期限から５年間、贈与税申告期限の翌日から起算して１年を経過するごとの日（以下「贈与報告基準日」といいます。）の翌日から３月を経過する日までに、議決権の数、従業員の数等一定の事項を記載した継続届出書（以下「継続届出書」といいます。）を、都道府県知事に報告しなければなりません（経営承継円滑化法規則12、措法70の７⑨）。

② 税務署長に提出

　　税務署長に対しても贈与報告基準日の翌日から５か月以内に「継続届出書」を提出します（措法70の７⑨）。

　　この継続届出書が提出されなかった場合、提出期限の翌日から２か月を経過する日をもって、納税猶予が確定します（措法70の７⑪）。

　　税務署長からの担保の変更等の命令に応じない場合、納税猶予期限が繰り上げられます（措法70の７⑫）。

(2)　経営承継期間内の確定

　経営贈与承継期間内に、次の①～⑰のいずれかに掲げる場合に該当することとなった場合には、①～⑰に定める日から２月を経過する日をもって納税の猶予の期限となります（措法70の７③）。

① 経営承継受贈者が認定贈与承継会社の代表権を有しないこととなった場合（財務省令で定めるやむを得ない理由がある場合を除く。）	・その有しないこととなった日

② 対象贈与承継会社の従業員数確認期間（最初の贈与税の申告書の提出期限の翌日から5年を経過する日）内の各基準日における常時使用従業員の数の合計を、従業員数確認期間内の基準日の数で除して計算した数が、常時使用従業員の雇用が確保されているものとして、政令で定める数を下回る数となった場合	・従業員数確認期間の末日
③ 経営承継受贈者及び経営承継受贈者と政令で定める特別の関係がある者の有する議決権の数の合計が、認定贈与承継会社の総株主等議決権数の100分の50以下となった場合	・100分の50以下となった日
④ 経営承継受贈者と特別の関係がある者のうち、いずれかの者が、経営承継受贈者が有する非上場株式等の議決権の数を超える数の議決権を有することとなった場合	・その有することとなった日
⑤ 経営承継受贈者が適用対象非上場株式等の一部を、譲渡又は贈与した場合	・譲渡等をした日
⑥ 経営承継受贈者が適用対象非上場株式等の全部を、譲渡等した場合	・譲渡等をした日
⑦ 会社の分割等があった場合　措置法70の7第5項の表の第5号の上欄、又は同表の第6号の上欄に掲げる場合	・分割等の効力が生じた日
⑧ 対象受贈非上場株式等に係る認定贈与承継会社が解散した場合（合併により消滅する場合を除く。）又は会社法 その他の法律の規定により解散をしたものとみなされた場合	・解散をした日又はそのみなされた解散の日
⑨ 認定贈与承継会社が、資産保有型会社又は資産運用型会社のうち、政令で定めるものに該当することとなった場合	・該当することとなった日
⑩ 認定贈与承継会社の事業年度における総収入金額が零となった場合	・事業年度終了の日
⑪ 認定贈与承継会社が、資本金の額の減少をした場合、又は準備金の額の減少をした場合	・資本金の額、又は準備金の額の減少が効力を生じた日

⑫　経営承継受贈者が特例の適用を受けることをやめる旨を記載した届出書を、納税地の所轄税務署長に提出した場合	・届出書の提出があった日
⑬　認定贈与承継会社が、合併により消滅した場合	・合併が効力を生じた日
⑭　認定贈与承継会社が、株式交換等により他の会社の株式交換完全子会社等となった場合	・株式交換等が効力を生じた日
⑮　認定贈与承継会社の株式等が、非上場株式等に該当しないこととなった場合	・該当しないこととなった日
⑯　認定贈与承継会社又は特定特別関係会社が、風俗営業会社に該当することとなった場合	・該当することとなった日
⑰　上記①〜⑯に掲げる場合のほか、経営承継受贈者による認定贈与承継会社の円滑な事業の運営に支障を及ぼすおそれがある場合として、政令で定める場合（措令40の8㉕）	・政令で定める日

5　申告期限後５年（経営贈与承継期間）経過後の事業継続要件

　経営贈与承継期間を経過した後は、税務署長に対して「継続届出書」を３年ごとに提出します（措法70の7②七ロ、⑨）。

6　納税猶予の期限の確定

⑴　経営贈与承継期間後の確定

　経営贈与承継期間の末日の翌日以後、次の表の①〜⑥の左欄に掲げる場合に該当することとなった場合には、①〜⑥の中欄に掲げる金額に相当する贈与税について、右欄に掲げる日から２月を経過する日をもって納税の猶予の期限となります（措法70の7⑤）。

確定事由	納税額	期限の始期
①　措置法70の7第3項第6号又は第8号から第12号までに掲げる場合	・猶予中贈与税額	・同項第6号又は第8号から第12号までに定める日

② 経営承継受贈者が対象受贈非上場株式等の一部を譲渡等をした場合	・譲渡等をした対象受贈非上場株式等の数又は金額に対応する部分の額として政令で定めるところにより計算した金額	・譲渡等をした日
③ 認定贈与承継会社が合併により消滅した場合	・猶予中贈与税額	・合併がその効力を生じた日
④ 認定贈与承継会社が株式交換等により他の会社の株式交換完全子会社等となった場合	・猶予中贈与税額	・株式交換等がその効力を生じた日
⑤ 認定贈与承継会社が会社分割をした場合（会社分割に際して吸収分割承継会社等の株式等を配当財産とする剰余金の配当があった場合に限る。）	・猶予中贈与税額のうち、会社分割に際して認定贈与承継会社から配当された吸収分割承継会社等の株式等の価額に対応する部分の額として政令で定めるところにより計算した金額	・会社分割がその効力を生じた日
⑥ 認定贈与承継会社が組織変更をした場合（組織変更に際して認定贈与承継会社の株式等以外の財産の交付があった場合に限る。）	・猶予中贈与税額のうち、組織変更に際して認定贈与承継会社から交付された認定贈与承継会社の株式等以外の財産の価額に対応する部分の額として政令で定めるところにより計算した金額	・組織変更がその効力を生じた日

(2) 株式等を譲渡等した場合の納税

株式等を譲渡等した場合は、次の態様に応じて贈与税を納付します。

① 次表の「A」に該当した場合には、納税が猶予されている贈与税の全額と利子税を併せて納付します。

② 次表の「B」に該当した場合には、納税が猶予されている贈与税のうち、譲渡等をした部分に対応する贈与税と利子税を併せて納付

します。譲渡等をした部分に対応しない贈与税については、引き続き納税が猶予されます。

③ 「C」に該当した場合には、引き続き納税が猶予されます。

納税猶予税額を納付する主な場合	経営贈与承継期間内 （申告期限後5年以内）	経営贈与承継期間経過後 （申告期限後5年経過後）
特例の適用を受けた非上場株式等についてその一部を譲渡等（贈与を含む。）をした場合	A	B
後継者が会社の代表者でなくなった場合	A	C
会社が資産管理会社に該当した場合	A	A
経営承継期間の末日に、雇用の平均が贈与時の雇用の8割を下回った場合	A	C

(3) 納税猶予が確定した場合の相続時精算課税の選択

贈与税の納税猶予を適用する年分に相続時精算課税の選択をしておいた場合、納税猶予が確定した場合、相続時精算課税の税率の適用ができます（措法70の7②五ロ）。非上場株式等についての贈与税の納税猶予及び免除の特例は、暦年課税をベースとして構築されていましたが、納税猶予が確定した時の贈与税の負担が非常に高額になる場合がありました。相続時精算課税の適用をすることができることとなり、税負担が大幅に軽減されます。

7　納税猶予税額の免除

(1) 贈与税の免除事由

贈与税は次の免除事由に該当する場合、申請期限までに免除届出書を納税地の所轄税務署長に提出します（措法70の7⑮⑯）。

免除事由	申請期限
①　贈与者の死亡の時以前に経営承継受贈者が死亡した場合	・経営承継受贈者の相続人が、相続開始があったことを知った日から6か月以内
②　贈与者が死亡した場合	・相続開始があったことを知った日から10か月以内
③　経営贈与承継期間（贈与税の申告期限後5年）内に、経営承継受贈者が、やむを得ない理由により、会社の代表権を有しなくなった場合に、後継者に贈与をした場合	・代表権を有しなくなった日から6か月以内

⑵　経営贈与承継期間経過後における贈与税の免除事由

　認定贈与承継会社が次に該当することとなった場合、経営承継受贈者は、その日から2か月を経過する日までに、免除を受けたい旨、免除を受けようとする贈与税額及び計算の明細その他を記載した「免除届出書」を税務署長宛に提出します（措法70の7⑮⑯）。

免除事由	申請期限
①　経営贈与承継期間後に贈与税の納税猶予制度の適用を受ける後継者への贈与を行った場合	・贈与税の納税猶予制度の特例の適用する申告書を提出した日から6か月以内
②　経営贈与承継期間の末日の翌日以後に次のいずれかに該当した場合 　イ　経営承継受贈者が特例の適用を受けた非上場株式に係る会社の株式等の全部を譲渡又は贈与した場合（その経営承継受贈者の同族関係者以外の一定の者に対して行う場合や民事再生法又は会社更生法の規定による許可を受けた計画に基づき株式等を消却するために行う場合に限る。） 　ロ　特例の適用を受けた非上場株式等に係る会社について破産手続開始の決定又は特別清算開始の命令があった場合	・一定の免除事由に該当することとなった日から2か月を経過する日まで

> ハ　特例の適用を受けた非上場株式等に係る会社が合併により消滅した場合で一定の場合
> ニ　特例の適用を受けた非上場株式等に係る会社が株式交換等により他の会社の株式交換完全子会社等となった場合で一定の場合
> ホ　民事再生計画の認可決定等があった場合で会社の資産評定が行われたとき

(3)　災害により被害を受けた場合

災害の発生前に贈与により取得した非上場株式等に係る会社が、災害により一定の被害を受けた場合、納税猶予税額が免除されます（措法70の3㉚）。

【特例措置】

1　特例措置の概要

特例措置は一般措置の適用要件を緩和しています。一般措置の規定の上に構築されており、免除や確定事由等は一般措置に同様であることから、特例措置に特定される部分のみ解説します。

2　「特例承継計画」の提出

2018年（平成30年）4月1日から2024年（令和6年）3月31日までの間に都道府県知事に「特例承継計画」を提出し、確認を受けなければなりません（経営承継円滑化規17①一）。2022年（令和4年）度の税制改正において1年だけ期間が延長されました。

特例承継計画とは、認定経営革新等支援機関の指導及び助言を受けた特例会社が作成した計画であって、特例会社の後継者や承継時までの経営の見通し等が記載されたものです（円滑化規16①）。

2　贈与の実行

(1)　特例を受けるための要件

特例経営承継受贈者（後継者）の要件（措法70の7の5②六）

贈与の時	①　次のイ、ロの場合に応じて、どちらかの要件に該当すること 　イ　その会社の非上場株式等の取得が最初の特例措置の適用に係る贈与又は相続若しくは遺贈による取得である場合、平成30年1月1日から令和9年12月31日までの間の贈与か 　ロ　イの場合以外の場合 　　イの最初の取得の日から特例経営贈与承継期間の末日までの間に贈与税の申告書の提出期限が到来する贈与による取得か
	②　18歳以上であること
	③　認定贈与承継会社の代表者であること
	④　同族関係者で総議決権数の50%超を保有していること
	⑤　次のイ、ロの場合に応じて、どちらかの要件に該当すること 　イ　後継者が1人の場合 　　後継者及び後継者と特別の関係がある者（その後継者以外の特例措置の適用を受ける者を除く。ロにおいて同じ。）の中で最も多くの議決権数を保有していること 　ロ　後継者が2人又は3人の場合 　　総議決権数の10%以上の議決権数を保有し、かつ、後継者と特別の関係がある者の中で最も多くの議決権数を保有していること
贈与の日	⑥　役員就任から3年以上経過していること
贈与の時から申告期限まで	⑦　贈与により取得した株式のすべてを保有していること
申告期限まで	⑧　措法70の7①、70の7の2①又は70の7の4①の適用を受けていないこと ⑨　円滑化規第17条第1項の確認（同項第1号に係るものに限る。）を受けた会社の特例後継者であること

(2)　納税猶予適用対象株数

　納税猶予の対象となる株数は、発行済議決権株式全株式で、適用対象株数にかかる贈与税の全額が猶予されます。

【一般措置と特例措置の比較】

特例措置は一般措置と比して、次の相違があります。

要件区分	特例措置	一般措置
事前の計画	特例承継計画の提出する（2018年（平成30年）4月1日から2024年（令和6年）3月31日まで）	不要である
適用期限	2018年（平成30年）1月1日から2027年（令和9年）12月31日までの贈与による取得に適用される	適用期限はない
対象株数	全株式	総株式数の最大2/3まで
納税猶予割合	100％	相続等：80％、贈与：100％
承継パターン	複数の株主から最大3人の後継者	複数の株主から1人の後継者
雇用確保要件	要件を満たさなかった理由等を記載した報告書を都道府県知事に提出し確認を受ける弾力的取扱いとなっている	経営承継後5年間は平均8割の雇用を維持しなければならない
事業の継続が困難な事由が生じた場合	譲渡対価の額等に基づき再計算し、一部免除する	猶予税額を納付する
相続時精算課税の適用	60歳以上の贈与者から18歳以上の者への贈与（第三者からの贈与でも適用可）	60歳以上の贈与者から18歳以上の推定相続人又は孫への贈与（原則的適用）

【申告及び調査の対応のポイント】

非上場株式等の納税猶予制度は、いまや事業承継を検討するにあたって欠かせない重要な制度となっています。特に特例措置は要件が緩和されているだけに、贈与又は相続の相談を受けた際に提案しないことはできません。この納税猶予制度は、贈与税を皮切りに相続税、贈与税と株式等の承継が連綿と続くことを前提に構築されています。いつかは免除

される時が来るかもしれませんが、事業が安定して継続されている場合には問題はないでしょう。しかし、後継者が存在しなくなる、後継者が事業の継続を望まない等、存続が危うくなる時も想定しなくてはならないでしょう。

7-6 個人事業用資産の納税猶予

▶ポイント

　2018年（平成30年）度税制改正において非上場株式等の納税猶予制度に「特例措置」が創出され、要件が大幅に緩和されました。その翌年に個人事業用資産の納税猶予制度（以下「個人版事業承継税制」といいます。）が創出されました。事業用資産の事業承継については、法人又は個人事業にかかわらず、納税が猶予される制度が整ったことになります。

【　解　説　】

1　個人の事業用資産についての贈与税の納税猶予制度の概要

(1)　概要

　経営承継円滑化法の認定を受けた受贈者（以下「特例事業受贈者」といいます。）が、青色申告に係る事業を行っていた贈与者から、その事業に係る特定事業用資産の全てを贈与により取得し、その事業を営んでいく場合、特例事業受贈者が納付すべき贈与税のうち、一定の納税額が猶予されます。特例事業受贈者が死亡した場合等には、その全部又は一部が免除されます。

　免除されるまでに、特例事業用資産を特例事業受贈者の事業の用に供さなくなった場合など一定の場合には、猶予税額の全部又は一部について納税の猶予が打ち切られ、その税額と利子税を納付しなければなりません。

(2)　適用期限

　個人版事業承継税制の適用は、2019年（平成31年）1月1日から2028年（令和10年）12月31日までの間の特定事業用資産の贈与です（措

法70の6の8①)。

(3)　個人版事業承継税制の全体の流れ

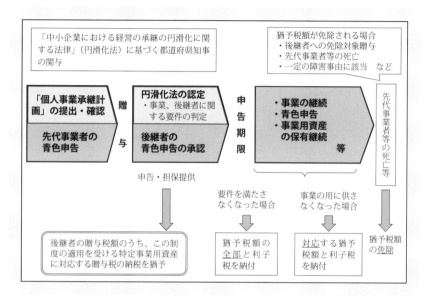

(国税庁:個人の事業用資産についての贈与税・相続税の納税猶予・免除(個人版事業承継税制)の
あらまし(令和5年6月))

2　個人事業承継計画の策定・提出・確認

(1)　個人事業承継計画

　「個人事業承継計画」を最初に策定し、先代事業者の主たる事務所が
所在する都道府県の知事へ提出します(経営承継円滑化規16三)。

　個人事業承継計画には認定経営革新等支援機関(税理士、商工会等)
の所見を記載します。

(2)　都道府県知事の確認。

　個人事業承継計画の都道府県知事の確認を受けます(経営承継円滑化
法規則17①)。確認を受ける期限は2024年(令和6年)3月31日です。
贈与後であっても、経営承継円滑化法の認定申請時までは個人事業承継
計画を提出することができます。

3　特例を受けるための要件

⑴　贈与者（先代事業者）の要件（措法70の 6 の 8 ①）

贈与者の区分	判定時期	要件
①　贈与の時前において特定事業用資産に係る事業を行っていた者である場合	申告期限まで	・贈与の日の属する年、その前年及びその前々年の確定申告書を青色申告書により提出していること（60万円の青色申告特別控除の適用に限る。）
	贈与の時	・税務署長に事業を廃業した旨の届出書を提出していること、又は贈与税の申告期限までに提出する見込みであること ・すでにこの特例の適用に係る贈与をしている者に該当しないこと
②　贈与者が①以外の場合	贈与の直前	・贈与者と生計を一にする親族であること。
	贈与の時	・先代事業者からの贈与後に特定事業用財産の贈与をしていること ・すでにこの特例の適用に係る贈与をしている者に該当しないこと

⑵　特例事業受贈者（後継者）の要件（措法70の 6 の 8 ②二）

贈与の日まで	・引き続き 3 年以上特定事業用資産に係る事業に従事していたこと。同種又は類似の事業等を含みます。
贈与の時	・特定事業用資産は、次のいずれかの取得であること 　イ　最初のこの特例の適用に係る贈与による取得 　ロ　イの取得の日から 1 年を経過する日までの贈与による取得 ・贈与により特定事業用資産の全部を取得したこと ・事業が資産保有型事業、資産運用型事業及び性風俗関連特殊営業のいずれにも該当していないこと 　イ　資産保有型事業（有価証券、自ら使用していない不動産、現金・預金等の特定の資産の保有割合が、特定事業用資産の事業に係る総資産の総額の70％以上となる事業） 　ロ　資産運用型事業（イの特定の資産からの運用収入が、特定事業用資産に係る事業の総収入金額の75％以上となる事業） ・18歳以上であること

贈与の時から 申告期限まで	・特定事業用資産に係る事業を引き継ぎ、全て保有し、かつ、 　自己の事業の用に供していること
申告期限まで	・都道府県知事の円滑化法の認定を受けていること ・中小企業者であること ・事業について開業の届出書を提出していること ・その事業について青色申告の承認を受けていること ・経営承継円滑化令第17条第1項の確認を受けていること

(3)　特定事業用資産の要件

　特例の適用を受けることができる事業用資産（以下「特定事業用資産」といいます。）は、次の資産のことをいいます（措法70の6の8②一、措令40の7の8⑤⑦）。

---

①　贈与者の事業の用に供されていた資産であること

②　贈与の日の属する年の前年分の事業所得に係る青色申告書の貸
　　借対照表に計上されていた資産であること。

③　不動産貸付業、駐車場業及び自転車駐車場業に該当しないこと

④　宅地等又は建物が棚卸資産に該当しないこと

---

(4)　贈与の要件

　贈与を受ける特定事業用資産は、先代経営者等の所有する特定事業用資産の全てです。

4　開業届出書等の提出

(1)　開業届出書

　事業の開始の日（贈与の日）から1か月以内に税務署に提出します（措法70の6の8②二ホ）。

(2)　青色申告の承認

　後継者が業務を開始した日（贈与の日）から2か月以内に、税務署長に申請を行います（措法70の6の8②二ホ）。

　後継者が、既に他の業務を行っている場合には、青色申告をしようと
する年分のその年の 3 月15日までに申請を行うことが必要です。

5　都道府県知事の認定

(1)　贈与後に特定事業用資産の要件、後継者の要件、先代事業者の要件
　を満たしていることについての円滑化法の認定（後継者の主たる事務
　所の所在地を管轄する都道府県知事）を受けます。

(2)　申請期限

　贈与を受けた年の翌年 1 月15日までに申請します。

6　贈与税の申告

　贈与を受けた年の翌年 2 月 1 日から 3 月15日までに贈与税の申告を
します。贈与税の申告書の他、贈与税額の計算書等一定の書類を添付し
ます（措法70の 6 の 8 ①⑧）。

　納税が猶予される贈与税額及び利子税の額に見合う担保の提供が必要
です（措法70の 6 の 8 ①）。

7　申告期限後の事業継続要件

(1)　継続届出書の提出

　特定申告期限の翌日から 3 年を経過するごとに、一定の書類を添付し
て継続届出書を、特例贈与報告基準日の翌日から 3 か月を経過する日ま
でに税務署長に提出しなければなりません（経営承継円滑化規12、措
法70の 6 の 8 ⑨）。

　特定申告期限とは、後継者の最初のこの制度の適用に係る贈与税の申
告期限又は最初の「個人の事業用資産についての相続税の納税猶予及び
免除」の適用に係る相続税の申告期限のいずれか早い日をいいます。な
お、災害等により申告期限が延長された場合、その延長された日が申告
期限です。

⑵　継続届出書の提出がない場合等

① この継続届出書が提出されなかった場合、提出期限の翌日から２か月を経過する日をもって、納税猶予の期限となります（措法70の６の８⑪）。

② 税務署長からの担保の変更等の命令に応じない場合、継続届出書に記載された事項が事実と異なる場合、納税猶予期限が繰り上げられます（措法70の６の８⑫）。

8　納税猶予税額の確定

⑴　納税猶予税額の全部を納付しなければならない場合

次に該当する場合は、該当することとなった日から２か月以内に贈与税の全額と利子税を納付します（措法70の６の８③）。

確定事由	発生日
① 事業を廃止した場合、破産手続開始の決定があった場合	・事業の廃止、決定があった日
② 資産保有型事業、資産運用型事業又は性風俗営業等に該当した場合	・該当することとなった日
③ その年の総収入金額が零となった場合	・その年の12月31日
④ 特例受贈事業用財産(注)の全てが青色申告書の貸借対照表に計上されなくなった場合	・その年の12月31日
⑤ 青色申告の承認が取り消された場合、青色申告書の提出をやめる旨の届出書を提出した場合	・承認が取り消された日又はその届出書の提出の日
⑥ 納税猶予をやめる旨を記載した届出書を提出した場合	・届出書の提出日

(注) 「特例受贈事業用資産」とは、贈与により取得した特定事業用資産で贈与税の申告書にこの特例の適用を受けようとする旨の記載があるものをいいます。

⑵　納税猶予税額の一部を納付しなければならない場合

① 一部事業の用に供さなくなった場合

特例受贈事業用資産の一部が事業の用に供されなくなった場合、その部分に対応する贈与税と利子税を併せて納付しなければなりません（措

置法70の6の8④)。事業の用に供している部分については、継続的に適用できます。

② 一部事業の用に供さなくなった場合においても認められる場合

次の場合には納税猶予は継続されます。

イ 特例受贈事業用資産を陳腐化等の事由により廃棄した場合、廃棄した日から2か月以内に税務署長にその旨の届出をしたとき。

ロ 特例受贈事業用資産を譲渡した場合で、譲渡があった日から1年以内にその対価により新たな事業用資産を取得する見込みであることにつき税務署長の承認を受けたとき。ただし、取得に充てられた対価に相当する部分に限られます（措法70の6の8⑤)。

ハ 特定申告期限の翌日から5年を経過する日後の会社の設立に伴う現物出資により、全ての特例受贈事業用資産を移転した場合で、移転があった日から1か月以内に税務署長に申請し承認を受けたとき（措法70の6の8⑥)。

9 納税猶予の免除

(1) 免除事由と申請期限（届出免除）

納税猶予適用中に次の事由に該当する場合、該当することとなった日から6か月以内（免除届出期限）に届出書を提出することにより、猶予中税額は免除されます（措法70の6の8⑭)。

免除理由	免除届出期限
① 特例事業受贈者が死亡した場合	該当日から6か月以内
② 贈与者が死亡した場合	該当日から6か月以内
③ 特定申告期限の翌日から5年を経過する日後に、特例事業受贈者が特例受贈事業用資産の全てについて租税特別措置法第70条の6の8第1項の規定の適用に係る贈与をした場合	贈与税の申告書を提出した日から6か月以内

④　事業を継続することができなくなったことについて、次に掲げるやむを得ない理由がある場合（措規23の8の8㉑） ・精神保健及び精神障害者福祉に関する法律の規定により精神障害者保健福祉手帳（障害等級が1級）の交付を受けたこと ・身体障害者福祉法の規定により身体障害者手帳（身体上の障害の程度が1級又は2級）の交付を受けたこと ・介護保険法の規定による要介護認定（要介護状態区分が要介護5）を受けたこと	該当日から6か月以内

⑵　事業の継続が困難な事由が生じた場合

　事業の継続が困難な事由が生じた場合に、特例事業用資産等の全部の譲渡等をしたとき又はその事業を廃止したときは、その対価の額（譲渡等の時の時価に相当する金額の2分の1が下限になります。）を基に猶予税額を再計算し、再計算した税額と特別関係者が特例事業受贈者から受けた一定の対価の額との合計額が直前の事業用資産納税猶予税額を下回る場合には、その差額は免除されます。

　事業の継続が困難な事由とは次のことをいいます（措令40の7の8㉟、措規23の8の8㉕）。

①　直前3年内の各年のうち2以上の年において、特例受贈事業用資産（特例事業用資産）に係る事業所得の金額が零未満であること。
②　直前3年内の各年のうち2以上の年において、特例受贈事業用資産に係る各年の事業所得に係る総収入金額が、各年の前年の総収入金額を下回ること。
③　①②に掲げるもののほか、特例事業受贈者が心身の故障その他の事由により事業の継続が困難となったこと。

【著者紹介】

○　武田秀和

税理士（武田秀和税理士事務所所長（東京税理士会日本橋支部））

岩手県出身　中央大学法学部卒

東京国税局資料調査課、東京派遣監察官室、浅草、四谷税務署他東京国税局管内各税務署資産課税部門等に勤務

【事業内容】

相続税・贈与税・譲渡所得を中心とした申告・相談・財産整理等資産税関係業務を中心に事業を展開している。また、北海道から沖縄までの各地の税理士に対する資産税関係の講演を行っている。

【主な著書】

「遺産分割協議と遺贈の相続税実務」（税務研究会）

「一般動産・知的財産権・その他の財産の相続税評価 Q & A」（同上）

「不動産の売却にかかる譲渡所得の税金（第2版）」（税務経理協会）

「相続税調査はどう行われるか」（同上）

「借地権　相続・贈与と譲渡の税務（第3版）」（同上）

「土地評価実務ガイド（改訂版）」（同上）

【主な DVD】

「不動産の売却にかかる譲渡所得の税金」（（一般社団法人）法律税金経営を学ぶ会）

「相続税調査を意識した申告書作成のテクニック」（同上）

「海外資産・書画・骨とう等の評価方法」（同上）

「事例から読み解く相続税調査の傾向と対策」（㈱ KACHIEL）

「譲渡所得の申告及び調査のポイントはここだ！」（同上）

【主な雑誌連載】

「税理士のための一般財産評価入門」（週刊「税務通信」）

【主な雑誌インタビュー記事・寄稿記事】

・月刊税経通信・月刊税務弘報・週刊ダイヤモンド・週刊東洋経済・週刊エコノミスト・週刊文春・週刊ポスト・週刊朝日・週刊現代

他多数

「相続税法」及び「相続税法基本通達」索引

（＊　解説の便宜のため、条文等は一部のみの場合があります。）

《相続税法》

条文　　　　　　　　　　　　　　　　　　　　　　　　　　　　ページ

1の4　（贈与税の納税義務者）‥‥‥‥‥‥‥‥‥‥‥‥‥‥‥‥‥‥‥ 6、43
2の2　（贈与税の課税財産の範囲）‥‥‥‥‥‥‥‥‥‥‥‥‥‥‥‥‥ 27
5　　　（贈与により取得したものとみなす場合‐生命保険金）‥‥‥‥‥ 114
7　　　（贈与又は遺贈により取得したものとみなす場合：低額譲受）‥‥‥‥ 109
8　　　（贈与又は遺贈により取得したものとみなす場合：債務免除等）‥‥‥ 128
9　　　（贈与又は遺贈により取得したものとみなす場合：その他の利益の享受）‥ 110
13　　　（債務控除）‥‥‥‥‥‥‥‥‥‥‥‥‥‥‥‥‥‥‥‥‥‥‥‥ 213
18　　　（相続税額の加算）‥‥‥‥‥‥‥‥‥‥‥‥‥‥‥‥‥‥‥‥ 197
21の3　（贈与税の非課税財産）‥‥‥‥‥‥‥‥‥‥‥‥‥‥‥‥‥‥ 27
21の6　（贈与税の配偶者控除）‥‥‥‥‥‥‥‥‥‥‥‥‥‥‥‥‥‥ 231
21の9　（相続時精算課税の選択）‥‥‥‥‥‥‥‥‥‥ 163、174、202
21の12　（相続時精算課税に係る贈与税の特別控除）‥‥‥‥‥‥‥‥‥ 178
21の15　‥‥‥‥‥‥‥‥‥‥‥‥‥‥‥‥‥‥‥‥‥‥‥ 163、212
21の16　‥‥‥‥‥‥‥‥‥‥‥‥‥‥‥‥‥‥‥‥‥‥‥ 197、212
21の17　（相続時精算課税にかかる相続税の納税義務の承継等）‥‥‥‥‥ 192
21の18　‥‥‥‥‥‥‥‥‥‥‥‥‥‥‥‥‥‥‥‥‥‥‥‥‥‥‥ 193
28　　　（贈与税の申告書）‥‥‥‥‥‥‥‥‥‥‥‥‥‥‥‥‥‥‥‥ 206
34　　　（連帯納付の義務等）‥‥‥‥‥‥‥‥‥‥‥‥‥‥‥‥‥‥‥ 43
41　　　（物納の要件）‥‥‥‥‥‥‥‥‥‥‥‥‥‥‥‥‥‥‥‥‥‥ 217

《相続税法基本通達　索引》

条文　　　　　　　　　　　　　　　　　　　　　　　　　　　　ページ

1の3・1の4共－8　　（財産取得の時期の原則）‥‥‥‥‥‥‥‥‥‥‥‥33
1の3・1の4共－9　　（停止条件付の遺贈又は贈与による財産取得の時期）‥‥‥‥33
1の3・1の4共－10　（農地等の贈与による財産取得の時期）‥‥‥‥‥‥‥33
1の3・1の4共－11　（財産取得の時期の特例）‥‥‥‥‥‥‥‥‥‥‥‥33
3－11　　（「保険金受取人」の意義）‥‥‥‥‥‥‥‥‥‥‥‥‥‥‥ 117
3－12　　（保険金受取人の実質判定）‥‥‥‥‥‥‥‥‥‥‥‥‥‥‥ 117
5－2　　（保険金受取人の取扱いの準用）‥‥‥‥‥‥‥‥‥‥‥‥‥ 117
7－1　　（著しく低い価額の判定）‥‥‥‥‥‥‥‥‥‥‥‥‥‥‥‥ 122
7－2　　（公開の市場等で著しく低い価額で財産を取得した場合）‥‥‥‥‥ 122
8－1　　（債務の免除）‥‥‥‥‥‥‥‥‥‥‥‥‥‥‥‥‥‥‥‥‥ 129
8－2　　（事業所得の総収入金額に算入される債務免除益）‥‥‥‥‥‥ 129
8－3　　（連帯債務者及び保証人の求償権の放棄）‥‥‥‥‥‥‥ 44、129
9－1　　（「利益を受けた」の意義）‥‥‥‥‥‥‥‥‥‥‥‥‥‥‥ 132
9－2　　（株式又は出資の価額が増加した場合）‥‥‥‥‥‥‥‥‥‥‥ 133
9－3　　（会社が資力を喪失した場合における私財提供等）‥‥‥‥‥‥ 133
9－4　　（同族会社の募集株式引受権）‥‥‥‥‥‥‥‥‥‥‥‥‥‥ 140

9−5 （贈与により取得したものとする募集株式引受権数の計算）………………140
9−7 （同族会社の新株の発行に伴う失権株に係る新株の発行が行われなかった
場合）………………………………………………………………………………140
9−9 （財産の名義変更があった場合）……………………………………………………75
9−10 （無利子の金銭貸与等）………………………………………………………………67
13−9 （相続時精算課税適用者の債務控除）……………………………………………214
18−2 （特定贈与者よりも先に死亡した相続時精算課税適用者が一親等の血族で
あるかどうかの判定時期）……………………………………………………202
18−5 （相続税額の加算の対象とならない相続税額）………………………………202
19−11 （相続時精算課税適用者に対する法19条の規定の適用）………………………213
21の2−4 （負担付贈与の課税価格）……………………………………………………101
21の6−1 （居住用不動産の範囲）……………………………………………240、243
21の6−2 （店舗兼住宅等の居住用部分の判定）……………………………………241
21の6−3 （店舗兼住宅等の持分の贈与があった場合の居住用部分の判定）…………241
21の6−7 （贈与税の配偶者控除の場合の婚姻期間の計算）………………………232
21の6−9 （信託財産である居住用不動産についての贈与税の配偶者控除の適用）……232
21の9−4 （年の途中において贈与者の推定相続人になった場合）………………203
21の12−1 （特別控除を適用する場合の申告要件）………………………………179
21の15−1 （相続税の課税価格への加算の対象となる財産）…………………………181
21の15−2 （相続時精算課税の適用を受ける財産の価額）………164、182、213
21の17−1 （承継される納税に係る権利又は義務）………………………………193
21の17−2 （承継の割合）……………………………………………………………193
21の17−3 （相続人が特定贈与者のみである場合）………………………………194
21の18−2 （相続人が2人以上いる場合）………………………………194、202
21の18−5 （相続税額の加算の対象とならない相続税額）………………………202
24−1 （「定期金給付契約に関する権利」の意義）………………………………59
34−3 （連帯納付の責めにより相続税又は贈与税の納付があった場合）…………44

索引

ア行

委託者 ················· 143
著しく低い価額 ············ 119
一般税率 ················ 11
一般措置 ··············· 309
遺留分権利者 ············ 284
遺留分制度 ············· 283
遺留分に関する民法特例 ····· 283
営農困難時貸付け ········· 305
親子間の金銭消費貸借契約 ···· 65

カ行

買い入れ資産についてのお尋ね···· 48
確認の申請 ·············· 292
株価等 ················ 130
株式等 ················ 130
株主等 ················ 130
借換特例 ··············· 305
基礎控除 ··············· 10
居住用不動産の範囲 ········ 234
経営承継円滑化法 ········· 283
経営承継受贈者 ·········· 309
経営贈与承継期間 ········· 312
継続届出書 ············· 303
権利金等 ··············· 261
合意解除等 ··········· 89, 92
合意に付随するその他の事項···· 290
公正証書による贈与 ········ 34
個人事業承継計画 ········· 323
個人事業用資産の納税猶予 ···· 322
個人版事業承継税制 ······· 322

サ行

固定合意 ··············· 288
婚姻関係の判定 ·········· 226

財産の取得の時 ··········· 29
債務の免除等 ············ 124
債務免除益 ············· 124
死因贈与 ··············· 5
自益信託 ·············· 144
事業承継者 ············· 285
事業承継で使える特例 ······ 277
事業承継等 ············· 277
失権株 ················ 138
実質課税 ··············· 73
借地権 ················ 255
借地権取引慣行地域 ······· 261
借地権の使用貸借に関する確認書
 ·············· 265
借地権の設定から解消まで ···· 256
借地権の地位に変更がない旨の申
 出書 ·············· 269
借地権の認定課税 ········· 132
受益者 ················ 143
受益者等が存しない信託 ····· 151
受益者連続型信託 ········· 149
受贈者 ················ 3
受贈配偶者 ············· 223
受託者 ················ 143
商事信託 ·············· 144
使用借権者 ············· 257
使用貸借通達 ············ 260

使用貸借による借地権の転借が
あった場合 ……………………264
消滅時課税 ……………………258
除外合意 ………………………287
書面によらない贈与 ……………30
書面による贈与 …………………30
人格のない社団又は財団 …………13
信託財産 ………………………143
信託の意義 ……………………142
推定相続人の判定 ………………159
生命保険金の実質受取人 ………115
税率 ………………………………11
設定時課税 ……………………256
相続時精算課税選択届出書 ………173
相続時精算課税適用者 …………158
相続時精算課税における権利と義
務の承継 ……………………185
相続時精算課税の基礎控除 ………160
相続時精算課税のメリット ………167
相続時精算課税の本質 …………165
相続時精算課税のデメリット ……168
相続税等 …………………………38
相続税法第7条及び第9条の相違
……………………………………106
贈与者 ……………………………3
贈与契約の取消し ………………87
贈与者が死亡した場合の申告 ……204
贈与税制の変遷 …………………15
贈与税の課税財産 ………………8
贈与税の課税方式 ………………8
贈与税の更生，決定等の期間制限
の特例 ……………………14
贈与配偶者 ……………………222
贈与配偶者に相続が開始した場合
……………………………………229

底地の取得があった場合の相続税
の課税関係 …………………269

タ行

対価を伴う取引の判断 …………98
対象年 …………………………300
他益信託 ………………………144
諾成片務契約 ……………………3
建物等 …………………………261
定期贈与 …………………………4
定期金 …………………………55
定期金に関する権利 ……………55
停止条件付の遺贈又は贈与 ………31
店舗兼住宅等の居住用部分の判定
の特例的取扱い ……………236
同族会社に対する贈与 …………130
特定貸付け ……………………305
特定事業用資産 ………………325
特定障害者に対する非課税制度 ……25
特定贈与財産 …………………229
特定贈与者 ……………………165
特別受益 ………………………246
特例事業受贈者 ………………322
特例承継計画 …………………318
特例税率 …………………………11
特例贈与者 ……………………158
特例措置 ………………………318
特例適用会社 …………………308
土地等 …………………………96
土地の使用貸借 ………………260

ナ行

認定贈与承継会社 ……………310
年の途中で養子縁組を取消した場
合 …………………………199

年の途中で養子となった場合·····198
納税義務者·····················12
納税猶予制度·····················295
納税猶予額の確定·················303
農地等·····························31
農地等···························298
農地等の贈与税の納税猶予及び免
　除···························298
納付義務の承継···················184

ハ行

配偶者控除の特例の概要·········221
募集株式引受権···················135
非上場株式等·····················308
非上場株式等の納税猶予·········307
負担付贈与·························5
負担付贈与·························95
負担付贈与通達···················97
負担付贈与による上場株式の評価
　·······························99
物件贈与と金銭贈与···············244
扶養義務者·······················22
法人からの贈与により取得した財
　産·····························21
法人版事業承継税制···············307
法定取消権·······················88
保険金受取人·····················111

保険金の実質受取人···············115
保険料負担者·····················111
募集株式引受権···················135
保証債務者·······················128
保有時課税·······················258

マ行

みなし贈与·······················105
民事信託·························144
民法特例·························283
無償による財産の名義変更·········74
名義変更があった場合···············77
名義変更が行われた後にその取消
　し等があった場合の贈与税の取
　扱いについて···················78
名義戻し·························77
名義戻しの判断···················77
名義を戻す期限···················82
名変通達·························78
免除等···························38
持分の定めのない法人·············13
持戻し免除の推定·················247

ラ行

連帯債務者·······················127
連帯納付義務·····················37
連年の定期贈与···················58

本書の内容に関するご質問は，税務研究会ホームページのお問い合わせフォーム（https://www.zeiken.co.jp/contact/request/）よりお願い致します。なお，個別のご相談は受け付けておりません。

本書刊行後に追加・修正事項がある場合は，随時，当社のホームページ（https://www.zeiken.co.jp）にてお知らせ致します。

※本書は，下記の書籍から書名を変えて刊行されたものです。
「資産税実務のポイントQ&A」平成24年9月20日刊行
「相続税・贈与税の重要テーマポイント解説」平成31年3月30日刊行

贈与税の重要テーマ解説

令和5年12月10日　初版第1刷印刷　　　　　（著者承認検印省略）
令和5年12月15日　初版第1刷発行

©著　者　武　田　秀　和

発行所　税　務　研　究　会　出　版　局

週刊「税務通信」「経営財務」発行所

代表者　山　根　　　毅

郵便番号100-0005
東京都千代田区丸の内1-8-2　鉄鋼ビルディング
https://www.zeiken.co.jp

乱丁・落丁の場合は、お取替えします。　　　　　印刷・製本　奥村印刷㈱

ISBN978-4-7931-2793-9

消費税関係

《2023年8月1日現在》

駆け込み完全マスター! 売上1,000万円以下の
個人事業のためのインボイス制度

金井 恵美子 著・株式会社インフォマート 編集協力
A5判／160頁　　　　　　　　　　　　　　定価 1,100 円

令和5年10月1日から始まるインボイス制度。この制度にどう対応していったらよいのかお悩みの、売上1,000万円以下の免税事業者の方に向け、図やQ&Aでわかりやすく解説。免税事業者がインボイス制度に対応するために必要な知識を集めたやさしい解説本です。　　　　　2023年7月刊行

〔全訂五版〕ワークシート方式による
公益法人等、国・地方公共団体の消費税

中田 ちず子 著／A5判／640頁
　　　　　　　　　　　　　　　　　　　定価 3,960 円

消費税の基本的な取扱いを説明した上で、公益法人等、国・地方公共団体に特有の「特定収入に係る仕入税額控除の特例計算」について、具体的な数字によるワークシートを用いて解説。今回の改訂ではインボイス制度について最新の情報を網羅し、経過措置も考慮して対応できるよう内容の充実を図っています。　　2023年6月刊行

〔十一訂版〕実務家のための
消費税実例回答集

木村 剛志・中村 茂幸 編／A5判／1136頁
　　　　　　　　　　　　　　　　　　　定価 8,250 円

実務に役立つ事例を吟味して掲載し、消費税導入に直接携わった編者が的確な回答を行っています。今回の改訂では、前版発行後の平成27年4月以降の改正を織り込み、また、居住用賃貸建物の仕入税額控除や非居住者に対する委託販売等の輸出免税の問題、簡易課税の事業区分に関するものなど、新規事例を約40問追加し、全686問を収録。　　2022年6月刊行

〔八訂版〕
国際取引の消費税QA

上杉 秀文 著／A5判／848頁
　　　　　　　　　　　　　　　　　　　定価 4,840 円

国際取引の消費税を扱う上で知っておきたい項目について、他に類をみない豊富な事例を用いてわかりやすく解説。八訂版においては、インボイス制度での税額控除関係の事例を追加し、503事例を収録しています。

　　　　　　　　　　　　　　　　　　　2023年6月刊行

税務研究会出版局　https://www.zeiken.co.jp/

※ 定価は10%の消費税込みの表示となっております。

資産税関係 ———————

《2023年8月1日現在》

〔2023年度版〕一目でわかる
小規模宅地特例100

赤坂 光則 著／B5判／428頁

定価 **3,080** 円

特例の適用形態を体系的に整理し、イラストを織り込んで、辞書をひく要領で適用状況がわかるよう編集した好評書。今回の改訂では、被相続人が国外に所有していた住居を取得した事例と、相続開始前3年以内に事業用に供した宅地の特例の適用可否の事例の2例を追加し、64事例としました。 2023年7月刊行

専門家のための
「小規模宅地等の特例」の概要と実例回答セレクト

梶山 清児・鈴木 喜雄 共著／A5判／228頁

定価 **2,420** 円

昭和58年の税制改正で法制化され、その後も税制改正を重ねる中で年々複雑化し専門家でも判断に迷う「小規模宅地特例」。複雑さの反面、適用の有無により税額に大きく影響を受けることから、この小規模宅地等の特例の概要、制度の沿革、そして専門家から寄せられた多くの質問60問を厳選して紹介しています。 2023年4月刊行

医師・歯科医師のための
「税金」と「経営」のエッセンスがわかる本

青木 惠一 著／A5判／182頁

定価 **2,640** 円

医業経営のエキスパートである著者が現場に密着したテーマを取り上げ、シミュレーションや事例を多数用いながら、医業の「税金」と「経営」についてわかりやすく解説。医師・歯科医師の皆さまはもちろん、医療機関を顧問先に持つ税理士、税理士事務所の職員にも是非読んでいただきたいエッセンスの詰まった一冊です。 2022年11月刊行

〔改訂第五版〕専門家のための
資産税実例回答集〜譲渡・相続・贈与の重要事例〜

佐藤 清勝・小林 栢弘・梶山 清児 共著／A5判／1096頁

定価 **7,920** 円

著者に寄せられた数多くの質問における資産税に関する事例を厳選し、資産税の第一人者がわかりやすく回答しています。質問はすべて実際に寄せられたものであり、普遍性があると認められる事例を選択して編集し収録。8年ぶりの改訂となる今版では、新たに83の事例を追加し、全553例としています。 2021年1月刊行

税務研究会出版局 https://www.zeiken.co.jp/

※ 定価は10%の消費税込みの表示となっております。